Elias Chacour

UND DENNOCH SIND WIR BRÜDER!

Elias Chacour

UND DENNOCH SIND WIR BRÜDER!

Frieden für Palästina

VERLAG JOSEF KNECHT · FRANKFURT AM MAIN

Aus dem Englischen übertragen von Harald Schiffl und Michaela Gruber.
Titel der amerikanischen Originalausgabe: »Bloodbrothers«
Chosen Books of the Zondervan Corporation, Lincoln, Virginia, 1984

CIP-Titelaufnahme der Deutschen Bibliothek

Šakūr, Īlyā:
Und dennoch sind wir Brüder! : Frieden für Palästina / Elias Chacour. [Aus dem Engl. übertr. von Harald Schiffl u. Michaela Gruber]. - 1. Aufl. - Frankfurt am Main : Knecht, 1988
Einheitssacht.: Blood brothers ‹dt.›
ISBN 3-7820-0583-X

ISBN 3-7820-0583-X

Verlag Josef Knecht – Carolusdruckerei GmbH, Frankfurt am Main.
Printed in Germany.
Satz: Fotosatz Otto Gutfreund, Darmstadt
Druck und Bindung: Wiesbadener Graphische Betriebe GmbH, Wiesbaden

Meinem Vater,
der in keiner Darstellung der Weltgeschichte
erwähnt werden wird,
aber in Gottes Herz eingeschrieben ist
als sein geliebtes Kind:
Michael Moussa Chacour aus Biram in Galiläa,
Flüchtling in seinem eigenen Land,
ein Mann, der die Sprache der Geduld,
Vergebung und Liebe spricht.

Und meinen Brüdern und Schwestern,
den Juden,
die in Dachau starben;
und meinen Brüdern und Schwestern,
den Palästinensern,
die in den Flüchtlingslagern
von Tel-azzaatar, Sabra und Shatila starben.

INHALT

WIND ÜBER DEN HÜGELN

Kein Zweifel: mein älterer Bruder war verwirrt. Was er mir berichtete, war kaum zu glauben. Ich lehnte gefährlich weit außen an einem Ast, meine nackten Füße gegen den Baumstamm gestemmt, und unbeabsichtigt fielen vereinzelte Feigen auf den Kopf des armen Atallah, der mir eben die seltsamen Neuigkeiten gebracht hatte.

»Eine Feier?« rief ich von meinem schwankenden Thron herunter. »Warum gibt es bei uns eine Feier? Von wem hast du es erfahren?«

»Ich hörte Mutter sagen«, rief er zurück und wich den fallenden Feigen aus, »daß etwas sehr Großes in unserem Dorf geschehen wird. Und –«, er hielt inne, und seine Stimme bekam einen verschwörerischen Klang, »Vater wird ein Lamm kaufen.«

Ein Lamm! Dann muß es einen ganz besonderen Anlaß geben. Aber welchen? Kerzengerade auf meinem Ast sitzend, versuchte ich, mir selbst die Antwort zu geben. Es waren noch einige Wochen bis zum Osterfest, das in unserer Familie mit einem gebratenen Lamm gefeiert wurde – ein seltener Genuß und eine der wenigen Gelegenheiten im Jahr, an denen wir überhaupt Fleisch zu essen bekamen. Wir wußten – da Vater uns immer wieder daran erinnerte –, daß das Lamm Jesus, das »Lamm Gottes«, versinnbildlicht. Und natürlich würde Vater kein Lamm kaufen, fiel mir ein. Wir kauften selten etwas. Wir tauschten Dinge ein, die wir nicht aus der Erde wachsen lassen oder selber herstellen konnten, wie dies alle anderen in Biram auch taten.

Ich bin sicher, Atallah wußte, daß er eine neue Ladung Feigen und Fragen riskierte, wenn er noch länger da unten herumstehen würde. Und er verschwand auch schon in Richtung des Stückchen Gartens jenseits unseres kleinen Steinhauses, wo ich eigentlich Mutter und den anderen helfen sollte, Steine wegzuräumen. Dies war eine endlose Arbeit, besonders damals, 1947, als niemand in unserem Dorf landwirtschaftliche Maschinen besaß. Als die Schule vor einer Stunde zu Ende war, hatte ich mich auf diesem Feigenbaum – meinem Baum, wie ich ihn nannte – versteckt, um der Arbeit zu entgehen. Jetzt, als ich Atallah weggehen sah, wollte ich wissen, welches aufregende Ereignis auf unser ruhiges, geregeltes Leben zukam.

Ich muß Vater finden und ihn selber fragen, beschloß ich.

Anstatt mich in das tiefe Gras des Obstgartens hinunterfallen zu lassen und Atallah zu folgen, kletterte ich noch höher in den Feigenbaum – bis zur äußersten Spitze, wo die Äste sich gefährlich unter meinem Gewicht bogen. Dies war mein Lieblingsplatz. Abgesehen davon, daß ich von hier eine gute Aussicht hatte, bot der Baum hier nicht nur eine, sondern *sechs* verschiedene Feigenarten. Mein Vater, der schon fast ein Zauberer in früchtetragenden Bäumen war, hatte durch Veredelung ein natürliches Wunder hervorgebracht, indem er die Zweige von fünf verschiedenen Feigenbäumen auf dem Stamm eines sechsten verbunden hatte. Eine dicke, gekräuselte Rebe rankte sich am Stamm hoch, breitete sich zwischen den Ästen aus und schmückte den Baum mit herrlichen Weintrauben. An vielen Nachmittagen kletterte ich auf diesen hohen Ast und probierte die saftigen Früchte, bis ich Bauchschmerzen bekam. Dann suchte ich Linderung in Mutters bergenden Armen, und sie tröstete mich, ihren jüngsten Sohn – ihren dunkelhaarigen, verwöhnten.

»Elias«, sagte sie dann und schüttelte den Kopf, »wirst du's nie begreifen?« Und ich vergrub mein Gesicht in ihrem dichten Haar und stöhnte, während meine vier älteren Brüder und meine Schwester entrüstet die Augen verdrehten.

Jetzt, einen Arm um den höchsten Ast geschlungen, schob ich die gekräuselten Blätter zur Seite und reckte meinen Kopf in die Frühlingssonne, die sich nun zum späten Nachmittag hin neigte. Vielleicht war Vater in seinem Obstgarten. Eine

Reihe Feigenbäume nach der anderen breitete sich über einige Morgen Land aus, zog sich den Hügel hinunter von unserem Haus weg und bedeckte den Hang mit rauschendem Laub. Die ausladenden Blätter verbargen einen Brunnen mit frischem Wasser und eine dunkle, moosbewachsene Höhle, in der unsere Ziegen und das andere Vieh im Sommer Schutz suchten. Jenseits unserer Obstgärten erhob sich das üppige, majestätische Hochland des oberen Galiläa. Von dieser Entfernung sah es purpurrot aus – »das schönste Land in ganz Palästina«, sagte Vater sehr oft. Ein verträumter Blick kam dann in seine Augen, wie immer, wenn er von seinem geliebten Land sprach.

Sosehr ich mich auch anstrengte, konnte ich jetzt meinen Vater nicht zwischen den Bäumen entdecken. Meistens arbeitete er mit meinen Brüdern hier und lehrte sie die Geheimnisse des Obstbaus. Mit meinen sieben Jahren wurde ich als zu jung – und zu lausbübisch – angesehen, um etwas über Feigenbäume zu lernen. Auch ohne meine Hilfe hatten mein Vater und meine Brüder im letzten Herbst drei Tonnen goldbraune Feigen geerntet.

Mit einer Unbekümmertheit, die meine Mutter hätte erbleichen lassen, schwang ich mich von der Baumspitze und ließ mich auf die Erde fallen. Dann rannte ich in Richtung Dorfmitte. Bestimmt hatte jemand meinen Vater gesehen.

Ich stürzte durch die engen Straßen – eine vornehme Bezeichnung, eher waren es Fußpfade, schmutzige Gassen, die die Häuser des Dorfes miteinander verbanden unter dem Schatten von Zedern und silbergrünen Olivenbäumen – und wich einer Ziege und einigen Hühnern auf meinem Weg aus. Biram war für mich fast wie ein einziges großes Haus. Unsere Familie, die Chacours, haben ihre Herden schon vor vielen hundert Jahren auf diese höchsten Hügel von Galiläa geführt. Meine Großeltern hatten hier gelebt, fast direkt neben uns. Und es gab so viele Tanten, Onkel, Cousins und entferntere Verwandte, die hier Tür an Tür lebten, so daß jede Steinwohnung für mich nur wie ein anderes Zimmer war, in der ein Teil unserer Familie lebte. Alle unsere Häuser schmiegten sich aneinander, geradewegs neben unserem eigenen, dem letzten am Ende des Dorfes. Biram hat sich hier entwickelt, hat in aller Stille seine Kinder aufgezogen, seine Ernten eingeholt und unter den Sternen des Mittelmeeres seit so vielen Generationen geschlummert, daß alle Haushalte nahezu eine einzige Familie bildeten.

Und heute schien diese ganze Familie ein Geheimnis vor mir zu verbergen. Ich rannte von einem Haus zum anderen, wo kleine Gruppen von Frauen mit Kopftüchern und langen dunklen Röcken in gedämpfter Erregung sprachen. Gespannt platzte ich in eine Gruppe älterer Frauen, einige meiner vielen »Großmütter«. Sie unterbrachen ihr Gespräch aber nur, um mich mit einem »Pst« zum Schweigen zu bringen und wieder aus der Türe zu scheuchen.

Nach diesem Dämpfer zog ich ab in Richtung unserer Kirche, die das lebendige Herz Birams darstellte. Hier strömte das ganze Dorf an den Sonntagen zusammen, hier standen wir Schulter an Schulter unter dem umschließenden Steingewölbe. Das kleine, steinerne Pfarrhaus, gleich neben der Kirche, diente während der Woche zugleich auch als Schulhaus. Nicht selten bebten seine Grundmauern durch unser Gestampfe und Getrampel. Ich war in diesem Jahr gerade eingeschult worden und liebte unsere Schule und den Unterricht. Im moosbedeckten Vorhof der Kirche unterhielt sich jetzt eine Gruppe von Männern sehr laut. Vater war nicht unter ihnen, deshalb sprang ich zu dem offenen Platz gleich dahinter.

Normalerweise zögerte ich, bevor ich den Platz betrat. Er war nämlich der Bereich der Männer – hauptsächlich der Dorfältesten –, und dies gebot mir eine gewisse Ehrfurcht. Kinder wurden hier nur geduldet, weil wir so zahlreich und fast ebenso unaufhaltsam wie Regentropfen waren. Dennoch wußten wir eine respektvolle Grenze einzuhalten zwischen unseren ausgelassenen Spielen und den Versammlungen der Männer, die am Abend zusammenkamen, um die Neuigkeiten zu hören, die die reisenden Händler aus weitentfernten

Dörfern mit ihren glänzenden Töpfen, Metallmessern, Schuhen und vielem anderen mitbrachten. Am Rande des Platzes befanden sich die steinernen, wackeligen Reste einer alten Synagoge. An dieser Stelle, so erzählte uns Vater, hatten römische Legionen vor vielen Jahrhunderten einen heidnischen Tempel errichtet. Später zerstörten die Juden diesen Tempel und bauten auf seinen Grundmauern eine Stätte der Anbetung des einen wahren Gottes. Nun war auch die Synagoge verfallen und stand geisterhaft da. Es war uns verboten, zwischen den zerfallenen Pfeilern zu spielen, und Kinder, die so unverfroren waren, es trotzdem zu tun, erhielten eine sofortige strenge Bestrafung, da dies geweihter Boden war.

An diesem Tag aber schoß ich förmlich auf den von der Sonne beschienenen Platz – und wäre beim Anhalten beinahe hingefallen. Überrascht sah ich, daß der Platz nicht nur den Grüppchen von älteren Männern überlassen war, die sich sonst dort in der Nachmittagssonne unterhielten. Junge und alte Männer drängten sich überall und sprachen ... *Aber worüber?* Sicher hatte schon jeder die Neuigkeit gehört, außer mir!

Ungeduldig überflogen meine Augen die Gruppe der Männer und suchten nach Vaters schlanker Gestalt. Ohne Erfolg. Fast alle Männer trugen Kafiyehs, die weißen, wie Bettücher aussehenden Kopfbedeckungen, die ihre Köpfe vor der galiläischen Sonne und dem Wind schützten. Beim flüchtigen Hinschauen konnte fast jeder Vater sein!

Auf Zehenspitzen suchte ich vorsichtig meinen Weg durch dieses Gedrängel und spähte an Ellbogen vorbei nach dem mageren, freundlichen Gesicht. Die Gesichter, die ich sah, wirkten bedrückt und ernst. Was immer sie auch besprachen, es schien sehr dringend zu sein. Sonst hätten sie sich nicht an einem Frühlingsnachmittag hier versammelt, wo doch die Felder gepflügt werden mußten und die Bäume sauber mit der Heckensichel geschnitten werden sollten.

Nicht daß ich heimlich lauschen wollte, aber unter dem Gemurmel der Diskussion vernahm ich, daß Biram einen besonderen Besuch erwartete. Aber wer sollte kommen? Besuche des Bischofs waren zwar ein großes Ereignis, aber sie waren regelmäßig genug, um nicht eine solche Aufregung hervorzurufen.

Mein Herumschleichen war nicht ganz unbemerkt geblieben. Als ich meinen Kopf in einen Kreis von Männern steckte, starrte ich in ein tiefschwarzes Augenpaar, das einem der zwei Mukhtars von Biram gehörte – einer der Bürgermeister des Dorfes. Ich wollte mich ducken, aber –

»Was willst du hier, Elias?« ertönte die Stimme des Mukhtars mit etwas Strenge.

Ich errötete. Würde ich es jemals lernen, mich nicht in die Dinge anderer einzumischen?

»Ich ... hm ... haben Sie meinen Vater gesehen? Ich muß ihn finden – es ist wichtig.« Ich hoffte, überzeugend genug geklungen zu haben, und es war ja wahr, da ich vor Neugierde beinahe umkam.

Die Strenge seines Blickes löste sich ein wenig. »Nein, Elias, ich habe ihn nicht gesehen. Er ist vielleicht –«

»Ich habe vorhin mit ihm gesprochen«, unterbrach ihn ein anderer Mann. »Er wollte heute zum Markt gehen – ich weiß nicht, wohin. Vielleicht hinüber in das jüdische Dorf.« Dann trat er vor mich hin und schloß den Kreis wieder. Und ich war Gott sei Dank wieder vergessen.

In das jüdische Dorf? Vielleicht. Als ich den Platz fluchtartig verließ, erinnerte ich mich, daß Vater oft dorthin ging, um Tauschhandel zu betreiben. Viele von den jüdischen Nachbarn kamen ebenso nach Biram, um zu handeln. Wenn sie an unserem Haus um Feigen anhielten, hieß Vater sie mit einer Tasse teer-ähnlichem, bittersüßem Kaffee – der »Tasse der Freundschaft« – willkommen. Einer der Händler war ein richtiges Wunder für mich, wenn er fast jede Woche in unserem Dorf mit einem glänzenden, schwarzen Kraftwagen anbrauste – dem ersten, den ich jemals gesehen hatte.

Am äußersten Rand des Dorfes hielt ich an und reckte meinen Hals, um weit hinunter auf die Straße blicken zu können.

Sie war leer. Wenn Vater auf dem Weg zu dem jüdischen Dorf war, so war er wohl schon lange fort.

Vor Ungeduld lief ich fast über. Ich konnte meinen Blick nicht von der Straße lösen, da ich auf einen flüchtigen Schimmer von ihm hoffte. Jenseits des nächsten Hügels wand sich die Straße südlich nach Gish, unserem Nachbardorf. Und weiter unten im Tal, wenige Kilometer entfernt, ragte der Berg der Seligpreisungen am Nordufer des Sees Gennesaret auf. Von dem Platz aus, an dem ich gerade stand, konnte ich diesen Berg nicht sehen. Ich hatte ihn noch nie gesehen, denn auch nur wenige Kilometer von unserer Bergfeste weg schienen eine lange, lange Reise zu sein.

Über das, was hinter dem See Gennesaret lag, wußte ich fast nichts. Ich konnte mir die unwirkliche Welt dahinter nicht vorstellen – eine Welt, von der Vater sagte, sie hätte kürzlich Krieg gegen sich selber geführt. So etwas war mir unbegreiflich. Mir gehörte eine friedliche Welt mit Feigen- und Olivenhainen, unzähligen Cousins, Tanten und Onkel. Die Zeit verstrich fast nahtlos von einer Ernte zur nächsten, nur gekennzeichnet durch Geburten, Todesfälle und Ferien. Ich fühlte mich hier sicher und beschützt, als ob die Arme Gottes selbst unsere Hügel umfangen hielten wie die mächtigen Steingewölbe unserer Kirche.

Natürlich war das nur eine kindliche Vorstellung, war ich mir doch nur verschwommen entfernter Konflikte bewußt.

Es gab Unruhen Mitte der 30er Jahre, vor meiner Geburt. Vater hatte uns erzählt, daß es eine Opposition gegen die Briten gegeben habe, die die Türken vertrieben hatten und uns nun unter einem vorübergehenden Mandat beschützten. Streiks und Aufstände erschütterten Jerusalem, Haifa und ganz Palästina, aber sie wurden schnell niedergeschlagen. Es war nur ein Zwischenfall mehr in der langen Geschichte der Armeen, die unser Land durchquerten oder besetzten. Dann war wirklich, so schien es, Ruhe eingekehrt. Man hoffte, daß die Briten bald eine freie palästinensische Regierung errichten würden, wie sie es versprochen hatten. Ohne ein einziges

Radio oder eine Zeitung in ganz Biram – sogar damals noch, in den späten 40er Jahren – hatten wir keine Ahnung, daß schon ein »master plan« ausgearbeitet war und machtvolle Kräfte in Jerusalem, im kontinentalen Europa, in England und Amerika dabei waren, das Schicksal unseres kleinen Dorfes und aller Palästinenser zu besiegeln.

Als ich entmutigt auf der Straße von Biram stand und die glutrote Sonne langsam hinter den Hügeln unterging, kreisten meine Gedanken nur um Vater. Und Mutter ... O nein! Ich hatte Mutter vergessen! Sicher war sie schon von den Feldern zurück und darüber bestürzt, daß ich wieder herumstreunte. Meine Füße flogen förmlich, sowie mir der Gedanke gekommen war.

Am Rand unseres Obstgartens umfing mich der süße Geruch rauchenden Holzes von Mutters Feuer vor der Tür und die dampfende Frische von gebackenem Brot. Mutter bückte sich über ihren Metallofen, der auf einem niedrigen Rost gleich neben dem Haus stand. Meine Schwester Wardi warf Kleinholz in die züngelnden Flammen, und auf dem Rost kochte ein Topf mit gefüllten Weinblättern. Meine Brüder holten Holz und Wasser. Wenn ich mich still und leise unter sie mischen könnte, würde Mutter vielleicht nicht merken, daß ich weg gewesen war ... Aber Atallah hatte mich schon entdeckt. Da er mir im Alter am nächsten war, war er mein bester Verbündeter – und manchmal mein ärgster Gegner.

Ein vielsagendes Grinsen erhellte sein Gesicht, und er verkündete in voller Lautstärke: »Mutter, Elias ist jetzt da.«

Mutter schaute auf, der Schein des Feuers spiegelte sich in ihrem freundlichen, vollen Gesicht. Ein helles, farbiges Kopftuch formte ihr Haar zu einem Knoten. Ich duckte mich und erwartete eine gehörige Standpauke. Im Moment schien sie jedoch ungewöhnlich abwesend zu sein, ihre freundlichen Augen blickten in Gedanken vertieft. »Geh, und hilf Musah, das Wasser zu tragen«, murmelte sie und scheuchte mich weg.

Musah, der Nächstältere nach Atallah, stand gerade neben

mir. Er stieß mich mit einem leeren Eimer. »Mach schon«, befahl er mit einem triumphierenden Grinsen.

Aber ich mußte es erst wissen, bevor ich platzte. »Mutter, was geht in Biram vor? Kauft Vater ein Lamm? Gibt es eine Feier?«

»Nimm den Eimer«, befahl Musah, und sein Grinsen verschwand.

»Mutter, sag es mir. Jeder weiß es, außer mir und –«

»Eine Feier? Nun ja, vielleicht. Vater möchte es dir selber erzählen. Ich sagte, du sollst deinem Bruder helfen.«

»Nimm den Eimer«, sagte Musah, indem er wieder mit ihm nach mir stieß.

»Mutter«, ich stampfte ungeduldig auf. In diesem Augenblick rief durch die Bäume eine vertraute Stimme nach mir.

»Elias, ich freue mich, einen so fröhlichen Helfer zu sehen.« Aus dem dunklen Schatten der Feigenzweige trat eine schlanke Gestalt in den vom Feuer erhellten Kreis. Hinter ihr, geführt an einem Seil, folgte ein einjähriges Lamm.

Vater war nach Hause gekommen!

Wenn Vater abends nach Hause zurückkehrte, brachte er eine besondere, fast mystische Ruhe mit. Seine Augen leuchteten im Widerschein des Feuers, und ein gütiges Lächeln erhellte sein Gesicht. Bei seiner Ankunft hörten Streitereien zwischen uns Kindern im Nu auf. In bezug auf Disziplin war Vater streng. Spielen war eine Sache, aber grobes Verhalten schickte sich nicht für Michael Chacours Kinder. Darüber hinaus, glaube ich, spürten wir alle die Ruhe, die Vater über allen Streit, daheim oder im Dorf, erhaben scheinen ließ. Mein Vater war ein Mann des Friedens.

Ich rannte los, um seine Hand zu fassen und ihm eine Million Fragen zu stellen. Sein müdes Achselzucken belehrte mich eines Besseren. Vater war nicht mehr der Jüngste, er war schon fast fünfzig. Sein hellbraunes Haar und der Schnurrbart waren bereits ergraut. Fürs erste hielt ich meinen Mund und strich statt dessen ruhig über das staubig-weiße Gesicht des Lammes.

Vater wandte sich an Mutter und lächelte: »Katoub, hat unser Herr und Gott etwas geschickt, um diese hungrigen Kinder zu füttern?«

Mutter wußte, auch ohne Vaters freundliche Andeutungen, daß er ebenso hungrig war und wunde Füße hatte. »Kommt, Kinder – schnell«, sagte sie und sprühte vor Geschäftigkeit. Sie scheuchte Musah hinüber zum Stall auf der anderen Seite des Hauses, um das Lamm anzupflocken. Dann versammelte sie uns in einem Kreis rund um das Feuer. Es war unser täglicher Drill: Die Kinder nahmen ihre Plätze ein und wurden zur Ruhe gemahnt, da die Abende Vater gehörten.

Wenn irgendwelche wichtige Neuigkeiten hereingeweht kamen, war Vater wohl der letzte, der die Ruhe verloren hätte. Auch jetzt nicht, da ich vor Neugierde beinahe zu bersten drohte! Er nahm von Mutter einen Teller mit dampfendem Brei und ließ sich mit königlicher Ruhe neben dem knisternden Feuer nieder. Gerade als ich glaubte, nun ganz bestimmt zu platzen, stellte Vater seinen Teller zur Seite. »Kommt her, Kinder. Ich habe euch etwas Besonderes zu erzählen«, sagte er und bedeutete uns, neben ihm Platz zu nehmen. Es war inzwischen vollständig dunkel und kalt geworden, und ich drückte mich ganz eng an seine Seite.

»In Europa«, begann er, und ich bemerkte die große Traurigkeit in seinen Augen, »gab es einen Mann namens Hitler. Ein Satan. Lange Zeit ermordete er jüdische Leute. Männer und Frauen, Großeltern – sogar Jungen und Mädchen wie euch. Er brachte sie um, einfach weil sie Juden waren. Aus keinem anderen Grund.«

Ich war auf solch entsetzliche Worte nicht gefaßt. Irgend jemand ermordet Juden? Bei diesem Gedanken fror es mich, und ich bekam Magenschmerzen.

»Jetzt ist Hitler tot«, fuhr Vater fort. »Aber unsere jüdischen Brüder sind schwer geschädigt und verängstigt worden. Sie können nicht in ihre Häuser in Europa zurückkehren, und in der restlichen Welt sind sie nicht willkommen.

Deshalb kommen sie nun hierher, um sich nach einem neuen Zuhause umzusehen. In ein paar Tagen, Kinder«, sagte er und beobachtete unsere Gesichter, »werden jüdische Soldaten durch Biram reisen. Sie heißen Zionisten. Ein paar werden in jedem Haus bleiben, einige werden auch ein paar Tage hier bei uns wohnen – vielleicht eine Woche lang. Dann werden sie weiterziehen. Sie haben Maschinengewehre, aber sie töten damit nicht. Ihr habt keinen Grund, Angst zu haben. Wir müssen besonders freundlich sein und ihnen das Gefühl eines Zuhauses geben.«

Ich warf einen Blick auf die anderen. Was dachten sie wohl? Wardis Gesicht schien gemischte Gefühle auszudrücken. Sie war auf dem Weg, eine junge Frau zu werden, und war reizend und anmutig wie ein Olivenzweig anzusehen, und sie war schmal wie Vater. Ich konnte ihre Gedanken nicht durchschauen. Neben ihr saß Rudah, mein ältester Bruder. Im flakkernden Licht des Feuers sah er aus wie ein künstlerisches Abbild von Vater in dessen jungen Jahren, mit makelloser Haut, hellem Haar, schmalem Gesicht und einer Adlernase. An seiner Seite saß Chacour, dem nach alter Tradition der unglaubliche Name Chacour Chacour gegeben worden war. Wie Rudah trug er den ersten schwachen Schatten eines Bartes. Chacour schaute etwas unbehaglich drein, Rudahs Stirn dagegen sagte mir, daß er noch tiefer beunruhigt war. Musah und Atallah saßen beide steif und ruhig da. In ein paar Jahren, so schien es, würden beide ebenfalls Vaters magere, vom Wind gezeichnete Züge erben. Nur ich war dunkel, hatte schwarzes Haar, eine olivenfarbene Haut und Mutters rundes Gesicht. Und ich wußte nicht, was ich mit solchen Neuigkeiten anfangen sollte.

Vater sah unsere düsteren Mienen. Mit plötzlich veränderter Stimme verkündete er feierlich: »Deshalb habe ich das Lamm gekauft. Wir werden ein Fest bereiten. Dieses Jahr werden wir die Auferstehung früher feiern – weil unsere jüdischen Brüder, die mit dem Tod bedroht worden waren, am Leben sind.«

Also hatte Atallah recht gehabt. Wir würden feiern. Die merkwürdige, frostige Stimmung war weg.

»Und die beste Neuigkeit«, fuhr Vater fort, und ein kindlicher Funke Spaß war in seinen Augen, »die beste Neuigkeit ist, daß ihr auf dem Dach schlafen dürft.«

Auf dem Dach schlafen! Herrlich! Unser Hausdach war flach, wie die meisten Dächer in Biram. In Sommernächten, wenn es auf dem Speicher, wo wir Kinder schliefen, zu heiß wurde, erlaubte man uns, oben unter den Sternen zu schlafen. In diesen kalten Frühlingsnächten müßten wir zwar in warme Decken gehüllt werden, aber der Himmel würde brillant klar und voller Sterne sein.

Bevor die Aufregung völlig übersprudelte, zügelte Vater unsere Begeisterung. Denn wie gewöhnlich sollten wir unsere Mahlzeit mit einem gemeinsamen Gebet beenden. Ich kroch auf Mutters Schoß, obwohl ich wirklich schon zu groß dafür war, und lauschte Vaters Worten, als er seinen Kopf neigte.

»Vater im Himmel«, begann er sanft, »hilf uns, daß wir unseren jüdischen Brüdern Liebe entgegenbringen. Hilf uns, ihnen Frieden zu geben, damit ihre kummervollen Herzen Ruhe finden.« Als er fortfuhr, stellte ich mir vor, wie seine Worte in den Nachthimmel emporstiegen wie der Rauch aus einem Weihrauchfaß in der Kirche. Er endete mit einem sanften »Amen«.

Mutter war sonderbar ruhig und schlüpfte nach drinnen, wo sie ein kleines Feuer auf dem Herd entzündete, um das Haus zu heizen. Später kletterten wir sechs Kinder die Leiter zu unserem Schlaf-Speicher hinauf, wo sich unter den Dachsparren schon eine wohlige Wärme ausgebreitet hatte. Als wir uns unter unsere wollenen Decken kuschelten, konnten wir Mutter und Vater noch unter uns hören, wie sie das Feuer schürten und leise miteinander redeten.

In den nächsten Tagen würde Vater unser Lamm schlachten und zubereiten, und Mutter würde Gemüse und Kuchen richten und dann, wenigstens nach außen hin ruhig, das Kommen der Soldaten hinnehmen.

Wie hätten sie auch diese neue Macht durchschauen können, die dabei war, unser Land einzunehmen. Es war eine Macht, die unsere jüdischen Nachbarn bis jetzt noch nicht ganz verstehen können.

Und was mich betraf, tat sich ein Weg auf – ein Weg des Friedens durch bittere Konflikte hindurch. Damals wußte ich es noch nicht.

Vorsichtig rückte ich zu Atallah hin. Mein Atem glitt in einen langsamen Rhythmus mit dem seinen. Und ich schlief eine der letzten Nächte in unserem eigenen Haus.

DER SCHATZ IM ACKER

Nachdem die Nachricht vom Kommen der Soldaten durch ganz Biram gedrungen war, kam das Dorf nicht wieder zur Ruhe. Ich bemerkte, daß die Gespräche der Erwachsenen eine leichte Nervosität angenommen hatten.

Dennoch war man von den eingefahrenen Abläufen des täglichen Lebens in Anspruch genommen. Die Männer kehrten auf ihre Felder und zu ihren Herden zurück und überließen den Dorfplatz den vor sich hindösenden Großvätern. Vater ging in seinen Obstgarten. Mutter und die anderen Frauen waren mit Kochen und Backen beschäftigt und hielten sich da und dort vor einem Türeingang auf, um nach einem neuen Rezept zu fragen, das die Vorräte ihrer Familien an Mehl, Getreide, Zucker und Gemüse sparsamer aufbrauchen ließ, um die zusätzlichen Münder zu stopfen. Die Mütter von Biram waren Zauberkünstler, wenn es darum ging, eine kleine Menge Essen für eine große Anzahl Personen zu vervielfachen. Sie mußten das können, denn nur wenige von ihnen hatten weniger als sieben Kinder und manche sogar fünfzehn oder mehr.

Die Hauptbeschäftigung für uns Kinder war, in die Schule zu gehen und zu lernen. Da nur wenige unter den Erwachsenen in Biram lesen oder schreiben konnten, war unser Unterricht von großer Bedeutung.

In der Woche nach Vaters Mitteilung ging ich mit einem Eifer zur Schule, der meine Eltern immer wieder überraschte. Ich war vom ersten Tag an sehr gerne zur Schule gegangen. Morgens verließ ich das Haus nie, ohne daß Mutter mich in der gewohnten Weise begutachtete. Sie schritt mit einer tönernen Schale im Arm durch die Türe und hielt meinen hastigen Aufbruch immer noch etwas auf. Mit ihrer Handkante, der einzigen Stelle, die noch nicht mit Mehl bedeckt war, bändigte sie mein dichtes, dunkles Haar. Sie war schon seit Tagesanbruch dabei, etwas Gutes zusammenzumischen. Einmal war es Konfekt namens »Kringel«, runde Zuckerkuchen mit Anis verfeinert. An einem anderen Morgen war es Brotteig. Sie hob mein Kinn mit ihrem mehligen Daumen und Zeigefinger und lächelte: »Elias, du bist ein guter Schüler. Ich bin sehr stolz auf deine Leistungen in der Schule. Du wirst dich auch heute wieder in der Klasse anstrengen, nicht wahr?«

Dann steckte Atallah oder einer von den anderen, die ungeduldig im Garten auf mich warteten, den Kopf herein. »Die Glocke wird gleich läuten.«

»Es ist besser, ihr beeilt euch«, sagte Mutter dann, »sonst wird Abu 'Eed ungehalten sein.«

Wir hetzten durch die Gassen, trafen unterwegs unsere Cousins und andere Gruppen von Kindern, bis wir wie die asiatischen Horden in den Kirchgarten stoben, gerade als die große bronzene Glocke zu läuten begann. Die ersten vier Jahrgänge, wozu meine Klasse gehörte, kamen im Pfarrhaus zusammen. Die Männer von Biram hatten es mit ihren bloßen Händen aus dem reichlichen Vorrat an Feldsteinen und Lehm gebaut. Die Wände waren dick und gedrungen, trafen in seltsamen Winkeln aufeinander und hatten große offene Fenster, die den Blick hinaus in die Täler freigaben und jeden Windstoß hereinließen. Wir waren alle stolz auf unsere Schule, genauso wie wir auf die hochragende Kirche gegenüber dem kleinen Vorhof stolz waren, die die Leute von Biram ebenfalls Stein für Stein aufgebaut hatten. Mit einem Stolz, der über jegliche Bescheidenheit ging, hatten sie der Kirche den Namen Notre Dame gegeben.

Ruhe, Ordnung und Gehorsam waren das Entscheidende für jedes Kind, das sich auf den kleinen Platz zwängte. Wir wurden schnell nach Altersstufen aufgereiht und marschierten in den Schulraum – unter den Adleraugen unseres Lehrers Abu 'Eed, der nichts übersah.

Abu 'Eed, ein freundlicher, kleiner Mann, hatte einen dikken Bart, der sich von den Ohren an sträubte wie eine Löwenmähne. Er war der einzige Priester in unserem Dorf, ein großes und anstrengendes Aufgabengebiet, und er brachte uns quirligen, jüngeren Kindern Mathematik, Buchstabieren, Lesen und Geographie bei und lehrte uns, die Bibel zu verstehen. Priestern ist es nach unserer Tradition erlaubt zu heiraten, und Abu 'Eed hatte eine sehr große Familie. In seiner freundlichen Väterlichkeit hatte ich ihn sehr gern. Wenn aber ein Schüler dummerweise die peniblen Vorschriften nicht einhielt, die ein mögliches Chaos im Zaum hielten, blitzten seine Augen feurig über dem schwarzen Bart.

Abu 'Eed machte die Schule zu einem Ort neuer und wundervoller Ideen, die meine Vorstellungskraft herausforderten. Die Gespräche über ferne Länder reizten meine Abenteuerlust. Der Klang der Buchstaben, der aus meinem Mund kam, wenn ich ein neues Wort buchstabierte – das alles erregte mich.

Trotz allem war ich noch glücklicher, wenn ich am Ende jedes Schultages heimging zu meinen wahren Lehrern – allerdings bin ich sicher, daß Abu 'Eed noch froher war, uns wieder gehen zu sehen. Mutter und Vater haben unsere Erziehung immer als ihren eigenen Verantwortungsbereich angesehen und überließen sie nicht allein der Schule oder der Kirche. Sie waren überzeugt, daß uns niemand anderer besser unterrichten konnte in solch wichtigen Dingen wie über unser Volk, unsere Kultur und unseren Glauben als sie selbst.

Jeden Nachmittag, an dem ich nicht auf dem Feld helfen mußte, horchte ich auf Mutters Rückkehr. Dann hörte ich ihn – jenen fröhlichen, typischen Klang, der ihr Kommen verhieß. Denn Mutter klirrte. Vater hatte ihr als Hochzeitsgeschenk eine Halskette geschenkt, eine einfache Kette mit winzigen Messinggliedern und mit Fischen und Tauben verziert. Die Fische, die die St. Petersfische im nahen See Gennesaret darstellten, waren raffiniert angebracht, so daß sie vor- und zurückschwangen wie wirkliche Fische – und dabei klingelten und klirrten. Und die Tauben, so wußte ich, verkörperten den Heiligen Geist, wie er bei der Taufe Jesu im Jordan erschienen war. Mutter liebte diese Halskette und trug sie ständig.

Wenn sie mich dann sah, sagte sie immer: »Elias, komm her. Ich habe heute etwas für dich unter einem Stein auf dem Feld gefunden.« Diese Steine! Unser Leben war so mit dem Land verwurzelt, daß sogar die Steine in unser Spiel miteinbezogen wurden. Es brauchte dazu jemanden so einfallsreichen wie Mutter, um die rückenschmerzende Arbeit des Steineauflesens in ein Spiel zu übertragen, in ein belehrendes Spiel.

»Ich habe eine Geschichte gefunden«, sagte sie dann mit einem gütigen, aber doch ein wenig müden Lächeln. »Möchtest du sie hören?« Keine Antwort war notwendig – ich saß schon auf ihrem Schoß. Mutters Geschichten waren immer inhaltsreich und wunderschön und entstammten ihrem ungeheuren Gedächtnis.

Obwohl Mutter nicht lesen und schreiben konnte, mußte sie eine Geschichte oder ein Gedicht nur ein- oder zweimal hören, und schon hatte sie es sich angeeignet. Sie kannte viele der langen Heldengedichte der arabischen Literatur auswendig. Strophe für Strophe konnte sie sich die Geschichte eines Prinzen oder Sultans ins Gedächtnis rufen, und sie hielt mich auf ihrem Schoß, wenn eine Tragödie oder Liebesgeschichte oder Komödie aus ihr heraussprudelte.

Die Geschichten, die sie am liebsten hatte und mit der größten Lebendigkeit erzählte, stammten aus der Bibel. Ihre Worte ließen meiner Phantasie Flügel wachsen. Ich hörte deutlich das »Klicken und Schwirren« von Davids Steinschleuder, als er den Riesen Goliat zu Fall brachte; ich fühlte förmlich, wie das Rote Meer sich teilte und in turmhohen Wellen auseinanderging, um Mose und sein Volk den ägyptischen Streitwagen entkommen zu lassen; und ich sah die schwarze, schöne, von edlen Düften eingehüllte Königin von Saba, die fremdländische Geschenke zu Füßen des goldenen und elfenbeinernen Throns Salomos legte. Mutter hatte den Namen Elias für mich ausgewählt – eine Abweichung von

Elija – nach dem feurigen Propheten, der von Raben ernährt worden war. Jede Geschichte bildete eine vertraute Spur von Klängen und Bildern in meinem Kopf. Jedoch *ein* Mann aus der Bibel nahm meine Ehrfurcht und Liebe vollständig für sich ein.

Die Geschichten von Jesus waren für mich die wundervollsten und lebendigsten. Jesus war in meiner Vorstellung ein Held aus Fleisch und Blut, der vielleicht über die staubigen Straßen auch in unser Dorf gekommen war. Mutter erzählte, daß er nach der Versuchung in der Wüste zuerst nach Galiläa, zu unseren Hügeln und zu unserem Volk gekommen war. Aus seinem Munde vernahmen wir zum ersten Mal die frohe Botschaft: Gott und Mensch sind versöhnt! Vielleicht hat ein Urahne der Chacours die von Jesus wunderbar vermehrten Brote und Fische gegessen. Vielleicht hat ein Mädchen oder Junge aus der Familie der Chacours den sanften Druck seiner Fingerspitzen gefühlt, als er die kleinen Kinder segnete, oder ihn vielleicht gesehen, als er die Kranken und Blinden heilte. Diese Wunder waren Wirklichkeit für mich, da sie in Gassen und Häusern geschehen waren, wie ich sie jeden Tag sah.

So konnte ich mir zum Beispiel lebhaft die Geschichte von den Männern aus dem Neuen Testament vorstellen, die ihren gelähmten Freund nicht in das überfüllte Haus zu Jesus bringen konnten. So wie ich es mir vorstellte, saß der Herr wohl in einem einfachen galiläischen Haus, genau wie unseres mit zwei Zimmern und einem Speicher, auf dem die Kinder schliefen. In den kalten Monaten wurde das Essen im größten Raum gekocht und verzehrt, dort, wo die Kinder spielten und die Gäste empfangen wurden. Es gab da wohl auch zwei Türen. Eine führte in den Stall, wo Rinder, Esel, Ziegen und Hühner während der Winterzeit gehalten wurden. Die andere führte in einen kleinen Raum hinter dem Haus, der als Heulager für das Viehfutter im Winter benutzt wurde. Die hölzernen Dachziegel ließen sich leicht entfernen, so daß das Heu von außen aufgegabelt werden konnte.

Jesus, als ein angesehener Gast, würde wohl gegen die Hinterwand des Hauses nahe dem Lagerraum Platz genommen haben. So waren die Männer nicht etwa unverschämt, als sie die Dachziegel entfernten, um ihren gelähmten Freund rechts neben die Füße des Meisters hinunterzulassen. Jesus hatte natürlich ihren Glauben belohnt und die steifen, unbeweglichen Gliedmaßen des Mannes geheilt. In meiner Vorstellung könnte das Wunder an dem Platz geschehen sein, an dem Vater oft am Abend saß, mit seinem Rücken gegen den kühlen Stein gelehnt.

Auf diese Weise wurde Jesus der Held meiner gesamten wirklichen Welt von Steinen, Spatzen, Senfpflanzen und Weingärten. Ich konnte es mir ohne weiteres vorstellen, daß er an unserem Haus Halt machte oder mit seinen Jüngern durch den kühlen Schatten von Vaters Feigengarten spazierte.

Besonders liebevoll, wie einen Schatz, hütete Mutter die Worte Jesu, die er zu einer Menschenmenge auf einem der unserem Haus nahegelegenen Hügel gesprochen hatte – der Hügel, den Mutter so liebte, der Berg der Seligpreisungen. Die Seligpreisungen waren für meine Mutter das Wesentliche der ganzen Lehre Jesu, so wie der kostbare Extrakt eines Parfums. Ich saß auf ihrem Schoß, langte nach den Tauben und Fischen ihrer Halskette und hörte die seltsam wunderbaren Worte:

Selig, die arm sind im Geist;
denn ihnen gehört das Himmelreich.
Selig die Trauernden;
denn sie werden getröstet werden.
Selig die Sanftmütigen;
denn sie werden das Land erben.
Selig, die hungern und dürsten nach der Gerechtigkeit;
denn sie werden satt werden.
Selig die Barmherzigen;
denn sie werden Erbarmen finden.
Selig, die reinen Herzens sind;
denn sie werden Gott schauen.

Selig die Friedensstifter;
denn sie werden Söhne Gottes genannt werden.
Selig, die um der Gerechtigkeit willen verfolgt werden;
denn ihnen gehört das Himmelreich.
Selig seid ihr, wenn ihr um meinetwillen beschimpft und verfolgt und auf alle mögliche Weise verleumdet werdet. Freut euch und jubelt: Euer Lohn im Himmel wird groß sein. Denn so wurden schon vor euch die Propheten verfolgt.

(Matthäus 5, 3–12)

Was meinte er damit? Ich rätselte herum. Wie kann man selig – oder glücklich – sein, wenn man arm ist oder trauert, wenn jemand einen beschimpft oder verfolgt? Wie kann man nach Gerechtigkeit hungern und dürsten? Was ist ein Friedensstifter?

Diese Verheißungen waren ein Geheimnis für mich. Was ich von Jesus verstand, was mich in seinen Bann zog, das war sein starker, manchmal feuriger Charakter; die Art, wie er in den Tempel eindrang, die habgierigen Händler hinauswarf und die Münzen der Geldwechsler verstreute; seine Einstellung, Verkrüppelten und Blinden zu helfen, sogar wenn er gegen die Gesetze verstieß und die eingebildeten religiösen Führer beleidigte. Manchmal dachte ich, daß er wohl der einzige war, der einen kleinen Jungen verstehen konnte, der sich auch selbst in unangenehme Situationen brachte – blindlings, ein Junge, der durch seine schnelle Zunge manchmal in Schwierigkeiten kam, so wie damals, als ich eine große Übeltat in Abu 'Eeds Klassenzimmer beging.

Die älteren Schüler kämpften eines Morgens mit einer mathematischen Gleichung, während Abu 'Eed uns, seinen Erstklässlern, einfache Additionen beibrachte. Er rief dabei einige Zahlen aus und fragte schnell nach der Summe. Die meisten Köpfe waren noch gebeugt, Griffel kratzten und scharrten, als mein Cousin Charles seine Hand in die Höhe schnellen ließ. Meine schoß einen Sekundenbruchteil später hoch.

Abu 'Eed nickte Charles zu, der stolz seine Antwort verkündete: »Acht.«

»Nein, Charles«, antwortete Abu 'Eed und schüttelte den Kopf, »überprüfe dein Ergebnis sorgfältiger.«

Ich winkte verzweifelt mit der Hand und konnte die richtige Antwort kaum mehr zurückhalten. Als Abu 'Eed mich aufrief, platzte ich mit einem blasierten Blick auf Charles heraus: »Neun. Die richtige Antwort ist neun.«

Abu 'Eed lächelte mir zu und wollte schon eine neue Reihe von Zahlen nennen, aber ich konnte der Versuchung nicht widerstehen. Charles war gewöhnlich ein schnellerer, besserer Schüler, und nun war ich an der Reihe zu glänzen. Mit einem Bühnenflüstern, das von den alten Steinwänden widerhallte, zischte ich albern: »Siehst du, Charles? Du bist ein Esel!«

Der sonst so ruhige und disziplinierte Klassenraum hallte vor Gelächter. Abu 'Eed schritt auf mich zu wie ein vom Mittelmeer daherfegender Sturm und donnerte nach Ruhe im Klassenzimmer. Seine scharfe Züchtigung ertrug ich mit Tränen in den Augen und verlegen vor allen anderen. Noch schlimmer war, daß ich Angst hatte, eine lose Zunge – von irgend jemandem, von meinen Brüdern, Cousins oder Tanten – könnte den Zwischenfall Mutter und Vater berichten.

Als die Schule aus war, floh ich von dem moosbedeckten Hof und rannte den ganzen Weg bis zu Vaters Obstgarten. Der stille Obstgarten war mein besonderes Versteck, mein Heiligtum, wo ich oft hinging, um mein kleines, kummervolles Herz auszuschütten. Und wem hätte ich es ausschütten können, wenn nicht meinem Meister Jesus? Wenn mich Mutters Erzählungen etwas lehrten, dann das, daß er für uns sorgte und daß er immer bereit war zuzuhören.

Ich watete in dem kühlen Gras neben den Feigenzweigen und erzählte Jesus mit aller Aufrichtigkeit: »Ich wollte Abu 'Eed nicht verstimmen. Ich wollte nichts Schlechtes, als ich Charles einen Esel nannte. Es kam halt so heraus ...« Hörte er mir zu? Sorgte er sich um mich?

Eine seltsame Stille schien den Obstgarten einzuhüllen, obwohl ein leichter Wind in den Blättern raschelte. Ein plötzliches Gefühl der Ehrfurcht kam in mir auf, ein Gefühl der Erhabenheit und Heiligkeit und – was war es? – Freundschaft. Mein Herz hüpfte. Dieses Gefühl hätte nicht tiefer sein können, als wenn Jesus selber in eigener Person neben mir geschritten wäre.

Ich plapperte einfach weiter und stellte mir sein verständnisvolles Lächeln vor. Das Gefühl seiner Gegenwart, die Annahme, daß er Zeit hatte, sich meine Schwierigkeiten anzuhören, schien mir nicht im geringsten ungewöhnlich. Schon so oft hatte ich ihn in meinem Zufluchtsort, dem Obstgarten, oder in den Hügeln aufgesucht und meine kindlichen Probleme ausgeschüttet, so daß es mir ganz alltäglich vorkam. Ob eingebildet oder wirklich, ich pflegte diese Momente. Denn da entdeckte ich unbewußt zum ersten Mal das dünne, starke Band des inneren Friedens.

Ich war dankbar, daß mein Schnitzer in der Schule nicht Mutter und Vater berichtet worden war – zumindest nicht damals. In tiefer Reue hoffte ich, daß ich lernen würde, meine Zunge im Zaum zu halten.

Während Mutter mich mit ihren Geschichten aus der Bibel fesselte, war Vater derjenige, der eine ungebrochene, historische Kette schmiedete, die von Jesus und denen, die ihm nachfolgten, bis in die Geschichte unserer Familie reichte. Wie Abraham oder Noach im Alten Testament wollte Vater sicher sein, daß seine Kinder sich ihres ungewöhnlichen und wertvollen Erbes bewußt würden. Wir, unsere Familie, waren melkitische Christen. Wir waren nicht wie frisches Unkraut aus einem kurzen Regen hervorgegangen; unser geistiges Erbe war fest im ersten Jahrhundert verwurzelt.

Abend für Abend versammelte Vater uns alle unter dem offenen Sternenhimmel oder, wenn der Winterwind um unsere Tür pfiff, rund um ein niedriges Feuer. Zum wohl schon tausendsten Mal führte er uns zurück durch die düsteren Zeiten mit ihren brillanten Geschichten. Ich liebte jedes Wort.

Wir erfuhren, daß nach der Kreuzigung Jesu die Flamme seines Geistes in unseren Dörfern weiter hell gebrannt hatte – obwohl unsere Vorfahren gezwungen waren, sich aus Angst vor den religiösen Führern heimlich zu treffen. Jakobus, der Bruder des Herrn, wurde der geistige Hirte der Gläubigen in Jerusalem.

Nicht lange nachdem Jakobus und die anderen Apostel gestorben waren, wurde die Kirche gespalten, fast zerstört durch eine schleichende, kultische Finsternis. Eine bestimmte Gruppe, die Gnostiker, behauptete, Jesus sei ein mystisches Lebewesen und keineswegs ein Mensch gewesen. Als es schon den Anschein hatte, daß diese falschen Lehrer wie Wölfe die Herde zerstreuen würden, ergriff der Kaiser von Byzanz, der kurz vorher Christ geworden war, eindeutig Partei für die Lehre der Apostel und erklärte, daß Jesus Gottmensch gewesen sei. Er habe die Kluft zwischen Gott und den Menschen überbrückt und uns den Frieden gebracht, als er unsere vergängliche menschliche Natur angenommen hatte. Meine Familie, zusammen mit vielen anderen, stellte sich auf die Seite des Kaisers. Ihre Gegner gaben ihnen den abwertenden Namen »Melkiten«, »Leute des Kaisers« – »melech« ist das arabische Wort für König bzw. Kaiser. Es waren diese frühen Melkiten, die die zersplitterten Kirchen einten.

Unsere melkitische Familie gehörte anscheinend zu einer mutigen Gruppe. Viele Jahrhunderte später, nachdem die Kreuzfahrer blutige Kriege geführt hatten, um den Einfluß Roms in unserem Land zu festigen, widersetzten sich die Melkiten solchen ausländischen Autoritäten. Sie blieben eine gesonderte Gruppe von Gläubigen, die an den einfachen orthodoxen Lehren der frühen Kirche festhielt, was einige Päpste erzürnte. Wieder einige Jahrhunderte später begannen die Melkiten, Brücken für eine Aussöhnung mit Rom zu bauen. Diese Fähigkeit, gegensätzliche Kräfte miteinander zu versöhnen, schien ein historisches Gütesiegel unserer Kirchenvorsteher zu sein.

Wenn es vorkam, daß Vater vom gewohnten Gang der Erzählung abschweifte, bestanden wir lautstark auf der *ganzen* Geschichte. Eine Passage, die wir Kinder mit unserer seltsamen Neigung zu grausigen Szenen liebten, war die Geschichte von dem entsetzlichen Schicksal einer früheren Chacour-Generation.

Im 18. Jahrhundert dehnte ein grausamer Sultan namens Jezzar Pasha seine Herrschaft über unser Land bis zum Mittelmeer hin aus. Als er die Stadt Akko an der Küste einnahm, beschloß er, eine mächtige Mauer gegen fremde Kriegsschiffe zu bauen. Sein Plan verlangte geheime, labyrinthische Fluchtwege durch die riesigen Steinwälle. Einer von den Chacours war unter denjenigen, die gezwungen wurden, an diesen Festungsmauern zu arbeiten. Während der letzte Mörtel noch trocknete, »belohnte« Jezzar Pasha sie für ihre Knochenarbeit: Jeder einzelne Arbeiter wurde lebendig neben der Mauer begraben, damit diese militärischen Geheimnisse des Sultans für immer gehütet blieben.

Diese Erzählungen waren Vaters wirkungsvollste Art, uns zwei Dinge beizubringen: Erstens sollten wir unsere galiläische Erde lieben und achten, da unser Volk hier lange ums Überleben gekämpft hatte. Wir waren hier verwurzelt wie der Klatschmohn und die wilden blauen Irisblumen, die sich zwischen den Felsen hervorschieben. Unsere Familie hat dieses Land bebaut und hier Gott länger gedient, als irgend jemand denken kann. Und zweitens war unser Leben mit jenem anderen Volk verbunden, das Palästina bewohnte – den Juden. Wir haben zusammen unter den Römern, Persern, Kreuzrittern und Türken gelitten und gelernt, die schlichten Grundlagen des menschlichen Lebens zu teilen: Glaube, Achtung vor dem Leben, Gastfreundschaft. Dies, so brachte Vater uns bei, sind die Dinge, die es ermöglichen, daß Menschen glücklich zusammenleben.

Vater erzählte seine Geschichten immer unverändert. Mit sieben Jahren verstand ich natürlich noch nicht viel davon, aber sie faszinierten mich. Und Vater lehrte uns noch etwas

Wertvolleres als unsere bunte, wechselvolle Geschichte. Er lehrte uns auf seine stille, feine Art etwas über den menschlichen Charakter. Ob es mir bewußt war oder nicht, viele Charakterzüge, die ich mir bei Jesus, meinem unsichtbaren Meister, vorstellte, kamen von diesem anderen großen Vorbild in meinem Leben.

Wann immer Vater zum Beispiel ein Unrecht geschah, reagierte er auf eine Weise, die mich verblüffte – und mich zum Lachen brachte. Eines Tages hatte er einmal eine große Anzahl von Feigen eingetauscht und dafür ein sehr schlechtes Stück Ware erhalten. Der Schwindler war schon lange fort, als Vater bemerkte, daß er betrogen worden war. Aber Vater fluchte nie. In gelassenem Ton und mit einem etwas verkrampften Lächeln sagte er: »Möge Gott diesen Mann segnen – und ihn in den Himmel aufnehmen!«

Vaters freundliche Natur hatte weit über unseren engsten Familienkreis hinaus Einfluß. Ein Mann, der sich von Vater immer wieder beraten ließ, war ein gewisser Maximos, der uns oft besuchte. Über die üblicherweise angebotene Tasse dampfenden, dicken Kaffees hinweg erkundigte er sich immer höflich nach unserer Familie und sondierte dann mit Vater die Lösung so mancher heikler Fragen, die in der kirchlichen Hierarchie aufgeworfen worden waren. Er machte seine Besuche auch weiterhin, als er Bischof Maximos geworden war. Später wurde er Patriarch Maximos IV., ein bedeutender Reformer auf dem 2. Vatikanischen Konzil. Dieser große Mann hatte bemerkt, daß Vaters Ansichten nie Stimmungsschwankungen oder dem Druck anderer Menschen unterworfen waren.

Sogar die Nachricht, daß Soldaten mit Gewehren bewaffnet nach Biram kommen sollten, konnte Vater nicht erschüttern. Die Soldaten hatten den Dorf-Mukhtars ihr Wort gegeben, daß sie nur einige Tage bleiben und uns nichts nehmen würden. Sie wollten nur das Land begutachten. Vater akzeptierte ihr Wort als ein Ehrenmann. Wenn die Notwendigkeit bestand, dann konnten sich die Juden aus Europa in unserem

Dorf niederlassen und das Land bebauen, das neben unseren eigenen Feldern brachlag.

Aber mein Bruder Rudah war dadurch alarmiert worden, daß von Maschinengewehren die Rede war. Einige Tage nachdem Vater uns die Neuigkeiten berichtet hatte, erschreckte Rudah uns alle, indem er ein Gewehr mit nach Hause brachte – eines der zwei oder drei Gewehre in ganz Biram, eine verrostete Antiquität, die nur noch zum Schießen auf Wölfe benutzt wurde, wenn sie unsere Herden überfielen. Die Wölfe schwebten jedoch in keiner großen Gefahr, getroffen zu werden.

Als Vater das Gewehr sah, brach er – was höchst selten vorkam – in Zorn aus: »Bring es hinaus! Ich will es nicht in meinem Haus haben!«

Mutter und wir übrigen Kinder standen starr und stumm.

Der arme Rudah. Er schaute uns alle mit weitaufgerissenen Augen an. »Ich ... ich dachte, wir könnten ein Gewehr brauchen, um uns selber zu beschützen, im Fall, daß ...«

»Nein!« Vater hörte nicht weiter zu. »Wir wenden *niemals* Gewalt an. Auch dann nicht, wenn uns jemand verletzt.« Er hatte sich ein wenig beruhigt und nahm Rudah das Gewehr weg.

»Aber Vater«, beharrte Rudah weiterhin besorgt, »warum tragen dann die Soldaten Gewehre?«

Vater legte den Arm um Rudahs Schultern und antwortete: »Jahrhundertelang lebten unsere jüdischen Brüder im Exil in anderen Ländern. Sie wurden gejagt und gequält – sogar von Christen. Sie lebten in Armut und Trauer. Sie wurden zur Angst erzogen, und manchmal, wenn Menschen Angst haben, meinen sie, sie müßten Gewehre tragen. Ihre Seelen sind schwach, weil sie den inneren Frieden verloren haben.«

»Aber wie können wir wissen, daß die Soldaten uns nichts tun werden?« drängte Rudah ihn weiter.

Vater lächelte, und all die Spannung schien sich zu lösen. »Weil«, so sagte er, »die Juden und Palästinenser Brüder sind – Blutsbrüder. Wir haben denselben Vater, Abraham, und denselben Gott. Wir dürfen das nie vergessen. Nun bringen wir das Gewehr fort.«

Es ist erstaunlich, wie eine Stimme aus unserer Kindheit, sogar ein einziges, in einem entscheidenden Augenblick gesprochenes Wort, sich einprägen kann, nur um seine einfache Weisheit in einer Zeit der Krise, die unser erwachsener Geist nicht ergründen kann, zu enthüllen. Dann zeigt sich auf einmal unser ganzes Leben in neuem Gewand.

Ich hörte dem Wortwechsel zwischen Rudah und meinem Vater zu und schaute ihnen nach, als sie hinausgingen, um das Gewehr wieder loszuwerden. Damit war der Vorfall erledigt und wurde irgendwo in mir mit den anderen Schätzen der Überlieferung und des Glaubens eingeschlossen, die Mutter und Vater sorgfältig in mich eingesenkt hatten.

Die Zeit kam bald, wo ich auf nichts anderes bauen konnte, als auf diese Schätze in meinem Herzen.

AUS DEM BODEN GERISSEN

Eines frühen Morgens, ungefähr zwei Wochen nach der ersten Nachricht über die Soldaten, ruhte Biram noch still in den aufsteigenden Nebelschwaden und dem zunehmenden Licht der Morgendämmerung. Und dann war der Abhang des Hügels erfüllt von dem ungewohnten Rattern der Lastwagen und Jeeps. Männer in graugelben Uniformen und mit Tornistern auf dem Rücken füllten die engen Gassen. Meine Brüder und ich beobachteten sie von einer Ecke unseres Gartens aus und flüsterten miteinander, als vier oder fünf Soldaten auf unsere Türe zuschritten. Sie sprachen mit Vater, der sie willkommen hieß, und schleppten ihr Gepäck hinein. Für eine Woche, erzählte man uns, würden die Soldaten in dem großen Zimmer unter dem Dachboden schlafen, wo sonst Mutter und Vater schliefen. Meine Eltern würden sich zu uns aufs Dach legen.

An zwei Einzelheiten erinnere ich mich noch äußerst lebhaft.

Vater hatte uns auf die Hausgäste vorbereitet – aber diese zionistischen Soldaten waren nicht im mindesten wie unsere jüdischen Nachbarn, die im Garten mit Vater beim Kaffee plauderten. Nicht, daß sie unfreundlich oder grob gewesen wären. Als Vater das Lamm schlachtete und briet und das Fest und die Männer segnete, neigten sie höflich die Köpfe. Mutter servierte ihnen vollbeladene Teller mit Lammfleisch, Gemüse und Brot, das sie mit großem Appetit aßen. Aber sie blieben zurückhaltend, fast schroff. Zu meiner Enttäuschung wurde das Fest nicht die fröhliche Feier, die ich erwartet hatte. Ich schlich mich zu Mutter und fühlte mich verschüchtert und unbehaglich durch die Anwesenheit der Soldaten.

Das zweite, an das ich mich erinnere, waren ihre Gewehre. Die ganze Zeit waren meine Augen von ihrem kalten Glanz angezogen. Sie waren immer dabei, sogar wenn wir aßen. Ich registrierte den kleinen, gekrümmten Abzug, an dem die Finger ruhen würden und abdrücken... drücken... der lange, glatte Lauf... das winzige, todbringende Mundstück... ein Knall erschütterte meine Vorstellung. Ich schauderte und schaute weg.

Die Gewehre trennten uns völlig, ganz gleich, wie höflich die Atmosphäre auch war. Ich verstand nun, daß Gewehre Macht – Stärke – bedeuteten und daß meine Familie und die Dorfbewohner von Biram keine Macht besaßen. In den folgenden Tagen waren die Gewehre überall, während unser Leben wie gewöhnlich weiterging. Wir gingen zur Schule, und die Läufe glänzten an jeder Ecke. Nachts lagen wir auf dem Dach unter den kalten, klarscheinenden Frühlingssternen, und die Gewehre lehnten unter uns.

Nach einer Woche ging die Nachricht durch Biram, daß der militärische Befehlshaber eine dringende Angelegenheit mit den Männern des Dorfes zu besprechen hätte. Vater ging hinüber zu dem Platz, in der Erwartung, mitgeteilt zu bekommen, daß die Truppen bald weiterziehen würden. Statt dessen gab der Kommandeur, klein und gedrungen wie ein Bulle, einige alarmierende »vertrauliche Informationen« bekannt.

»Aus gut unterrichteter Quelle wissen wir, daß sich Biram in ernsthafter Gefahr befindet«, verkündete er kurz und bündig. »Glücklicherweise können meine Leute euch beschützen. Aber es würde eure Sicherheit gefährden, wenn ihr in euren Häusern bleibt. Ihr werdet für ein paar Tage in die Hügel hinausziehen müssen. Schließt alles ab, und übergebt uns die Schlüssel. Ich gebe mein Wort, daß nichts zerstört wird.«

Als Vater uns von diesem Befehl erzählte, berichtete er, daß die meisten Männer des Dorfes beunruhigt waren. Sie erinnerten sich an den Aufstand und die Besetzung durch britisches Militär in den 30er Jahren. Und es wurde von neuen Bombenanschlägen in Jerusalem, von Unstimmigkeiten zwischen Briten und Zionisten gesprochen. Wenn es zwischen diesen beiden Kräften zu einer Konfrontation kommen sollte, war es tatsächlich am besten, so entschieden die Männer von Biram, die Familien in Sicherheit zu bringen. Der Kommandeur drängte sie und sagte: »Geht am besten ohne Gepäck, nehmt nichts mit euch. Ihr müßt schon heute gehen – so bald wie möglich.«

Für jeden anderen würde eine plötzliche Evakuierung – das Zurücklassen des Hauses und all die Unannehmlichkeiten, mit einer großen Familie im Freien zu leben – eine Bedrohung, wenn nicht sogar eine Erbärmlichkeit darstellen. Für uns schien es nicht so schwierig zu sein. Wir waren gewohnt, ganze Tage im Freien zu verbringen, und wir schliefen oft auf der blanken Erde, wenn wir mit unseren Herden mitzogen oder auf dem Feld arbeiteten und kein Obdach hatten. Dann rückten wir einfach unter einem Baum oder neben ein paar Steinblöcken zusammen und waren zufrieden. Oft, so zum Beispiel in den Tagen der Trauer um einen verstorbenen Verwandten, wenn niemand kochte, vertrauten wir ausschließlich auf die Natur und aßen mehrmals täglich nichts anderes als Feigen und Oliven. Nachdem wir Kinder die letzten Nächte auf dem Dach geschlafen hatten, sahen wir dies als ein neues Abenteuer an.

Schnell brachten Mutter und Vater das Haus in Ordnung, trieben uns zur Eile und ließen bis auf unsere schweren Kleider, die wir anhatten, alles zurück. Ich war der einzige, dem erlaubt wurde, eine Decke mitzunehmen. Da ich vor kurzem eine Schlägerei mit meinem Cousin Asad gehabt hatte, durfte ich diese Decke um meinen Kopf wickeln, um ein blaues Auge zu verdecken, das ebenso schmerzhaft wie peinlich war. Dann eilten wir nach draußen.

Vater schloß die Türe hinter uns ab. Dann händigte er einem unserer Soldaten-Gäste, der an der Vorderwand lehnte, sein Gewehr lässig über die Schulter gehängt, den Schlüssel aus.

»Ich weiß, daß Gott unser Haus beschützen wird«, sagte Vater überzeugt. »Und auch du wirst beschützt werden.«

»Ja«, sagte der Soldat mit einem Lächeln. Das war alles.

Als wir unseren Garten verließen, war ich überrascht, Dutzende von Leuten durch die Gassen laufen zu sehen, andere Familien, die sich zusammentaten und aus Biram hinausströmten. Vater führte uns mit Rudah und Chacour mannhaft an seiner Seite den steilen Hang hinunter zu einem Olivenhain. Mutter hielt meine Hand, als ich stolperte und meine Decke schützend vor mein lädiertes Auge hielt. Eine Frau, die sich weiter vorne, ein Kind auf jeder Hüfte balancierend, abmühte, mußte anhalten und sich ausruhen. Jetzt sah ich, daß es eine meiner Tanten war, eine von Vaters Schwestern. Am Rande des Hains sah ich für einen Augenblick meinen Cousin Asad und seine Familie. Unsere Blicke trafen sich, und mit schuldbewußter Miene zog er den Kopf ein. Dann verschwand er unter den Hunderten von Dorfbewohnern, die aus Biram hinauswanderten.

Jede Familie schien denselben Gedanken zu haben: Der Olivenhain würde der perfekte Zufluchtsort während unserer Nachtwache sein. Die Menge verteilte sich unter den alten, krummen Ästen, die sich Hektar um Hektar durch das Tal hinzogen. Es hieß, daß die Bäume schon zur Zeit Jesu oder sogar schon vorher hier gewachsen waren. Vielleicht haben er und seine Jünger genau von diesen Zweigen Oliven gegessen. Nun waren die Stämme durchlöchert und vom Alter dunkel geworden, aber die Früchte waren noch immer zahlreich und schmackhaft. Die silbrigen, schattenspendenden Blätter würden uns vor Sonne und Regen schützen. Und von hier aus konnten wir am besten das Kommen und Gehen in Biram auf der Anhöhe weit über uns beobachten.

So ein Nomadenleben würde ein großes Abenteuer sein – zumindest dachte ich mir das.

Nach ein oder zwei Tagen, als die Schmerzen und Schwellungen an meinem Auge zurückgingen und ich wieder zu Späßen aufgelegt war, hatten alle anderen vom Kampieren im Freien genug. Meine Brüder waren einfach verdrossen. Die Männer fingen an nervös zu werden, daß sie ihre Häuser und Ländereien unter dem Schutz der Fremden zurückgelassen hatten. Die älteren Leute begannen darunter zu leiden, daß sie auf dem feuchten, steinigen Boden schlafen mußten. Obwohl die Tage sonnig waren, sank die Temperatur bei Sonnenuntergang rapide und stürzte uns nach einem heißen Nachmittag in eine frostige Nacht. Jeder war dankbar, daß ich meine Decke mitgenommen hatte. Wir sechs Kinder versuchten uns unter ihr aneinanderzudrücken, während Mutter und Vater sich unbequem auf dem bloßen Boden zusammendrängten.

Die Kälte war irgendwie noch ertragbar, nicht aber der Regen. Eine schwere, graue Wolkenwand bedeckte die Hügel am vierten Tag. Ein kühler Sprühregen prasselte durch die Olivenblätter, drang ins Gras ein und vermischte Kies und Staub zu Schlamm unter unseren Füßen.

Vater führte uns durch die Bäume zur Höhle am Ende unseres Grundstücks. Die inneren Wände waren mit grauem und grünem Moos bedeckt, und ein schwacher Geruch von feuchter Erde und Ziegen lag in der Luft. Sie war klein, aber unsere ganze Familie paßte hinein und war vor der Nachtkühle und den Regenschauern geschützt.

Fast zwei Wochen lang hielten die Männer Wache und Ausschau nach bedrohlichen Vorgängen im Dorf. Gelegentlich kam eine Kolonne Lastwagen in einer Staubwolke an, und kurz darauf fuhr sie wieder ab. Sonst blieb alles ruhig. Die Leute von Biram kampierten weiter unter den Olivenbäumen, suchten nach etwas Eßbarem, tranken Wasser aus artesischen Quellen und wurden mit jeder Nacht steifer durch das Schlafen auf dem Boden. Noch immer gab es keine Nachricht von den Soldaten.

Schließlich beschlossen die Ältesten, nicht auf ein Zeichen des Kommandeurs zur Rückkehr zu warten. Eine Delegation sammelte sich im Olivenhain und stieg den Hügel nach Biram hinauf.

Nicht lange danach kamen sie angerannt mit vor Schmerz und Angst verzerrten Gesichtern. Ihr entsetzlicher Bericht ging in Windeseile durch den ganzen Hain.

Als sie nach Biram gekommen waren und am ersten Haus vorbeigingen, sahen sie, daß die Türe eingebrochen war. Die meisten Möbel und Habseligkeiten waren verschwunden. Was noch vorhanden war, lag zertrümmert und zerstreut auf dem Boden. Im nächsten Haus war es das gleiche und ebenso in dem Haus gegenüber. Stühle waren zerbrochen, Vorhänge zerrissen, Geschirr gegen die Wände geworfen.

Dann wurden die Männer von bewaffneten Soldaten aufgehalten. Der, der der Ranghöchste zu sein schien, schwang drohend sein Gewehr und bellte: »Was macht ihr hier? Verschwindet!«

Wütend und sich sicher, daß diese unverschämten Soldaten einen Verweis von ihrem Vorgesetzten bekommen würden, blieben die Männer standhaft.

»Wo ist der befehlshabende Offizier? Wir sind die Leute von Biram, wir wollen Frauen und Kinder heimbringen!«

Der Führer des Trupps näherte sich ihnen und hielt sein Gewehr quer vor der Brust. »Der Kommandeur ist weg«, sagte er kaltblütig. »Er hat uns zurückgelassen, das Dorf zu beschützen. Ihr habt hier nichts mehr zu suchen.«

Sofort erhoben alle Männer ihre Stimmen.

»Unser Dorf beschützen? Ihr zerstört es!«

»Eindringlinge!«

»Geht weg, laßt uns in Frieden!«

Die Soldaten richteten ihre Gewehre auf sie und lösten die Sicherheitsbügel. Einer von ihnen knurrte böse: »Dieses Land gehört uns. Verschwindet jetzt hier. Bewegt euch!«

Dieser Betrug war wie ein Schnitt mit dem Messer. Ein paar der Männer kochten vor bitterem Zorn bei dem Gedanken, daß wir von diesen europäischen Männern, denen wir vertraut hatten, unter einem Vorwand aus unserem Dorf hinausgeworfen worden waren. Andere waren ganz einfach bestürzt. Der Schmerz stand in jedem Gesicht geschrieben.

Vater und Mutter schienen durch diesen niederträchtigen Betrug so bestürzt zu sein wie Kinder. Ich glaube, daß es einfach über ihren Verstehenshorizont ging.

Die armen Mukhtars wurden mit Fragen bestürmt. »Wie können wir Biram zurückbekommen?« »Was geschieht mit unseren Häusern?« »Könnt ihr nicht die Soldaten dazu bringen fortzugehen?« Natürlich konnten sie nichts machen – zwei alternde, unbewaffnete und zutiefst betroffene Männer gegen die Gewehre dieser Soldaten.

Am dringendsten und notwendigsten brauchten wir jetzt ein Obdach und Schutz vor dem Wetter. Wir konnten nicht länger dem Regen und den kalten Nächten ausgesetzt bleiben.

Nach einer kurzen Diskussion wurde vorgeschlagen, den nächsten Hügel nach Gish, unserem nächstgelegenen Nachbardorf, hinaufzusteigen. Sicher könnten uns die Leute dort, die ebenfalls Christen waren, eine Zeitlang versorgen, während wir uns über diesen Fehlgriff der rohen, jungen Soldaten Klarheit verschaffen wollten.

Auf dem Hügelkamm zwischen unserem Dorf und Gish befiel uns eine seltsame Schwermut. Keine Schafhirten grüßten uns, als wir die offenen Felder überquerten. Das Gelände, auf dem sonst kleine Jungen Fußball spielten, war leer. Eine beängstigende Stille erfüllte die Gassen zwischen den leeren Häusern, in denen sonst junge Frauen und Großmütter zwischen schlafenden Babys und alten Männern miteinander schwatzten.

Nach langer Suche durch das leere Dorf entdeckten wir zehn ältere Leute, die uns erzählten, daß man sie zurückgelassen hatte. Von ihnen erfuhren wir, daß die unbewaffneten Dorfbewohner ein ähnliches Schicksal erlitten hatten wie wir.

Soldaten waren in Lastwagen angekommen, so berichteten sie uns. Aber aus irgendwelchen Gründen wandten sie hier nicht den Trick an, den sie in Biram gebraucht hatten. Mit Maschinengewehren im Anschlag hatten sie den Leuten kurzerhand befohlen fortzugehen und kümmerten sich nicht darum, diese wenigen alten Frauen und Männer wegzubringen, die offensichtlich zu schwach waren, ihre Häuser zu verlassen. Einer der Männer war sich sicher, daß die Soldaten in Eile gewesen waren und die Evakuierung schnell zu Ende bringen wollten, da er unmittelbar außerhalb des Dorfes Gewehrschüsse vernommen hatte. »Nur um die Leute zur Eile anzutreiben«, wie er meinte. Die meisten von ihnen nahmen an, daß die Dorfbewohner in den Libanon geflohen seien, da die Grenze nur ein paar Kilometer entfernt war.

»Wir wissen nicht, wann sie zurückkehren werden«, sagte ein alter Mann den Tränen nahe.

»Wenn sie überhaupt zurückkehren werden!« fügte ein anderer grimmig hinzu.

Trotz ihrer großen Trauer boten sie uns, soweit möglich, ihre Gastfreundschaft an. »Ihr seid willkommen, in unserem Dorf zu bleiben«, sagten sie uns, »obwohl hier wenig übriggeblieben ist.«

Sie hatten recht. Die Soldaten hatten in den meisten Häusern ihr Unwesen getrieben, die Einrichtungen zerstört oder in ihre Lastwagen eingeladen. Aber es war immerhin ein Obdach für uns.

Unglücklicherweise gab es in Gish weniger Wohnungen als Familien aus Biram. In einigen Häusern wurden zwei Familien in einen einzigen Raum zusammengepfercht, mit alten Laken oder abgetragenen Teppichen als Abtrennungen. Für Familien mit zehn oder mehr Kindern waren die Bedingungen äußerst erbärmlich. Abu 'Eed besuchte alle und sprach Trost und Mut zu.

Vater hatte das Glück, ein kleines Ein-Zimmer-Haus für uns zu finden. Es gelang ihm auch, ein kleines Zimmer in der Nähe für seine alten Eltern zu bekommen, die unter den Nächten im Freien furchtbar gelitten hatten, wie alle alten Leute aus Biram. Unser Raum war baufällig, kaum größer als die Höhle auf Vaters Grundstück und außer ein paar zerbrochenen Stühlen vollkommen leer. In einer Ecke fand ich ein zerbrochenes Kinderspielzeug – eine Puppe mit einem zerquetschten Kopf. Als ich sie befühlte, dachte ich an das Kind, das sie wohl aus Angst und Verwirrung fallengelassen hatte, und ein gespenstisches Gefühl überkam mich. Ich zog meine Hand plötzlich zurück und rührte die Puppe nie wieder an.

Umherstreifende Gruppen, die aus anderen Dörfern vertrieben worden waren, brachten noch bedrückendere Nachrichten, als wir uns mehr schlecht als recht in Gish eingerichtet hatten. Die Soldaten durchkämmten systematisch das Hügelland und vertrieben die friedlichen, schutzlosen Dorfbewohner. Viele flohen zu Fuß in den Libanon oder nach Syrien. Es wurde von Gewalttaten im Süden berichtet. Mit jeder neuen, bruchstückhaften Information, die uns erreichte, breitete sich eine ungewisse, namenlose Furcht über uns aus.

Als wir versuchten, unser Leben wieder in Gang zu bringen, fragten wir uns in ständiger Angst, wann die Soldaten zurückkehren und was sie tun würden, wenn sie uns in diesem Nachbardorf fänden. Trotzdem versicherten uns Mutter und Vater immer wieder, daß wir hier sicher seien. Ein Gedanke wurde aus lauter Angst allerdings nie ausgesprochen: Was war mit den Frauen, Männern und Kindern von Gish geschehen?

Ich sollte der erste sein, der die Antwort darauf herausfand.

Eine Woche oder noch länger nach unserer Ankunft schlurften Charles und ich zusammen verdrießlich durch die Gassen, als wir einen Fußball fanden. Er war von der Kälte etwas weich geworden, hatte aber noch genug Leben, um auf einen guten Schuß zu reagieren. Sofort setzte sich Charles in Trab und kickte den Ball vor sich her. »Auf geht's, Elias!« rief er. »Laß uns ein Spiel machen!« Aus Seitengassen und offenen Türen kamen zehn andere Jungen dazu, als wir vorbeizogen.

Kreuz und quer durch die Gassen laufend, erreichten wir ein sandiges, offenes Gelände am Ende von Gish. Unter dem unschuldigen, hingebungsvollen Eifer kleiner Jungen war das Schicksal von Biram für den Augenblick vergessen. Wir rannten den Platz rauf und runter und wurden unsere aufgestauten Energien durch einen schnellen Wettkampf los.

Charles' Mannschaft erzielte fast sofort zwei Tore. Einer der Jungen legte sich den Ball gerade wieder zum Torschuß vor, die Augen auf das Tor gerichtet, als ich ihn brüllend, lachend und die Arme schwenkend attackierte. Er schoß hart, und der Ball sauste knapp an meinem Kopf vorbei, hoch und weit über das Spielfeld hinaus. Ich drehte mich um und raste ihm nach. Die andere Mannschaft zog sich zurück, um ihr Tor zu verteidigen, und meine Mannschaftskameraden nahmen ihre Positionen ein und warteten auf meine Rückkehr.

Ich erreichte den Ball dort, wo er aufgeschlagen und auf einem Stück lockeren Sand liegengeblieben war. Merkwürdigerweise schien der Boden aufgewühlt worden zu sein. Ich bückte mich, nahm den Ball und bemerkte einen eigentümlichen Geruch. Ein seltsames Gebilde hielt meinen Blick fest – etwas wie eine dicke Rute ragte aus dem Sand heraus. Und die eigenartige Farbe...

Ich bückte mich und zog daran. Es kam steif heraus, der Sand fiel von einem geschwollenen Finger ab, eine blauschwarze Hand und ein Arm. Der Geruch schnürte mir die Kehle zu...

»Elias, was ist los?« Jemand rief nach mir aus weiter Entfernung.

Erstarrung unterdrückte jede Gefühlsregung. Der steife Arm lag im Sand zu meinen Füßen – der Arm eines Jungen. Ich stellte mir das Gesicht dazu vor – Sand in den geschlossenen Augen – Sand, der den schlaffen Mund knebelte. Ich glaubte, schreien zu müssen, aber kein Laut drang aus meiner Kehle. Undeutlich konnte ich Charles neben mir rufen hören...

Später wurden die flachen Gräber aufgedeckt. Unter einer dünnen Lage Sand waren zwei Dutzend Leichen begraben. Die Gewehrschüsse, die der alte Mann gehört hatte, hatten ihre bittere Arbeit getan.

Die Opfer wurden hastig in ehrenhaften Gräbern beerdigt. Es kam rasende Wut auf, und man sprach von Vergeltung. Aber wie konnte es Vergeltung geben, wenn wir keine Macht gegen diesen Wahnsinn hatten? Die meisten Männer, besonders Vater, nahmen an solch häßlichen Gesprächen nicht teil.

Zum Glück wirkten bei mir noch meine jugendliche Unschuld und Standfestigkeit. Niemand erwähnte den Vorfall jemals wieder vor mir. Mutter, Vater und meine Großeltern waren sehr lieb und ignorierten meine Wutanfälle oder Tränenausbrüche ganz einfach. Meine Brüder und Cousins lenkten mich schließlich mit anderen Spielen ab, wobei wir den Sandplatz für eine ziemlich lange Zeit mieden.

In den kommenden Monaten, als der Sommer langsam in Galiläa einzog, war ich mir der Ereignisse außerhalb unserer abgeschiedenen Hügel wenig bewußt. Aber wichtige Entscheidungen wurden von Nationen getroffen, die weit mächtiger waren als unsere – Entscheidungen, die uns bald ohne Heimat und Identität zurücklassen würden. Vater und die Dorfältesten vernahmen ungläubig die Nachrichten über das Drama, das sich in ganz Palästina und vor der Welt höchstem Forum für Fragen der Gerechtigkeit – den Vereinten Nationen – abspielte.

Da Nachrichten und Gerüchte wie ein Lauffeuer durch Galiläa gingen, erfuhren die Ältesten, daß die »Palästinafrage« vor die UNO gekommen war. Es hatte den Anschein, daß die Zionisten nicht länger mit der britischen Kontrolle über Palästina einverstanden waren und ihre eigene nationale Heimstatt anstelle der unseren errichten wollten. Die Briten, deren militärische und finanzielle Möglichkeiten, Palästina zu regieren, durch den langen Krieg in Europa erschöpft waren, konnten die Zionisten an der Landnahme nicht hindern. Die zionistischen Streitkräfte, bekannt als *Haganah,* hatten die Munitionsfabriken im Süden eingenommen und gebrauchten die Mörser, Bomben, Maschinengewehre und schweren Waffen gegen die Briten ebenso wie gegen die Palästinenser. Wann immer ein palästinensisches Dorf überfallen wurde, sammelten sich ein paar seiner Bewohner in den Hügeln mit ihren Eseln und antiquierten Karabinern zu dem hilflosen Versuch, ihr Land zu schützen. Diese schlecht ausgerüsteten Trupps wurden dann von der Haganah in weiteren Vergeltungsmaßnahmen vernichtet. Es war ein äußerst ungleiches Kräftemessen. Und nun waren die Vereinten Nationen dazu aufgerufen, eine friedliche Lösung des Blutvergießens auszuarbeiten.

Die Männer von Biram dachten voller Hoffnung, daß die mächtigen Nationen der Welt, die die UNO kontrollierten, mit Sicherheit eine gerechte Lösung finden würden. Der Sommer 1947 verging, der Herbstregen durchtränkte die Erde, und wir warteten immer noch als Flüchtlinge. Monat für Monat beteten wir in unseren engen Quartieren um die Nachricht, daß wir in unsere Häuser in Biram zurückkehren könnten.

Im November brachten Flüchtlinge, die aus größeren Städten geflohen waren, noch üblere Nachrichten.

Palästina sollte in einen, wie die UNO es nannte, »Kompromiß« aufgeteilt werden. Unsere Ältesten und Hunderttausende von Palästinensern im ganzen Land waren über alle Maßen geschockt, denn die Bedingungen dieses »Kompromisses« waren brutal.

Die Zionisten sollten den größeren Teil Palästinas – 54 Prozent – zum Besitz erhalten, obwohl ihnen nur 7 Prozent des Landes gehörten! In fünf größeren Gebieten, die übergeben werden sollten, waren gut über die Hälfte der Einwohner Palästinenser – bis zu 70, 80 und sogar 99 Prozent. Der »Kompromiß« gab den Zionisten fast das ganze fruchtbare Land, einschließlich der riesigen, bedeutendsten Zitrusfruchthaine, die den größten Teil der Exporteinkünfte unseres Volkes ausmachten. Er gab das weite Negevgebiet fort, wo die Beduinen den größten Teil der Gerste und des Weizens produzierten, der in Palästina angebaut wurde. Es gab in dieser einen Region dreimal soviel Ackerland, wie die einwandernden europäischen Siedler in den vorangegangenen 30 Jahren in ganz Palästina bebaut hatten.*

* Vgl. Jonathan Dimbleby, The Palestinians, Quartet Books, New York 1979, S. 86.

Solche Zugeständnisse konnten in den Augen des palästinensischen Volkes schwerlich als »Kompromiß« bezeichnet werden. Unserem Volk sollte zugemutet werden, mehr als die Hälfte unseres gut bebauten Landes, das unsere einzige Lebensgrundlage darstellte, zu übergeben.

Wie konnte solch eine tiefgreifende und einseitige Entscheidung nur getroffen werden? Von den Staaten der Welt wurde der UNO-Beschluß ohne eine Frage oder einen Protest akzeptiert.

Für mich, einen achtjährigen Jungen, waren die Gespräche der Älteren bloße Worte. Es dauerte Jahre, bis ich die Wahrheit über die internationalen Intrigen und heimlichen Übereinkommen herausfand, die zu der Tragödie im Nahen Osten geführt hatten. Zum damaligen Zeitpunkt waren die Augen aller blind für diese politischen Machenschaften. Und ich war mir nur bewußt, daß aus meiner friedlichen Heimat Palästina, bekannt als das Heilige Land, ein Land des Krieges geworden war.

Kurz nach dem UNO-Beschluß verkündeten die Briten, daß sie im nächsten Frühjahr alle ihre Streitkräfte aus dem Nahen Osten abziehen würden – zum 15. Mai 1948.

Während der Wintermonate, bis ins Frühjahr 1948 hinein, hörten wir von noch mehr Terror, von Dörfern, die mit Granaten und Bomben in die Luft gejagt worden waren, während in anderen die Menschen den brennenden Trümmern ihrer Häuser nur knapp entfliehen konnten. Tausende waren nun entwurzelt und lebten in den Hügeln und trockenen Wüstengebieten.

Ganz besondere Angst bekamen wir vor einem neuen Namen – der hochtrainierten und zielbewußten zionistischen Organisation namens Irgun. Einer ihrer Führer gehörte zu den zehn von den Briten meistgesuchten Terroristen wegen seiner Beteiligung an dem Bombenanschlag auf das luxuriöse King David Hotel in Jerusalem. Sein Name war Menachem Begin, und sein erklärtes Ziel war, das Land von der palästinensischen Bevölkerung zu »säubern«.

Im April dieses Jahres bestand eine dieser »Säuberungsaktionen« in der Zerstörung eines Dorfes in den Außenbezirken des modernen Jerusalem. Die Szene in Deir Yassin wurde später von einem Augenzeugen aufgezeichnet, von Jacques de Reynier, dem Vorsitzenden der Delegation des Internationalen Roten Kreuzes.

Am 10. April wurde Reynier auf der Straße nach Jerusalem von Mitgliedern der Irgun aufgehalten, die ihm den Zugang zu dem Dorf verweigerten. Er schob sich tapfer durch ihre Reihen und in die Häuser, wo er *»kalte Körper«* fand. *»Hier war die ›Säuberung‹ mittels Maschinenpistolen, dann Handgranaten erledigt worden. Mit Messern war sie zu Ende geführt worden, jeder konnte das sehen ... Als ich gerade herausgehen wollte, hörte ich etwas wie einen Seufzer ... Es war ein kleines Mädchen von 10 Jahren, verstümmelt von einer Handgranate, aber noch am Leben ... 400 Menschen hatte es in diesem Dorf gegeben; ungefähr 50 von ihnen entkamen und waren noch am Leben ...«**

Die einheimischen Juden waren schockiert. Voll Abscheu und unter Tränen protestierten sie, daß derartige Vorkommnisse eine Verletzung ihrer altehrwürdigen Glaubensüberzeugungen darstellten. Als der Oberrabbiner von Jerusalem hörte, was sich in Deir Yassin abgespielt hatte, raste er vor Wut.

Unglücklicherweise waren religiöse Proteste nicht stark genug, die militärische Maschinerie aufzuhalten.

Als es Mai wurde, rollten noch mehr Lastwagen in die Bauerndörfer ein. Und täglich strömten Flüchtlinge durch Galiläa und brachten Nachrichten von weiteren ausgeplünderten Kleinstädten. Andere ertranken im Mittelmeer, als sie

* Jacques de Reynier, A Jerusalem un Drapeau Flottait sur la Ligne de Feu, Editions de la Baconniere, Neuchatel 1950, S. 71–76; zitiert in: Walid al Khalidi (Hrsg.), From Haven to Conquest, The Institute of Palestine Studies, Beirut 1971, S. 353–356.

schwimmend versuchten, überfüllte Flüchtlingsschiffe zu erreichen, die von Haifa und Lidda ausliefen.

Am Morgen des 14. Mai, während die letzten Briten sich beeilten, Palästina zu verlassen, rief ein junger Mann namens David Ben Gurion über 200 Journalisten und Fotografen zusammen, um die Errichtung des Staates Israel zu proklamieren. Innerhalb weniger Stunden war die Regierung gebildet, die der neue Premierminister Ben Gurion und seine Genossen monatelang vorsichtig geplant hatten. Innerhalb von 60 Minuten erkannten die Vereinigten Staaten offiziell den neuen Staat Israel unter zionistischer Herrschaft an.

Dieselben Journalisten und Fotografen, die an Ben Gurions Proklamation teilgenommen hatten, zeichneten unseren tränenreichen Sommer für die Welt auf. Im Mai, Juni und Juli wurde fast eine Million Palästinenser aus der jüngst proklamierten Demokratie vertrieben. Soldaten aus den umliegenden arabischen Staaten, Ägypten, Irak, Syrien, Jordanien und Libanon, kämpften gegen die Machtübernahme der Zionisten, wurden aber zurückgeworfen. In diesen Wirren von Krieg und Terror wurden Ehegatten für immer voneinander getrennt, Eltern verloren kleine Kinder, die sie nie wieder sahen, und viele ältere Leute starben.

Die Juden, die unsere Nachbarn, unsere Freunde gewesen waren und mit uns gelebt und unsere Sitten und Gebräuche geteilt hatten, schmerzte unser Schicksal. Sie konnten eine solche Gewalt nicht verstehen oder akzeptieren, aber sie waren machtlos, uns zu helfen. Und die Völker der Welt schwiegen dazu.

Bis Herbst 1948 hatten die Zionisten den Norden leergefegt und waren wieder in unserer Nähe. Die Streitkräfte »säuberten« die Orte um den See Gennesaret, fast vor unserer Haustüre. Als der Winter kam – unser zweiter Winter in Gish – stoppte der zionistische Vormarsch kurz vor Ober-Galiläa. Dünne Schneedecken fielen, und eine einzige Frage wurde mit leisen Stimmen rund um die flackernden Feuer diskutiert: Würden uns die Soldaten hier in unserem Zufluchtsort in der

Hügellandschaft finden, oder würden sie annehmen, wir wären in den Libanon oder nach Syrien oder Jordanien geflohen wie so viele andere?

Obwohl wir seit fast zwei Jahren Flüchtlinge in unserer eigenen Heimat waren, betete Vater nie für uns, um unseren Schutz oder unseren Lebensunterhalt. Er blieb bei seinem einfachen Glauben, daß seine Kinder wie die »Vögel des Himmels« seien, denen Gott versprochen hat, sie zu ernähren, und er lehnte es ab, sich um uns Sorgen zu machen – obwohl ich glaube, daß Mutter eine schwere Zeit hatte, da das Essen knapp war. Wir hatten unser erstes Jahr mehr schlecht als recht überlebt, indem wir die Tiere von den verlassenen Herden aßen, Brot von den Vorräten an Getreide backten und kleine Gärten anlegten.

Vaters unglaubliche Vergebungsbereitschaft gegenüber den Soldaten wurde mir mehr und mehr bewußt. Gläubig behielt er die Zeiten unseres Familiengebetes bei und vergaß nie, für diejenigen zu beten, die sich selbst zu unseren Feinden gemacht hatten. Nacht für Nacht lehnte ich meinen Kopf an Mutter, betastete die Fische und Tauben an ihrer Halskette und hörte Vater beten: »Vergib ihnen, o Gott. Heile ihren Schmerz. Wandle ihre Bitterkeit. Laß uns ihnen deinen Frieden zeigen.«

Als der Frühling 1949 einzog, unbezähmt mit seiner grausamen Hitze, konnte ich überall nur wenig Frieden entdekken, außer in unserem eigenen Haus. Eine unbehagliche Stille zog mit den brennendheißen Tagen und kühlen Nächten ein. Wir standen jeden Morgen mit der Angst auf, uns am Abend nicht wieder auf unsere Matten legen zu können. Jeden Moment konnten auch wir wie so viele andere fortgerissen werden.

An einem schwülen Morgen war es mit unserer Ruhe vorbei.

Ich spielte bei einer Baumgruppe in der Nähe der Straße nach Gish mit einigen Cousins und anderen Jungen, als wir das unheilvolle Dröhnen der Lastwagen hörten. Aus der Ferne kam das erste Militärfahrzeug um den nächsten Hügel herum. Den Bruchteil einer Sekunde schauten wir uns gegenseitig in sprachlosem Entsetzen an und sprengten in alle Richtungen auseinander.

Als ich zu Hause ankam, stand Vater mit Mutter und den anderen Kindern am Türeingang. Die Lastwagen hatten das Dorf erreicht, und eine barsche, metallische Stimme schallte aus einem Lautsprecher: »Alle Männer müssen sich sofort zeigen! Junge Männer und alte Männer. Kommt mit euren Händen über dem Kopf heraus. Kein Widerstand!«

Ich schaute meine Brüder an. Rudah und Chacour waren jetzt junge Männer. Musah war ein Jugendlicher. Auch sie würden gehen müssen. Was war mit Atallah und mir? Und was würden die Soldaten mit den Männern machen, die sich selbst auslieferten? Mein Gesicht zitterte vor brennender Angst.

Vater blickte grimmig, aber als er sich an meine drei ältesten Brüder wandte, sprach er mit absoluter Ruhe: »Kommt, Jungs, es wird schon in Ordnung sein.«

Wardi klammerte sich an Mutter, und Atallah und ich standen starr an ihrer Seite. Wir vier sahen Vater tapfer, Rudah, Chacour und Musah unsicher neben ihm schreitend, zu einem großen offenen Platz marschieren, wo die Soldaten mit erhobenen Gewehren standen. Atallah und ich schlichen hinaus, um etwas zu sehen. Ich bebte, von Tränen erstickt.

Vor der Türe im Schatten kauernd, sahen wir starren Blikkes, wie alle Häuser von Gish ihre Männer und älteren Söhne abgaben. In der düsteren Schar sahen wir alle unsere Onkel, ihre Gesichter vor Anspannung verkrampft. Junge Männer füllten die Gassen, in ihren Blicken eine Mischung von Furcht und Trotz. Hinter ihnen humpelten die alten Männer, in ihrem verbissenen Stolz nicht gewillt, zu Hause zu bleiben, während ihre Söhne und Enkel der Gefahr allein entgegensahen. Als sie ankamen, mußten sie sich in einem großen Kreis aufstellen, der den ganzen offenen Platz einfaßte.

Sofort begannen die Soldaten mit ihren Beschuldigungen:

»Ihr seid Rebellen. Sagt uns, wo eure Gewehre versteckt sind. Wir wissen, daß ihr Kämpfer seid – palästinensische Terroristen!«

Diese Worte trafen mich wie ein Blitzschlag. Vater, meine Onkel, Cousins und die Mukhtars – »Terroristen«?

Weiter und immer weiter ging die Vernehmung, und die Hitze des Tages steigerte sich zu einer versengenden Glut. Die Männer begannen sich schweißgebadet zu winden, als die Sonne senkrecht herunterbrannte. Es gab kein Wasser. Sie konnten sich auch keine Erleichterung verschaffen. Ohne Unterlaß wurde verlangt, daß sie ihre Waffen auslieferten. Aber es gab nichts auszuliefern; es waren nirgends Gewehre in unserem Dorf. Und immer noch quälten die Soldaten sie den langen Nachmittag hindurch. Die Männer wurden immer schwächer, und einige fielen um, während die Hitze und die Anschuldigungen auf sie einhämmerten.

Wir konnten Vater an der von uns entfernten Seite des Platzes sehen. Schweiß tropfte von seinem Kinn. Seine Augen waren geschlossen, und gelegentlich bewegten sich seine Lippen. Ich wußte, daß er für die Soldaten betete.

Und dann auf einmal, als die Nachmittagssonne sank, war es vorbei. Der befehlshabende Offizier schrie plötzlich: »Geht in eure Häuser zurück. Aber versucht ja nicht zu fliehen!«

Vater brach im Inneren des Hauses beinahe zusammen. Er und meine Brüder ruhten sich in der stillen Kühle des Hauses aus, während Mutter und Wardi rannten, um ihnen Wasser und ein wenig zu essen zu bringen.

Als die Dunkelheit über uns hereinbrach, wagte niemand, ein Feuer anzuzünden oder etwas zu essen zu kochen. Die Soldaten blieben in Gish, sammelten sich um ihre Lastwagen oder patroullierten durch die Gassen. Wir warteten in stillem Elend und hofften, daß sie fortgehen würden.

Vater schien so etwas wie eine innere Stimme wahrzunehmen, die ihn vor den nächsten Geschehnissen warnte. Mit einem unergründlichen Blick ging er der Reihe nach zu jedem von uns und berührte uns sanft. Ich nahm an, daß er für jeden von uns betete, einen nach dem anderen. Seine Augen blickten müde, und doch lag noch ein Rest Ruhe in ihnen. Als er mir zulächelte und meine Schulter berührte, konnte ich fast glauben, daß die Soldaten nun doch bald gehen und uns in Frieden lassen würden.

Und plötzlich herrschten Lärm und Hast in den dunklen Gassen. Ich schauderte beim Klang der lauten, wütenden Stimmen, der an die Türen schlagenden Gewehrkolben und dem Brummen der anspringenden Lastwagen.

Der Lautsprecher dröhnte wieder: »Kommt aus euren Häusern heraus. Wir befehlen, daß alle Männer herauskommen und sich ergeben. Ihr werdet sofort diesen Ort verlassen ...«

Mutter packte Vaters Arm, ihr sonst so freundliches Gesicht erfüllt von Schmerz. »Michael, was machen sie? Wohin –«

»Katoub«, unterbrach er sie und drückte sie an sich, »Gott sieht uns. Du mußt stark sein ...«, er hielt inne, seine Stimme versagte, »für die Kleinen.«

Sie hielten sich einen Moment lang umarmt, während das schreckliche Lautsprechergeplärr weiter dröhnte. Das Wehklagen draußen drehte mir fast den Magen um. Tränen strömten über Wardis Gesicht. Dann wandte sich Vater an meine Brüder und sagte ruhig: »Wir werden jetzt gehen.«

Mutter schleppte sich hinter ihnen her, küßte Rudah, Chacour und Musah und wischte sich die Tränen mit dem Handrücken weg. Ich stand erstarrt neben ihr auf der Türschwelle. Atallah und Wardi spähten stumm über meine Schulter. In dem grellen Licht der Scheinwerfer und Signallampen starrten wir in die Dunkelheit und das Chaos.

Soldaten trieben die Männer und älteren Jungen mit vorgehaltenen Gewehren auf die offenen Ladeflächen der Lastwagen. Weitere Wachtposten standen an den Ladeklappen und kläfften Befehle. In den Türen standen weinende Frauen, ihre Babys und kleineren Kinder jammerten lauthals auf ihren Armen. Vater und meine Brüder waren schon mit einigen Dutzend Männern auf einen Lastwagen gequetscht worden, und wir konnten sie nicht mehr sehen.

Als die letzte Ladeklappe zuschlug, brüllte der Lautsprecher den Frauen zu: »Wir bringen eure Terroristen weg. Allen Terroristen wird es so ergehen. Ihr werdet sie nicht wiedersehen.«

Und dann rollten die Lastwagen los und ratterten in die Nacht hinaus. In der Dunkelheit strömten die Frauen auf die Gassen, sanken in die Knie und weinten und riefen die Namen ihrer Männer und Söhne.

Mutter war selbst zu sehr betrübt, um einer meiner Tanten Trost zuzusprechen, die zu ihr kam und sich an ihre Schulter hängte. Sie ging wie erstarrt nach drinnen und saß, während sie Wardi, Atallah und mich festhielt, bis lange in die Nacht hinein. Ich hielt ihren Rock umklammert und schloß meine Augen vor dem Jammern und Schreien. Lange Zeit – ich könnte nicht sagen, wie lange – saß ich so da. Ich muß dann eingeschlafen sein.

Als ich meine Augen wieder öffnete, schien es mir schon sehr viel später zu sein. Alles war ruhig, bis auf das Bellen eines Hundes in der Ferne. Stille, aber die inneren Stimmen quälten uns: Wohin haben sie meinen Vater – meine Söhne – meinen Mann verschleppt? Werde ich sie wiedersehen – oder nie wieder?

Ich rückte ein wenig hoch und schaute zu Mutter auf. In der Dunkelheit konnte ich ihr Gesicht nicht sehen, aber ich hörte ihr schwaches Flüstern.

In diesen, den dunkelsten Stunden ihres Lebens wandte sich Mutter wieder und immer wieder zu ihrer einzigen Quelle der Stärke und des inneren Friedens. Sie strich über mein Haar und fuhr fort, leise zu beten.

DER STACHEL IM FLEISCH

Gish lag wochenlang wie in einem Alptraum, nachdem die Männer und älteren Jungen abtransportiert worden waren.

Frauen bewegten sich durch die Gassen und in den Gärten wie ernste, unwirkliche Erscheinungen. Vor Sehnsucht und Trübsal starrten ihre Augen mit einer verängstigten Leere. Ich glaube, wenn die Männer vor unseren Augen ermordet worden wären, wäre es einfacher gewesen weiterzuleben. Frauen, die ihre Männer auf dem Meer verloren haben oder deren Söhne im Krieg vermißt sind, werden dieses Gefühl verstehen. Nichts zu wissen ist entsetzlich. Im Unterbewußtsein jeder Frau tauchten in den schmerzvollen, endlosen Nächten ohne Zweifel die flachen Gräber im Sand am Rande von Gish auf.

Eine andere Ungewißheit war zudem zermürbend. Ein paar gut bewaffnete Soldaten bewachten noch immer Biram, obwohl sie sich nicht mehr um uns kümmerten. Warum? Warteten sie nur darauf, eines Tages oder während wir schliefen, zurückzukehren und uns abzutransportieren – welchem Schicksal entgegen? Zusammen mit der Leere des Verlusts brannte in uns eine gewisse Angst.

Wären da nicht kleinere Kinder gewesen, die Zuwendung verlangten, hätte man sich nicht um das Wohl Abu 'Eeds kümmern müssen, den die Soldaten dagelassen hatten, dann hätten manche Frauen ihren Mund zu einem endlosen Schrei geöffnet und wären in geistige Umnachtung gefallen, aus der es kein Zurück mehr gegeben hätte. Statt dessen waren sie zur regelmäßigen Erfüllung einfacher Pflichten gezwungen: Sorge um die Kinder, Feldarbeit, Zubereitung der Mahlzeiten.

Unterdessen ging Ungewöhnliches in meiner Mutter vor. Andere Frauen, eine nach der anderen, kamen zu ihr. In dem Augenblick, wo sie in ihre Augen schauten, fielen sie an ihre

Schulter und weinten, innerlich zerbrochen. Anstatt mit ihnen in Tränen aufgelöst zu sein, bot ihnen Mutter ihr offenes Ohr, einige wenige Worte, und die Frauen verließen sie getröstet. Ich hatte Mutters eigene Tränen gesehen und konnte ihren unaufhörlichen Schmerz über die Abwesenheit Vaters, Rudahs, Chacours und Musahs fühlen. Aber irgendwie schien sie sich nie einsam zu fühlen – nie verlassen. Sie nahm eine sanfte Stärke an, und jedem um sie herum gab dies eine feste Hoffnung.

Mutter fand den größten Trost im Gebet. Während aus den Wochen Monate wurden und die Abende mit Beginn des Sommers länger wurden, fuhr sie fort, uns im Freien unter dem dämmrigen Himmel um sich herum zu versammeln. Wardi, Atallah und mir gab dieses Festhalten an Vaters Gewohnheit irgendwie Frieden. Für Mutter kam der Friede nicht aus der Gewohnheit oder rituellen Formeln, sondern durch das Sprechen zu einem lieben, geachteten Freund – dem Einen, der für uns sorgte. Wie Vater sprach auch Mutter mit einfachen Worten zu diesem göttlichen Freund und zweifelte keinen Augenblick daran, daß sein liebendes Ohr ihre Stimme vernahm.

Mit ernster Einfalt betete sie eines Abends: »Wir wissen, daß du auf die Spatzen aufpaßt, Herr. Nur du weißt, wo Michael und die Jungen in dieser Nacht sind. Wirst du für uns über sie wachen? Ihre Schritte lenken? Wir geben sie in deine Hände.«

Vor meinem geistigen Auge konnte ich mir Jesus vorstellen. Er schaute jetzt wohl auf Mutter mit Tränen in seinen eigenen Augen, nahm ihr den Schmerz hinter ihren tapferen Worten ab und ließ statt dessen seinen zuverlässigen Geist zurück.

»Erlaube uns, hier in Gish deine Diener zu sein«, fuhr sie fort. »Laß unsere Hände deine Hände sein, um die Leidenden zu trösten. Laß unsere Lippen den Frieden deines Geistes bringen.«

Auch mit mir ging etwas in diesen Monaten vor sich. Mehr

und mehr begann ich, die Einsamkeit zu genießen. Mitten in einem Spiel konnte ich plötzlich innehalten und in die Hügel hinausstarren. Dann verließ ich die Gruppe und wanderte allein fort, während mir meine Spielkameraden mit fragenden Blicken nachschauten. Die letzten wilden Iris und Mohnblumen, Anemonen in gelb, rosa und scharlachrot schoben sich zwischen den Steinen hervor. In ein oder zwei Wochen würde der heiße Atem des Sommers die Hänge zu einem spröden Braun verbrannt haben.

Am Morgen nach Mutters Gebet kletterte ich allein auf die Spitze eines Hügels und setzte mich unter einen Olivenbaum. Im Süden, irgendwo hinter den Hügeln, wiegte sich der See Gennesaret. Ich stellte mir meinen Meister vor, wie er über die vom Sturm aufgewühlten Wogen auf mich zuschritt und das Wasser mit einem Wort besänftigen würde: »Friede.« Ich dachte daran, wie er den Berg der Seligpreisungen hinaufgestiegen war. Dort hatte er, wie Mutter mich gelehrt hatte, gesagt: *»Selig die Trauernden, denn sie werden getröstet werden.«*

Was bedeuteten diese Worte wirklich? Zum ersten Mal drehte und wendete ich sie in meinen Gedanken hin und her wie einen glatten Stein. Fast ohne zu denken, begann ich in aller Unschuld mein Herz auszuschütten. »Mutter hat deinen Trost. Ich kann das sehen. Aber kannst du nicht einfach ein Wort sprechen und all das Schreckliche von uns nehmen? Willst du, daß *wir* deine Lippen und Hände und Füße sind – so wie Mutter gebetet hat –, um wieder Frieden zu bringen? Wenn das wahr ist, dann kannst du meine Hände und Füße gebrauchen. Sogar meine Zunge«, fügte ich hinzu und dachte an meine gewöhnlich so unbeherrschten Aussprüche.

Ich wußte es damals noch nicht, aber dies war eines der wichtigsten Gebete in meinem Leben, ein erster kleiner Schritt, mit dem eine lange Reise beginnen sollte.

Im Moment dachte ich an meinen Vater und meine Brüder und schob eine besondere Bitte in mein Gebet ein, die nur auf mich bezogen war: »Bitte, bring sie wieder heim!« flüsterte ich. Dann fragte ich mich, ob Vater das wohl für ein selbstsüchtiges Gebet gehalten hätte. Ich solle so etwas Gottes Hand überlassen, hätte er gesagt.

Drei Monate vergingen, und wir wußten immer noch nichts über die Männer. Die Frage unserer eigenen Sicherheit blieb im Unklaren, während sich der Sommer 1949 hinzog. Im nahen Biram waren die Soldaten merkwürdig ruhig.

Eines Abends nach dem Gebet erlaubte Mutter Wardi, Atallah und mir, wie gewöhnlich bis zur Schlafenszeit draußen zu spielen. Als es dunkel wurde, schickte sie uns eilig hinein, da sich dann nur noch wenige Leute draußen aufhielten. Nachdem Mutter uns zu Bett gebracht hatte, ging sie in dem schwachen Schein von ein oder zwei Kerzen still umher und beendete ihre tägliche Hausarbeit. Das letzte Geräusch, das ich jede Nacht vor dem Einschlafen vernahm, war das metallische Klicken des schweren Türriegels, unser einziger irdischer Schutz vor unwillkommenen Gästen in der Dunkelheit.

Ein spitzer Ellbogen weckte mich. Atallah warf sein Kopfpolster herum und zappelte unruhig neben mir. Er hatte Mühe, Ruhe zu finden. Ich konnte hören, wie Mutter sich anschickte, zu Bett zu gehen. Noch etwas benommen, wollte ich gerade Atallahs Knie von meinem Rücken wegstoßen, als ein Geräusch die Stille durchbrach. Atallah und ich fuhren beide auf, schlagartig hellwach, und horchten. Mutter und Wardi saßen ebenfalls lauschend da.

Das Geräusch kam wieder, und mein Blick richtete sich zur Türe. Der Riegel rüttelte im Schloß. Jemand versuchte, ihn zu öffnen. Eine gedämpfte Stimme zischte von draußen, aus der Nacht: »Laßt uns herein! Schnell! Macht auf!«

Ich schreckte mit weit aufgerissenen Augen zurück und stieß gegen Atallah. Angst jagte mir einen kalten Schauer über den Rücken. Mutter war aufgesprungen und stand schaudernd da, eine Hand an ihrem Herzen.

»Wer ist da?« rief sie tapfer, aber ihre Stimme zitterte.

»Laßt uns herein, schnell...«, zischte die Stimme nochmals und wurde von anderen übertönt, während es weiter rüttelte.

»Geht weg«, rief Mutter. Sie war den Tränen nahe.

»Ich sagte, daß ich Michael bin. Laßt uns herein. Wir sind daheim.«

»Michael?« Meine Mutter kreischte fast.

Atallah, Wardi und ich waren sofort hinter ihr, als sie zur Türe eilte und den Riegel zurückschob. Mit klarem Kopf war die Stimme eindeutig zu erkennen. Mutter riß die schwere Türe auf.

Vier Männer schoben sich aus der Dunkelheit herein. Ich erschrak für einen Augenblick, als ob wir überlistet worden und diese Männer Fremde wären, die im flackernden Kerzenlicht hereindrängten. Sie waren sehr dünn – fast ausgemergelt, mit eingefallenen Wangen und zerzausten Bärten. Ihre Kleidung war schmutzig und zerfetzt, und die abgetragenen Schuhe fielen fast von ihren Füßen. Meine Brüder hatten einen wachsamen, gehetzten Blick in ihren Augen. Nur Vater schien so ruhig zu sein, als hätte er einen angenehmen Tag in seinem Feigengarten verbracht, obwohl auch er sichtlich erschöpft war.

Mutter stürzte auf sie zu, umarmte, drückte und küßte sie, lachte und weinte mit unbeschreiblicher Freude. Rudah, Chacour und Musah, die sonst jederzeit die Reserviertheit junger Männer gezeigt hätten, begannen zu weinen und umarmten jeden, auch Atallah und mich.

Ich schlang meine Arme um Vaters Taille. »Hallo, Elias«, lächelte er und strich liebevoll über mein zerzaustes Haar. »Ich sehe, du hast auf alle aufgepaßt, während ich fort war.«

Mutter beeilte sich, Essen und Wasser herbeizuschaffen. Sie rang mit vielen Fragen. »Wie seid ihr hierher zurückgekommen? Hat euch jemand gesehen? Wohin haben euch die Soldaten gebracht? Sind die anderen Männer auch zurückgekommen?«

Wir saßen bis spät in die Nacht hinein zusammen, Vater hatte seinen Arm um meine Schultern gelegt, während er ihre

Fragen beantwortete. Sie waren natürlich zu Fuß gekommen. Nein, sie waren nicht gesehen worden, da sie hauptsächlich nachts weitergegangen waren. Ich schaute in sein gelassenes Gesicht, und es schien mir wie ein Wunder, daß er und meine Brüder am Leben waren und so nahe bei uns saßen, während die Kerzen herunterbrannten. Am erstaunlichsten war die Geschichte ihres Überlebens.

In der Nacht, in der sie aus Gish verschleppt worden waren, hatte man die Männer stundenlang durch die Dunkelheit gefahren. Es war eng und kalt und windig in den Lastwagen gewesen. Sie waren durch Tiberias am See Gennesaret gekommen, und daran hatte Vater erkennen können, daß sie Richtung Süden fuhren. Aber wohin? Gegen Tagesanbruch sah er, daß sie sich dem Hügelland näherten, das sich vor Jerusalem erhob. Die Lastwagen bogen nördlich der Stadt von der Straße ab, in der Nähe der Stadt Nablus an der Grenze zwischen dem neuen Staat Israel und dem Königreich von Jordanien. Es war die Absicht der Soldaten, sie über die Grenze abzuschieben – und nichts Schlimmeres!

Als die Männer in dem bleichen Licht der Morgendämmerung von den Lastwagen getaumelt waren, eröffneten die Soldaten das Feuer, zielten aber über ihre Köpfe hinweg. Die Männer von Biram stoben entsetzt auseinander und rannten wie die Wilden in alle Himmelsrichtungen. Einige fielen und wurden beinahe niedergetrampelt. Vater und meine Brüder rasten über die offenen Felder und stolperten durch Gebüsch und über Steine. Schließlich entfernten sie sich von den schreienden Soldaten und dem Gewehrfeuer, welches dazu bestimmt war, sie endgültig aus ihrer Heimat zu vertreiben. Aber Vater und meine Brüder hatten vom ersten Augenblick an nur eines im Sinn: Sie wollten wieder nach Hause zurückfinden oder bei dem Versuch sterben.

Allmählich hatten sie zu einer Straße gefunden, die in nordöstliche Richtung zu führen schien – zuerst Richtung Amman, dann Richtung Damaskus in Syrien. Sie hatten nicht die geringste Ahnung, wohin meine Onkel gelaufen waren, und nur gelegentlich trafen sie andere Männer aus unserem Dorf irgendwo auf der Straße. Viele von ihnen waren zu verängstigt, eine Rückkehr nach Gish überhaupt in Betracht zu ziehen. Am erschreckendsten war, wie sie von den anderen arabischen Brüdern in Jordanien und Syrien behandelt wurden, wo Vater eigentlich Hilfe und die sonst übliche Gastfreundschaft zu finden gehofft hatte. In der ersten Stadt, in die sie kamen, wurden Vater und meine Brüder wie Vagabunden abgeschoben. Unsere »Brüder« hatten anscheinend kein Mitleid mit »dreckigen Palästinensern«. In der nächsten Stadt war es das gleiche und ebenso in der übernächsten. Sie wurden wie Aussätzige hinausgetrieben. Tagelang marschierten sie, hatten wenig oder gar nichts zu essen und wurden aus jeder Stadt hinausgewiesen. Zeitweise waren sie so schrecklich hungrig, daß sie im Staub nach Insekten gruben. Die Nächte verbrachten sie in verlassenen Viehunterständen in den Hügeln, oder sie schliefen im Schmutz und Gras, um dann vom Tau durchnäßt und zitternd wieder zu erwachen. Wenn es nicht Sommer gewesen wäre, wären sie sicher umgekommen.

Tage- und wochenlang waren sie gelaufen, bis sie in die Nähe von Damaskus kamen. Vater wandte sich nun nach Südwesten, um durch eine Ecke des Libanon ins nördliche Israel zu gelangen. Und als er dann den Berg Meron, den höchsten Berg in ganz Galiläa, erspäht hatte, wußte Vater, daß er nun endlich zu Hause war. Als sie die Felder außerhalb von Gish erreicht hatten, warteten sie bis zur Dunkelheit, für den Fall, daß Soldaten im Dorf stationiert wären. Dann schlichen sie heimlich durch die Gassen, bis sie die richtige Türe gefunden hatten. Sie waren sich bei all dem nicht sicher gewesen, ob sie uns nach all ihrer Not hier noch vorfinden würden.

Mutter schämte sich fast, als Vater sich darüber lustig machte, daß sie sich standhaft geweigert hatte, ihrem eigenen Ehemann die Türe zu öffnen. Er hielt sie fest im Arm. Drei Monate voller Angst, Furcht und Pein waren endlich vorüber.

Als Vater in dieser Nacht mit uns betete, lehnte ich mich an ihn, wärmte mich an dem Reichtum seiner tiefen Stimme – ich hatte sie so vermißt – und schwelgte in einem solchen Glücksgefühl, daß ich seine Worte fast nicht mitbekam.

»Vater«, betete er, »sie behandeln uns schlecht, weil wir die Kinder Ismaels sind. Aber wir sind wahre Söhne Abrahams – und wir sind deine Kinder. Du hast Ismael vom Tod in der Wüste errettet, und du hast uns gerettet. Du hast ihm Gerechtigkeit erwiesen und ihn mit einem großen Volk gesegnet. Wir danken dir nun, denn wir wissen, daß du auch uns Gerechtigkeit verschaffen wirst...«

In den folgenden Monaten kehrten noch weitere Männer zurück. Lag am Tag noch ein Schatten über einem bestimmten Haus im Dorf, in dem eine Mutter mit ihren Babys ganz auf sich allein gestellt der Ungewißheit des Lebens gegenüberstand, so konnte über Nacht wieder Freude in ihr Haus einziehen. Einige Familien wurden so wieder vereint, aber die meisten sahen ihre Männer, Söhne, Väter, Onkel und Cousins nie wieder. Mutter und Vater hatten beide mehrere Brüder verloren, und einige meiner älteren Cousins blieben ebenfalls verschwunden. Nur selten hörten wir – und niemand konnte beurteilen, ob es stimmte oder nicht –, daß dieser oder jener Onkel in einem Flüchtlingslager im Libanon oder in Syrien leben würde.

Das ganze Jahr hindurch verfolgte mich ein Schatten von Angst, daß die Soldaten uns eines Tages überraschen, mit ihren Lastwagen in unserem Dorf einfahren und die Männer noch einmal fortschleppen könnten. Dann würden sie ihre Arbeit vielleicht gründlicher zu Ende führen...

Die Soldaten überfielen Gish nie wieder. Tatsächlich schien die Regierung gegen Ende des Jahres 1949 in ihren Bemühungen, das palästinensische Volk völlig zu vertreiben, einen seltsamen, verwirrenden Umschwung zu vollziehen. Die Ältesten vernahmen, daß die landwirtschaftlichen Niederlassungen neuerdings palästinensische Männer und Jungen anstellen würden – nur wenige auf einmal und »inoffiziell« –, um als Knechte zu arbeiten. Später erfuhren wir den Grund: Billige

Arbeitskräfte waren für das Überleben ihrer neuesten Kibbuzim entscheidend, weil viele Einwanderer ihr Leben in europäischen Städten verbracht hatten und nicht wußten, wie man Landwirtschaft betreibt. Nun verstanden wir, warum die Soldaten nie mehr zurückgekommen waren, um die heimgekehrten Männer wieder zu vertreiben, denn sie hatten Erfahrung in der Landwirtschaft und suchten verzweifelt nach Arbeit, sogar für geringen Lohn, um ihre großen Familien ernähren zu können.

Noch etwas anderes spielte sich hinter den Kulissen in der neuen israelischen Regierung ab, wovon die Dorfältesten noch nichts ahnen konnten. Bald sollten sie deutliche Zeugnisse von den inneren Kämpfen innerhalb der Regierung bekommen, Anhaltspunkte dafür, daß der neue Staat – der von der ganzen Welt als ein »modernes Wunder« gepriesen wurde – in Wirklichkeit aus einer Fülle von Parteien bestand, die um die Macht wetteiferten.

Zu Beginn des Jahres 1950, als die kalten Frühlingsregen sich über die Hügel ergossen, die wilden Quellen überfluteten und unsere mageren Schaf- und Ziegenherden in den Schutz der Höhlen trieben, erreichten uns weitere Nachrichten, bei denen einem das Herz stillstehen konnte.

Pläne für einen neuen Kibbuz wurden geschmiedet, eine experimentelle, landwirtschaftliche Gemeinschaft, die von der Regierung für die Einwanderer aus Europa und Amerika ins Leben gerufen worden war. Er sollte auf die Felder gegenüber unseren immer noch leerstehenden Häusern gebaut werden, und seltsamerweise sollte er ebenfalls Biram heißen. Noch bestürzender war die Nachricht, daß das fruchtbare Land um Biram herum teilweise an neue Besitzer verkauft worden war, die aus anderen Ländern eingewandert waren und in jüdischen Städten in der Nähe wohnten. Nun wurde uns klar, warum die Soldaten in Biram geblieben waren, um es vor unserer Rückkehr zu »schützen«.

Am meisten schmerzte uns die Neuigkeit, daß Vaters Feigengarten von einem wohlhabenden Einwanderer als eine Art Kapitalanlage der Regierung abgekauft worden war.

Bei diesen Nachrichten verzog sich Vaters Gesicht vor Kummer. Ich fürchtete, daß er weinen würde. Er war still, seine Augen geschlossen, sein Schnurrbart senkte sich über den leise zitternden Lippen. Er hatte diese Feigenbäume selbst gepflanzt, einen nach dem anderen, hatte sich mit den schweren Tongefäßen voll Wasser die steilen Hänge hinaufgemüht und sich um jeden Setzling gekümmert, bis er stark genug war, aus eigener Kraft zu überleben. Sie waren für ihn fast wie Kinder.

Und in diesem Augenblick wünschte ich mir, daß Vater toben würde. Vielleicht hatte die ständige Angst meine Wut bis jetzt betäubt. Jetzt, als ich Vaters schmerzverzerrtes Gesicht sah, wurde ich von einem schrecklichen Gefühl gepackt. Wardi und meine Brüder wanden sich. Niemand von uns konnte es ertragen, Vater – den lieben, guten Vater – so zu sehen, in solch seelischem Schmerz.

Als er nach einigen Minuten zu sprechen anfing, war seine Stimme kaum mehr als ein Flüstern.

»Kinder«, sagte er mit sanfter Stimme und richtete seine traurigen Augen auf uns, »wenn euch jemand wehtut, könnt ihr ihn verfluchen. Aber das wäre sinnlos. Statt dessen müßt ihr den Herrn bitten, denjenigen zu segnen, der sich selbst zu eurem Feind macht. Und wißt ihr, was dann geschehen wird? Der Herr wird euch mit seinem inneren Frieden segnen – und vielleicht wird euer Feind von seiner Bosheit ablassen. Wenn nicht, dann wird der Herr an ihm handeln.«

Ich konnte es kaum glauben! Sein Lebenswerk war ihm eben aus der Hand gerissen worden. Sein Land, seine Bäume – der einzige irdische Besitz, den er an seine Kinder weitergeben konnte – war an einen Fremden verkauft worden. Und noch immer wollte Vater nicht fluchen oder sich erlauben, wütend zu werden. Ich zerbrach mir den Kopf über die Worte, die er an uns gerichtet hatte.

Innerer Friede. Vielleicht konnte Vater unter solchen Umständen seine Kraft in diesem inneren Frieden finden. Ich zweifelte daran, daß ich das jemals könnte.

Ich bin sicher, daß Vaters Meinung großes Gewicht hatte in dem, was als nächstes unternommen wurde. Sofort nach diesen bedrückenden Nachrichten versammelte sich der Rest der Dorfältesten und beschloß, ein Gesuch an den neuen Israelischen Obersten Gerichtshof zu richten. Kurz zusammengefaßt, hieß man in diesem Gesuch die Siedler in dem neuen Biram willkommen. Was uns weggenommen worden war, könne als ein Geschenk von unseren Leuten betrachtet werden. Man frage jedoch an, ob wir in unsere Häuser im alten Biram zurückkehren könnten, um friedlich neben unseren neuen Nachbarn zu leben und das noch übriggebliebene Land zu bebauen.

Vaters andere Antwort auf den Verkauf seines Landes löste in mir noch viel größere Verwunderung aus.

Nach einigen Wochen hörten wir, daß der neue Besitzer unseres Eigentums einige Männer anstellen wollte, die jeden Tag kommen sollten, um die Feigenbäume zu beschneiden und sie sachkundig zu pflegen bis zur Ernte. Sofort machte sich Vater auf, um sich für diese Arbeit zu melden, und nahm meine drei älteren Brüder mit. Sie wurden angestellt und erhielten besondere Arbeitsausweise, die einzige Möglichkeit, wieder Zugang zu unserem eigenen Besitz zu bekommen.

Als Mutter vernahm, was Vater getan hatte, starrte sie ihn ungläubig an. »Wie kannst du nur so etwas tun, Michael? Es ist so häßlich. So falsch.«

Vater entgegnete schlicht: »Wenn wir uns um die Bäume kümmern, tun wir die allerbeste Arbeit. Andere wüßten nicht, was sie zu tun hätten. Sie würden die Äste abbrechen und die neuen Triebe verderben.«

Und so ließen sich Vater und meine Brüder drei Jahre nach unserer Vertreibung aus Biram als Arbeiter anstellen – nur um die Möglichkeit zu haben, Vaters geliebte Bäume berühren und pflegen zu können. Ich kannte damals das Wort »Ironie« noch nicht, aber ich wußte, was Schmerz bedeutet.

Monatelang hofften die Älteren aus Biram, daß die neue Regierung ihnen genehmigen würde, in ihre Häuser zurückzukehren. Unter den jüngeren Männern war diese Hoffnung allerdings nicht so stark. Einige begannen davon zu sprechen, in die an der Küste liegenden Städte Haifa und Akko zu ziehen. Sie hatten gehört, daß die palästinensischen Familien dorthin drängten, in der Hoffnung, daß ihre Männer Arbeit in den Fabriken finden könnten. Das neue Israel kämpfte darum, sich zu verwestlichen, und das bedeutete eine schnelle industrielle Entwicklung. Wieder eine Gelegenheit, ein paar Palästinensern unterbezahlte Arbeit anzubieten. Natürlich löste das einen tiefen Unwillen aus. Aber das Leben würde dort besser sein, argumentierten die jungen Männer – zumindest könnten sie ihre Kinder ernähren und kleiden. Hier und da zog eine Familie von Gish fort und zuckte nur mit den Schultern über die Versicherungen der Ältesten, daß Gerechtigkeit und unsere Rückkehr nach Biram kurz bevorstünden.

Als der Sommer ins Land einzog, bestiegen Vater und meine Brüder täglich voller Hoffnung den langen Hügel, der Biram von Gish trennte, um unsere eigenen Bäume für den neuen Landbesitzer zu pflegen. Und jeden Tag berichteten sie über die Fortschritte im Aufbau des neuen Kibbuz Biram – Wohnungen, die da und dort entstanden, Pfähle, die für Telefondrähte und elektrische Leitungen aufgerichtet wurden, die ständige Überwachung durch die Polizei aus den benachbarten Städten und die Ankunft der ersten ausländischen Bewohner. Vater ertrug mit seiner charakteristischen Geduld die Demütigung, daß sein spezieller Arbeitsausweis von den Soldaten mehrmals wöchentlich geprüft wurde, bevor er einen Fuß auf das Land setzen durfte, das sein eigen gewesen war.

In dieser Ruhephase sollte ich durch Gewalt ausgesondert werden.

Für uns Jungen war Fußballspielen immer noch eine der wenigen Ablenkungen in dieser Welt der Erwachsenen voller Risiken und Unwägbarkeiten. Es war schon fast ein tägliches

Ritual. Obwohl ich mehr und mehr Zeit damit verbrachte, allein in den Hügeln spazierenzugehen, liebte ich es immer noch, mit anderen Jungen herumzutoben. Mit elf Jahren war ich ziemlich schnell geworden, obwohl meine Treffsicherheit nicht immer so groß war wie die der älteren Jungen, die meistens die Mannschaften aufstellten. Atallah und Asad standen für mich ein, wenn man mich übergehen wollte, und ich war ein wendiger und eifriger Spieler.

Wir waren an einem heißen Nachmittag im Spätsommer gerade in einen heftigen Wettkampf verwickelt. Ich sah, wie der Ball von einem Spieler zum anderen über das Feld wechselte, als ein Geräusch an unsere Ohren drang. Die Köpfe flogen herum. Jeder blieb wie angewurzelt stehen, der Ball rollte irgendwohin und war vergessen. Es war ein Geräusch, vor dem wir instinktiv Angst hatten.

Autos kamen nach Gish gerast. Mein Herz, das noch vom Spiel klopfte, stand fast still. Kamen sie wieder wegen Vater und der anderen Männer?

Einige dunkle Autos und Jeeps rasten heran und zogen wirbelnde Staubwolken hinter sich her. Am Rand unseres Spielfeldes, unmittelbar dort, wo einige von uns standen, bremsten sie plötzlich und hielten an. Die meisten Jungen rannten los, nach Hause, auch Atallah und Asad. Sie mußten wohl gedacht haben, daß ich dicht hinter ihnen sei. Aber vor Verwirrung standen drei oder vier von uns wie versteinert da, als ob unsere Starre uns unsichtbar machen würde. Nachdem die Fahrzeuge angehalten hatten, stürzte rund ein Dutzend Männer auf das Spielfeld.

»Du! Komm her!« schrie ein großer Mann und kam auf mich zu. Ich konnte an seiner Uniform sehen, daß er von der Militärpolizei war, und er trug wie die anderen eine Waffe am Gürtel. Er packte mich grob an der Schulter, in die sich seine Finger schmerzhaft bohrten. Die anderen Jungen wurden auch festgehalten.

»Was sollen wir mit ihnen machen?« rief derjenige, der mich ergriffen hatte.

Ich versuchte, mich aus seinem schmerzhaften Griff herauszuwinden, nicht um mit meinen strampelnden Beinen wegzulaufen, wenn ich es wollte, sondern weil der eiserne Griff seiner Finger sich in meinen Nacken bohrte.

»Sag uns zuerst, was du mit dem Draht gemacht hast«, befahl er und stieß mich zu den anderen Jungen. Ein Wall von Männern umringte uns und feuerte Fragen und Beschuldigungen auf uns ab.

»Wer hat euch dazu angestiftet? Sagt uns das.«

»Wollt ihr, daß wir bei euren Familien nachforschen?«

»Vielleicht macht ihr euch endlich daran, uns zu erzählen, wo die Terroristen in eurem Dorf versteckt sind.«

»Ich glaube, die wollen Prügel.«

Ich kämpfte darum, meine heißen Tränen zurückzuhalten. Die anderen starrten vor sich hin, stumm vor Angst. Niemand von uns hatte auch nur die geringste Ahnung, wovon sie eigentlich sprachen. Irgendwie würgte ich ein paar Worte heraus.

»Wir wissen nicht, wovon ihr sprecht. Was für ein Draht? Wir wissen nichts von einem Draht. Wir haben Fußball gespielt...«

»Lügen«, schrie einer der Männer, »alles, was ihr könnt, ist lügen.«

Endlos, wie uns schien, fuhren sie fort, uns zu drohen und uns zu quälen. Zuerst einer, dann der nächste schrie uns an, und sie kamen immer wieder auf die Anschuldigung zurück, daß wir irgendeinen Draht irgendwo durchgeschnitten hätten. Wieder und immer wieder beteuerten wir, daß wir nicht wüßten, wovon sie sprächen.

Währenddessen waren unsere Spielkameraden durch Gish gerannt und hatten atemlos berichtet, was sich zugetragen hatte und daß wir festgehalten würden. Die Leute strömten zusammen, um zu sehen, was da vor sich ging. In der Menge von Männern, Frauen und Kindern, die sich in einiger Entfernung von uns und dem Knäuel wütender Soldaten zusammengeschart hatte, konnte ich Mutter sehen. Vater schritt auf uns zu, sein Gesicht wie eine Maske, von Furcht gezeichnet. Ich hoffte, daß sein Kommen unsere Rettung bedeuten würde.

»Was macht ihr mit diesen Jungen?« stellte er die Männer, so mutig er konnte, zur Rede. »Was haben sie getan, daß ihr sie wie Verbrecher behandelt?«

»Sie haben den Telefondraht zerschnitten, der zu dem neuen Kibbuz gelegt werden sollte«, erklärte einer der Männer. »Er war den Boden entlang gespannt, um dann an den Pfählen festgemacht zu werden. Ein Stück wurde herausgeschnitten und ist verschwunden. Diese Jungen wurden gesehen, wie sie den Draht zerschnitten haben, und wir wollen wissen, wer sie dazu angestiftet hat.«

Es war ganz offensichtlich, daß sie uns, die ersten Kinder, die ihnen begegnet waren, einfach ergriffen hatten, und nun sollten wir die Missetäter sein. Ich vermute, sie dachten, unsere Eltern würden den wahren Übeltäter ausliefern, wenn sie so mit uns umgingen. Nur gab es unglücklicherweise niemanden auszuliefern.

»Glaubt ihr, daß ihr mit euren Terroraktionen einfach so davonkommt?« Einer der Männer starrte die Menge an und hob einen Stock auf. Die anderen suchten den Boden ebenfalls nach Stöcken ab. »Ich denke, eure Jungen werden uns sicher etwas erzählen, wenn wir ihnen gut zureden.«

Die Männer kreisten uns ein, ihre Körper bildeten eine undurchdringliche Mauer. Ich drängte mich an einen anderen Jungen und suchte verzweifelt nach einer Fluchtmöglichkeit. Der große Mann, der mich zuerst ergriffen hatte, schwang den Stock über seinem Kopf.

Ein scharfer Schlag brannte auf meiner Schulter. Ich zog die Luft scharf ein und versuchte, mich vor den nächsten Schlägen zu schützen. Der Junge neben mir schrie, als er auf den Rücken geschlagen wurde. Wir versuchten, die peitschenden Schläge mit unseren Armen abzuwehren, was unsere Peiniger nur noch wütender machte. Ein anderer schneidender Hieb traf meine nackten Beine knapp unter meinen kurzen Hosen.

Dann noch einer. Zwei über meinen Rücken – Schläge, die wie lodernde Flammen brannten. Außer unseren eigenen Schreien konnte ich hören, wie Frauen die Männer anflehten, mit dem Prügeln aufzuhören.

Während die Männer uns schlugen, schrien sie auf unsere entsetzten Familien ein: »Ihr seid nichts wert – und eure Kinder sind auch nichts wert. Ihr arbeitet im Untergrund. Eure Kinder sind Diebe, und ihr seid diejenigen, die ihnen das Stehlen beibringen!«

Ich glaubte, das Prügeln würde nie ein Ende nehmen. Und dann packte mich plötzlich der große Mann am Hemd.

»Bring mir jetzt dieses Stück Draht«, knurrte er mir ins Gesicht. Dann stieß er mich weg.

Unter stechenden Schmerzen stolperte ich mit zitternden Beinen auf Vater zu und versuchte, mein Schluchzen zu unterdrücken. Voll Verwirrung fragte ich unbesonnen: »Vater, wo soll ich denn hingehen?«

Der Mann, der nun vielleicht dachte, daß mein Vater den Draht zerschnitten hätte, wandte sich mit wutverzerrtem Gesicht an ihn.

»So etwas bringst du deinem Sohn bei?« brach er aus. Die anderen Männer schrien und fluchten. Sie verfluchten Vater, nannten ihn, unter vielen anderen häßlichen Dingen, einen »dreckigen Palästinenser« – diese erniedrigende Bezeichnung, mit der wir gebrandmarkt wurden. Ich war schockiert, und es schmerzte mich mehr als jede physische Verletzung, daß mein guter Vater von diesen grausamen Männern derart vor dem ganzen Dorf beschimpft wurde.

Doch Vater ertrug ihre Beleidigungen schweigend.

Der große Mann ballte seine Faust vor Vaters Gesicht. »Morgen werden wir wieder herkommen«, versprach er, »und du wirst uns den Draht geben, oder wir nehmen dich und deinen Sohn mit.«

Indem sie uns noch immer anstarrten, stolzierten die Polizisten zurück zu ihren Autos und Jeeps und fuhren weg.

Gleich am nächsten Morgen kamen sie zurück und stießen

Vater und mich in ein Auto. Als wir die holprigen Straßen zu ihrer Station in einer nahe gelegenen Stadt hinunterratterten, brachte mich ein schrecklicher Gedanke fast zum Weinen: Ich werde Mutter nie mehr wiedersehen. Sie werden mich in ein Gefängnis werfen und vergessen. Und zugleich sprach eine andere Stimme tief in meinem Inneren und beruhigte mich mit den Worten: Friede! Sei ruhig!

Viele Stunden lang wurden wir von der Polizei vernommen, die damit drohte, mich für eine schrecklich lange Zeit einzusperren, wenn Vater ihnen nicht helfen würde, den Draht zu finden. Er blieb ruhig, ein Beispiel an Höflichkeit und Respekt, trotz ihrer wütenden Fragen, und standhaft in seinen Beteuerungen, daß ich unschuldig sei. Widerwillig gab die Polizei schließlich auf und brachte uns nach Gish zurück. Als sie uns dort absetzten, war die Gefahr fürs erste gebannt, aber ich fürchtete, daß dieser Vorfall nicht erledigt sein würde.

An diesem Abend hieß meine Mutter mich neben sich zu setzen, als alle anderen draußen und wir allein waren. Da meine Arme und Beine mittlerweile begonnen hatten, sich zu strecken, konnte ich nicht mehr länger auf ihrem Schoß sitzen. Ich lehnte mich deshalb an sie, ihr helles Kopftuch weich an meiner Wange. Sanft nahm sie meine Hand.

»Elias, ich möchte dir einen Leckerbissen geben«, sagte sie mit weicher Stimme. »Ich habe ein Ei aufgehoben, und ich werde es für dich kochen.« Für uns, die wir darum kämpfen mußten, auch nur die notwendigsten Nahrungsmittel zu bekommen, war ein Ei tatsächlich ein Leckerbissen. Dies ist typisch für meine Mutter, so sagte ich mir; so hilft sie mir, mich wieder etwas besser zu fühlen.

Sie zögerte für einen Moment und fuhr dann fort: »Aber zuerst, Elias, bitte erzähle mir ...«, sie stockte, »sag mir, wo der Draht ist. Bring ihn uns, und dann wird dieser Verdruß vorüber sein.«

Ich setzte mich kerzengerade hin und starrte sie an. Sie war nicht mehr jung, der Kampf um die Versorgung einer großen

Familie unter solch ärmlichen Bedingungen hatte ihr Gesicht gezeichnet. Ein Haarbüschel, ergrauendes Haar, schaute unter ihrem Kopftuch hervor. Eine gewisse Müdigkeit schien durch ihr liebevolles Lächeln hindurch. Arme Mutter, nach all dem Schrecken, dem sie gegenübergestanden war – das Verschwinden von Vater und meinen Brüdern, viele Mitglieder ihrer eigenen Familie ins Exil vertrieben –, konnte ich ihr nicht böse sein. Sie fürchtete einfach den Verlust ihres Jüngsten. Aber ich war wütend – und verletzt, daß derartige Terror-Taktiken bewirken konnten, daß sie an ihrem eigenen Sohn zweifelte.

»Mutter, ich habe es nicht getan.« Das war alles, was ich antworten konnte.

In den nächsten Tagen zog ich mich von meiner Familie und meinen Spielkameraden zurück, um in den von der Sonne ausgedörrten Hügeln allein zu sein. Aber nicht ganz allein. Die Schafe auf den Hügeln, die gekrümmten, alten Olivenbäume, die weitentfernten, blauen Hügel der Golan-Höhen, die sich um den See Gennesaret erhoben – alle diese Dinge erinnerten mich an meinen beständigen Meister. Ich beschleunigte meine Schritte den braunverbrannten Hang hinauf, als ob er in diesem Augenblick wirklich neben mir ginge. Fast konnte ich seinen verständnisvollen Blick sehen, und in meinem Herzen hörte ich ihn die Worte wiederholen, die Mutter mir hundertmale zitiert hatte:

Selig seid ihr, wenn ihr auf alle mögliche Weise verleumdet werdet;... denn so wurden schon vor euch die Propheten verfolgt.

Ich schüttelte meinen Kopf, als ob ich mit einem Spielkameraden diskutierte. Ich mochte das nicht hören; ich war doch kein Prophet. Ich wollte nur wissen, warum ich für eine solch entsetzliche Behandlung ausersehen worden war.

Ich hatte mein Gebet von vor einigen Monaten vergessen, in dem ich Gott angefleht hatte, meine Hände und Füße und die Zunge dazu zu benutzen, den Frieden in die Herzen unseres Volkes zurückzubringen. Und selbst wenn ich mich daran erinnert hätte, ich hätte damals nicht verstanden, daß ein solches Versprechen, wenn es von Herzen kommt, Berufung und Auserwählung bedeutet; daß man den bitteren Kelch der Ablehnung und Demütigung trinken muß, um angesichts der Lüge die Wahrheit schließlich durchzusetzen.

Trotz meiner Wut wußte ich damals nur, daß gewisse Dinge richtiggestellt werden mußten, damit ich nie mehr die Wehklage der Frauen im Dorf über ihren Verlust hören, nie mehr den Schmerz in Mutters Augen sehen oder die Flüche gegen Vater hören würde. Ich wünschte mir sehnlich, in Frieden mit unseren jüdischen Nachbarn zu leben, wie zu der Zeit, bevor die Soldaten gekommen waren. Bei der Vorstellung, unser restliches Leben in Angst zu verbringen, drohte ich zu erstikken, und als ich an den Zedern und den Olivenbäumen vorbeiwanderte, fragte ich mich, was Jesus wohl tun würde.

Es war mir nicht bewußt, daß jemand meine täglichen Wanderungen beobachtete.

Als ich eines Nachmittags heimkehrte, war Vater bei der Arbeit in seinem kleinen Gartenstück und hackte die trockenen, entkräfteten Gemüsepflanzen auf. Er sah mich kommen, hielt inne und stützte sich auf den langen, hölzernen Stiel. Er hielt mich mit einer Frage an.

»Was tust du immer in den Hügeln, Elias?«

Ich zögerte und überlegte, ob er es wohl merkwürdig finden würde, wenn ich ihm antwortete: »Ich unterhalte mich mit einem Freund.« Aber nach kurzem Überlegen gab ich ihm diese Antwort.

Vater nickte, sein Blick schweifte über die Hügel, ein schwaches, geheimnisvolles Lächeln auf den Lippen. »Das habe ich mir gedacht«, war alles, was er entgegnete. Dann fuhr er mit der Arbeit fort.

Ich ging weiter, und die Sache war erledigt. Es sollte noch einige Zeit dauern, bis mir die Bedeutung dieses kurzen Gesprächs aufging. Vater war nämlich ein Mann von tiefer Einsicht und Weisheit, und ihm ging damals schon, als er die Erde auflockerte, ein Plan für meine Zukunft im Kopf herum.

Am Ende der Woche wurde die Frage nach meiner Schuld oder Unschuld geklärt. Wir erfuhren, daß ein Lastwagenfahrer, als er mit einer Lieferung in den neuen Kibbuz von Biram zurückkehrte, das Stück Telefondraht »beseitigt« hatte. Es paßte genau zwischen die abgeschnittenen Enden. Er war mit seinem vollbeladenen Lastwagen darüber gefahren, dabei war der Draht zwischen den Metallfelgen der Räder und dem felsenharten Boden gerissen. Er hatte dieses Stück mitgenommen und vorgehabt, es bei seiner nächsten Fahrt zurückzubringen.

Wir bekamen nie eine Entschuldigung von der Polizei, und ich war nur zu froh, diese ganze Sache endlich vergessen zu können. Kurz darauf, gegen Ende des Jahres 1950, erhielten wir eine so erfreuliche Nachricht vom Israelischen Obersten Gerichtshof, daß der Vorfall völlig in Vergessenheit geriet.

Ein Behördenbrief, in Jerusalem abgestempelt, traf in Gish ein. Die Hände des Ältesten zitterten vor Aufregung, als er ihn laut vorlas. In dem Brief hieß es, daß wir auf Beschluß des Gerichtshofes sofort nach Biram zurückkehren könnten! In aller Eile und gleichsam in einem Freudentaumel wurden die Pläne für die Heimkehr geschmiedet.

Während die Frauen die wenigen Sachen zusammentrugen, die sie in den drei Jahren des Exils erworben hatten, überquerten einige der Ältesten den Hügel nach Biram und legten dort den Soldaten den Brief vor.

Der befehlshabende Offizier schüttelte den Kopf. »Dieser Brief hat für uns keine Bedeutung. Nicht die geringste. Das Dorf gehört uns. Ihr habt hier keine Rechte mehr.«

Obwohl die Ältesten sich mit ihm auseinanderzusetzen versuchten, schenkte er dem Beschluß keine Beachtung. Sie mußten wieder gehen.

Zum ersten Mal erlebten unsere Ältesten, daß innerhalb der neuen Regierung etwas ernstlich nicht stimmte. Sie hatten genügend Beweise, daß die Zionisten nicht im geringsten mit unseren friedlichen, jüdischen Nachbarn zu vergleichen waren. Das neue Israel schien ein Staat zu sein, in dem das Militär herrschte, das den Willen der Gerichte und Gesetzgeber mißachtete und stark genug war zu tun, was immer ihm beliebte. Die Ältesten unseres Dorfes waren wie niedergeschmettert von dieser Erkenntnis.

Als Mutter von der Weigerung der Soldaten hörte, sah ich den Schmerz in ihren Augen, ich fühlte, wie Vaters Herz um sein verlorenes Land und seine verlorenen Feigenbäume blutete. Als Christen würden sie ihr Schicksal annehmen, doch ich konnte beobachten, wie die Freude immer mehr aus ihrem Leben wich. Und noch immer vernahm man Gerüchte über Gewalttaten in den Hügeln, von Blutvergießen und Terrorismus im ganzen Land.

Waren uns also nur zwei Möglichkeiten geblieben: uns den Mißhandlungen auszuliefern oder selber zu Gewalttaten zu schreiten?

Mich hatten die Schläge gezwungen, dieser beängstigenden Frage in die Augen zu starren. Welche Entscheidung würde ich treffen? Als mein zwölftes Lebensjahr begann, war ich dabei, den nächsten Schritt auf einem langen Weg zu machen, der mich zu einer dritten Möglichkeit führen sollte – derselben, die mein Meister schon vor so langer Zeit in diesen wunderbaren, umkämpften Hügeln gewählt hatte.

DAS BROT DER WAISEN

Zu Beginn des Jahres 1951 hatten sich die Ältesten entschlossen, ein zweites Mal ein Gesuch an den Obersten Gerichtshof zu richten. In ihrem dringenden Bittschreiben legten sie die Mißachtung des gerichtlichen Beschlusses durch die zionistischen Soldaten dar. Wieder warteten wir voller Hoffnung viele Monate lang; wir waren überzeugt, das Gericht werde das Militär schon irgendwie dazu bringen, seinen legalen Beschlüssen nachzukommen.

Wir erhielten auf dieses Schreiben zwar eine überraschende Antwort, doch ich sollte schon weit weg von Gish sein, als sie schließlich eintraf.

An einem nebligen, feuchten Morgen kam unser Bischof nach Gish. Er hatte unermüdlich all die abgelegenen Dörfer besucht, um Lebensmittel und Kleidung zu verteilen und eine medizinische Versorgung einzurichten. Außer einer Liste mit dringenden Notwendigkeiten führte er eine lange Aufzählung von Beschwerden mit sich.

Er ging durch die Gassen von Gish, begleitet von einer Menschenmenge, die auf die überfüllten Häuser hinwies, auf die Kinder, die in abgetragenen und zu klein gewordenen Kleidern spielten. Allmählich brachten sie die Rede auch auf den Verlust ihrer Besitztümer – zwölf, zwanzig, dreißig, vierzig Hektar –, einer übertraf den anderen, als sie ihr beschlagnahmtes Land beklagten. Obwohl sie versuchten, aus Respekt vor dem Bischof ihre Wut zu zähmen, ergoß sich bald ein lauter Wortschwall über ihn. Immer wieder bemühten sich die Leute, ihn mit einer gezielten Frage festzunageln: Welchen Einfluß hatte er, um ihnen ihr Land zurückzufordern?

Vater ging schweigend am Rande der Menge. Mitten in einer Pause begann er zu sprechen.

»Entschuldigen Sie, Herr Bischof, ich habe auch eine Bitte.«

Der Bischof kannte Vater von seinen gelegentlichen früheren Besuchen in Biram gut. Vielleicht erwartete er nun eine weitere Aufzählung von Ungerechtigkeiten und Beleidigungen. Trotzdem nickte er freundlich, mit einem Anflug von Müdigkeit in seinem Lächeln. »Was gibt es, Michael?«

»Ich habe einen Sohn – mein Jüngster. Sein Name ist Elias«, erklärte Vater. »Er ist ein guter Schüler, und ich möchte ihn auf eine gute Schule schicken. Können Sie mir, bitte, helfen?«

Die anderen regten sich über diese plötzliche Wendung des Gesprächs auf. Ungeduldig, und ohne nachzudenken, fuhren sie dazwischen. »Wovon sprichst du eigentlich? Wir versuchen, unsere Häuser und unser Land zurückzubekommen. Und du belästigst den Bischof mit so etwas?« Aber als sie sich ihrer bissigen Worte bewußt wurden, erröteten sie vor Verlegenheit.

Mit einem breiten Lächeln sagte der Bischof: »Laß mich ein Weilchen darüber nachdenken. Komm zu mir, bevor ich das Dorf verlasse.« Dann trieb ihn die Menschenmenge weiter.

Vater hielt die versprochene Zusammenkunft mit dem Bischof ein. Obwohl der Bischof keine geeignete Schule hatte, auf die er mich hätte schicken können, wußte er von einem Waisenhaus in der Nähe seiner eigenen Wohnung. Ich würde dort willkommen sein, und der Bischof versprach, sich persönlich um meine Ausbildung zu kümmern.

Dieses Angebot nahm Vater sofort an, in großer Dankbarkeit. Eifrig besprach er seine Pläne mit Mutter. Sie war zwar wenig begeistert darüber, ihr jüngstes Kind – ihren Lieblingssohn – so weit von zu Hause wegzugeben, doch am Ende stimmte sie zu.

Dann nahm Vater mich beiseite. Seine Stimme klang belegt, als er mir eröffnete: »In ein paar Tagen werden wir dich zum Bus bringen. Du wirst nach Haifa an die Küste fahren, um bei dem Bischof zu studieren. Das ist eine wunderbare Gelegenheit für dich, Elias. Eine solche wird sich dir hier in Gish niemals bieten.«

»Und da ist noch etwas«, sagte er und hielt inne. Vater suchte meine Augen mit seinem festen, ernsten Blick. »Du wirst nicht fortgeschickt, nur um ein Vorrecht zu genießen. Lerne alles vom Bischof, was du nur kannst. Wenn du ein wahrer Gottesmann werden willst, dann wirst du lernen, wie man Feinde miteinander versöhnt – wie man Haß in Frieden wandelt. Nur ein wahrer Diener Gottes kann so etwas vollbringen.«

Ich konnte ein so hoch gestecktes Ziel damals noch nicht begreifen. Ich wußte nur, die Aussicht auf ein Leben in Haifa hörte sich aufregend an. Mit meinen zwölf Jahren war ich ja noch nie über unsere Hügel hinausgekommen.

Am Morgen meiner Abreise erwachte ich mit dem ersten Tageslicht. Dennoch war meine Mutter schon vor mir aufgewacht, hatte ihre stillen Gebete beendet und packte eine kleine Tasche mit meinen Habseligkeiten. Als ich mich von meiner Strohmatte erhob, fühlte ich mich unbehaglich. In der Stille der Morgendämmerung hörte ich das schwache Klirren der Tauben und Fische an Mutters Halskette – und plötzlich war ich überhaupt nicht mehr aufgeregt. Ich fühlte nur eine Leere in der Gegend unter meinen Rippen. An dem besonderen Ei, das Mutter so liebevoll für mein Abschiedsfrühstück aufbewahrt hatte, konnte ich nur herumstochern.

Die ganze Familie marschierte zur Bushaltestelle an einer Straßenkreuzung nicht weit von Gish, wo der Bus gelegentlich vorbeikam. Mutter und Vater wollten mich bis Haifa begleiten. Wardi und meine Brüder folgten verdrießlich und schauten mich auf dem ganzen Weg kaum an.

Schließlich rumpelte der alte Bus heran, sein bitter riechendes Abgas brannte in meinen Nasenlöchern. Meine Tasche wurde eingeladen, wir stiegen ein. Für den Fahrpreis zählte Vater behutsam das Kleingeld ab, das er durch die Arbeit in unserem Obstgarten verdient hatte. Ohne Aufhebens holperte der Bus los und ratterte die Hügel hinunter. Wir bogen um eine Kurve – meine Brüder und Wardi verschwanden hinter den Hügeln. Mit einem unguten Gefühl stellte ich plötzlich fest, daß ich nicht wußte, wann ich sie wiedersehen würde.

»Siebenundfünfzig Kilometer bis Haifa«, schrie der Fahrer in das Dröhnen des Busses hinein. Die anderen Fahrgäste nickten nur. Für mich war das eine unvorstellbare Entfernung – unglaublich weit! Ich saß zwischen Mutter und Vater, zupfte an dem zerschlissenen Sitzbezug herum und fühlte mich bei jedem Holpern einfach miserabel. Ein leeres, entwurzeltes Gefühl – eines, das ich nie zuvor gehabt hatte – breitete sich mit jedem Kilometer, mit dem wir uns Haifa näherten, in mir aus. Berge, Dörfer und Obstgärten jagten an unseren Fenstern vorbei. Ich hatte nur einen Gedanken im Kopf: Wie kann ich jemals meinen Weg zurück nach Hause finden? Wo ist überhaupt mein Zuhause?

Niemand von uns war sich bewußt, daß ich dabei war, auf den entscheidendsten Wendepunkt meines Lebens zuzugehen. In solch zartem Alter wurde ich mit Ereignissen und Entscheidungen konfrontiert, die mein ganzes Leben prägen sollten.

Als wir in Haifa aus dem Bus ausstiegen, war ich völlig verwirrt. Die riesige Haltestelle war voll von Bussen, Autos und Reisenden. Die Männer und Frauen, die vor dem Schalter Schlange standen, trugen die schönsten Anzüge und Kleider, die ich je gesehen hatte. Ihre Kleidung erschien mir überwältigend im Vergleich zu den abgenutzten Schuhen, den ausgebeulten Hosen und dem Hemd, das ich, dank der Unterstützung des Bischofs, anhatte. Ich konnte nicht aufhören, meinen Hals zu recken, um all die Gebäude und unzähligen Häuser zu bestaunen, welche die flache Hügelkette bis an die Küste des Mittelmeers bedeckten.

Irgendwie führte Vater uns dann durch die belebten Straßen – gepflasterte Straßen! – zur richtigen Adresse. An jeder Ecke, um die wir bogen, wurden die Gebäude älter und verfallener, bis wir das Waisenhaus des Bischofs erreichten – ein flaches, graues Gebäude, das zwischen andere eingezwängt war.

Auf den Türstufen wurden wir von einer jungen, einfach aussehenden Frau mit leicht europäischem Akzent und einem willkommenheißenden Lächeln begrüßt. Im Inneren empfing uns der Bischof. Er unterhielt sich mit Vater, und ich wußte, daß dies eine große Ehre bedeutete. Mutter begutachtete kritisch die Einrichtung und nickte höflich, als sie sich mit den belgischen und französischen Damen bekannt machte, die hier im Dienst der Kirche die Waisen betreuten.

Noch bevor ich es richtig merkte, waren Mutter und Vater wieder draußen auf den Türstufen. Eine rasche Umarmung meiner Mutter – und sie wandte ihr Gesicht ab. Ein Winken von Vater, sein Lächeln schien etwas steif.

Dann waren sie weg.

Die junge Frau legte freundlich ihren Arm um meine hängenden Schultern, als ich eine Weile niedergeschlagen auf die leere Straße hinausgestarrt hatte. »Komm, Elias«, sagte sie sanft – und wie gedankenlos: »Ich möchte, daß du die anderen Waisen kennenlernst.«

Die europäischen Damen nahmen mich vereint unter ihre Fittiche. Sie machten viel Aufhebens um mich wie so viele Mütter. Obwohl sie sanft waren und mich umsorgten, erzeugte das tiefe Heimweh eine Leere in der Magengegend. Ich war ein Kind vom Lande, aus dem ruhigen Leben herausgerissen und in eine laute Stadt verpflanzt, waren meine Wurzeln eingezwängt unter Beton. Meine Übersiedlung nach Haifa ließ mich mein Zuhause vermissen – mein wirkliches Zuhause in Biram –, mehr noch als während unseres Exils in Gish. Wie entbehrte ich es, allein durch die Hügel zu wandern und von den wasserklaren Quellen zu trinken. Inmitten der Busse und schmutzigen Gebäude mußte ich meine Gedanken von den weitentfernten Hügeln losreißen. Während jeder langen, zermürbenden Unterrichtsstunde winkten sie mir mit einer wilden Frische zu, die mir nun mit einem Mal fehlte.

In dem rigorosen Stundenplan des Bischofs kam mir noch etwas abhanden. Die Bibel zu studieren, als ob sie ein Lehrbuch wäre, war sehr unbefriedigend. Meine Vorstellung von Jesu Gegenwart, ob nun echt oder eingebildet, war immer ganz lebendig gewesen. In Haifa schien sie mir wie eine Erinnerung an eine ferne Kindheit. Ich nahm begierig das Versprechen aus dem Neuen Testament in mich auf, das Mutter so oft zitiert hatte: »Ich werde euch nie allein oder im Stich lassen.« Trotz dieser Worte fühlte ich mich verlassen. Ich sehnte mich nach den Tagen, an denen ich seine Gegenwart in der Wildnis gespürt hatte. Ich sehnte mich nach der Einöde.

Einige Monate schmerzte mich dieses Verlangen so tief wie ein Gebet, das mein ganzes Wesen durchzog. Da wurde ich durch ein unerwartetes »Geschenk« überrascht.

Es war Schlafenszeit. Ich saß zusammengerollt in einem Sessel, in einer Ecke des Gemeinschaftsraumes, den wir sowohl für die Schularbeiten wie zum Spielen benutzten. Auf meinem Schoß ausgebreitet lag eines der großen, herrlichen, farbenprächtigen Bilderbücher, die unsere Hausmütter aus Europa mitgebracht hatten. Die anderen Kinder waren mit Spielen beschäftigt, während ich die Seiten durchblätterte und in eine phantastische Abenteuerwelt entfloh. Eine der Hausmütter, eine Französin, die genauestens auf die Vorschriften achtete, kam herein und meldete das Ende der Spielzeit.

»Komm, Elias«, sagte sie sehr entschieden und nahm das Buch von meinem Schoß, »ab ins Bett.«

Eine andere Hausmutter – beliebt wegen ihres freundlichen Wesens und dem zarten Duft nach Lavendel – war auch im Raum. Sie bemerkte meinen erschrockenen Blick. Vielleicht spürte sie etwas Tieferes, den typisch jugendlichen Unwillen, ins Bett gehen zu müssen. Als der letzte Junge aus dem Raum marschiert war, ergriff sie meine Partei: »Meinst du nicht, daß wir ihm gestatten könnten, ein wenig länger aufzubleiben als die anderen? Schließlich ist er ein guter Schüler. Schau doch, wie er die Bücher liebt. Ich bin sicher, daß er leise sein und niemanden stören wird.« Sie schloß mit einem verschwörerischen Blick auf mich.

So kam es, daß man mir erlaubte, länger als die anderen Kinder aufzubleiben – ich ganz allein in dem Gemeinschaftsraum! Es war nur ein Quentchen Einsamkeit, nicht der Friede der Wildnis Galiläas, aber es würde ausreichen.

Gleich als mir dieses herrliche Geschenk zuteil wurde, vergeudete ich keinen Augenblick mehr mit den Büchern. Ich fand ein leeres Tagebuch und fing an, es mit Briefen an Jesus zu füllen. Vielleicht war ich zu befangen, um in einem Haus voller Leute laut mit ihm zu sprechen, so wie ich es in den menschenleeren Hügeln getan hatte. Aber auf diese Weise konnte ich ihm Nacht für Nacht über den leeren Seiten mein Herz ausschütten, in kindlicher Unschuld und im Anbeginn der Reife.

»Mutter sagt, daß du hinter allem eine Absicht hast«, schrieb ich. »Aber ich verstehe nicht, was du von uns willst. Ist es dein Plan, daß Mutter und Vater so leiden, wie du gelitten hast? Vater wird nicht dafür kämpfen, sein Land zurückzubekommen, so wie es die anderen tun wollen. Ist es diese Art von ›Friede‹, den wir der Welt zeigen sollen? Wird überhaupt irgend jemand unseren Schrei vernehmen und uns helfen?«

Während der Regenzeit 1951 kritzelte ich viele Nächte lang meine tiefsten Hoffnungen aufs Papier. Daß meine Familie und die anderen Dorfbewohner doch noch zurückkehren könnten! Dieses alte Dorf mit seinen moosbedeckten Mauern und den schützenden Bäumen schien für mich der Ursprung all dessen zu sein, was gut, schlicht und unschuldig war. Es war ein Zuhause gewesen, das uns beschützt hatte. Die Kirche, das lebendige Herz, hatte unseren Geist genährt. Wenn wir es nur wieder zurückbekommen könnten. Das war alles, was ich wollte.

Und so baute ich mit meinem nächtlichen Schreiben eine lebenslange Beziehung auf, die sich als so lebendig wie das Blut in meinen Adern oder der Atem in meiner Lunge erwies.

Es war eine strenge Übung, durch die das Band des inneren Friedens wieder straffer angezogen wurde, noch bevor ein Same von Bitterkeit in meinem Herzen aufgehen konnte.

Weihnachten ging vorüber. Unsere Feier im Waisenhaus war fröhlich. Wenn ich noch etwas Heimweh hatte, half die schlichte europäische Gestaltung unsere Hausmütter, mich aufzuheitern. Noch wunderbarer war die Atmosphäre von Heiligkeit, die Ergriffenheit und das Erstaunen, die ich bei der Feier von Christi Geburt durch den Bischof in der riesigen, kathedralenhaften Kirche erlebte. Die Glocken, die fröhlichen Weihnachtslieder, das Steingewölbe, alles ließ mich an zu Hause denken. Wann immer ich mich in der Kirche aufhielt, begann ich mich wie zu Hause zu fühlen. Ich liebte sie einfach.

Anfang Januar 1952, an einem kalten Sonntagmorgen, war ich mit den anderen Kindern in der eiskalten alten Kirche versammelt. Wir standen da, um einen Hymnus zu singen, und ich wandte mich, um dem Jungen neben mir etwas zuzuflüstern. Aus dem Augenwinkel schaute ich ihn an – und mein Kopf schnellte herum. Hinten, in einem ausgetragenen, ausgebeulten Mantel, saß mein ältester Bruder Rudah. Es konnte einfach nicht wahr sein! Es mußte gute Nachrichten aus Biram geben.

Er nickte schwach zum Gruß. Mein Mund mußte vor Staunen offen geblieben sein, da eine der Hausmütter mich anstieß und finster anschaute. Ich konnte nicht anders als bis zum Ende des Gottesdienstes nervös herumzuzappeln und heimliche Blicke über meine Schulter zu werfen, um mich zu vergewissern, daß Rudah nicht wieder verschwunden war. Als endlich Schluß war, brach ich aus der Gruppe aus und rannte durch das überfüllte Seitenschiff zu ihm hin, während die Hausmütter hinter mir herriefen.

»Rudah!« Ich warf meine Arme um ihn. Ich war etwas gewachsen, wir waren nun fast gleich groß. »Ich habe dich vermißt. Warum bist du hier? Wie geht es Mutter und Vater?

Kannst du zum Mittagessen bleiben?« »Komm mit hinaus, Elias«, sagte er ruhig, »ich muß dir etwas sagen.« Auf der Kirchentreppe hielten wir an. Ich zog meinen dünnen Mantel bis zum Kinn, um den scharfen Wind abzuhalten. Rudah sah mich mit schmerzerfüllten Blick an.

»Mutter und Vater haben mich geschickt, um dir die Nachricht zu überbringen. Sie wollten nicht, daß du es von irgend jemandem erfährst und dir dann Sorgen um uns machst. Elias«, sagte er und versuchte, seine Tränen zurückzuhalten, »es war entsetzlich. Die Soldaten. Die Bomben –«

»Was sagst du da?« drängte ich ihn voller Angst. Plötzlich zitterte ich vor Kälte und mühsamer Selbstbeherrschung. Ich erstarrte, während seine Erzählung aus ihm nur so heraussprudelte.

Irgendwann Anfang Dezember hatte das Gericht den Leuten von Biram wieder bewilligt, in ihre Häuser zurückzukehren. Zum zweiten Mal waren die Dorfältesten über den Hügel marschiert und hatten den zionistischen Soldaten die Bewilligung präsentiert. Dieses Mal waren die Ältesten angenehm überrascht worden.

Wortlos las der befehlshabende Offizier den Beschluß. Er zuckte die Schultern. »Das ist schön.« Und als die Ältesten verblüfft schwiegen, fügte er hinzu: »Wir brauchen etwas Zeit, um abzuziehen. Ihr könnt am 25. zurückkehren.«

An Weihnachten! Was für ein unglaubliches Weihnachtsgeschenk für die Dorfbewohner. Die Ältesten rannten geradezu über den Hügel nach Gish, um die Nachricht mitzuteilen. Zu guter Letzt würden sie nun doch endlich heimkehren! Der Heilige Abend wurde ein Fest voll Dank und Lobpreis.

Am Weihnachtsmorgen hingen graue Wolkenfetzen über Ober-Galiläa, die Luft war noch immer frisch und kalt. In Pullover und alte Mäntel von den Hilfsorganisationen des Bischofs gehüllt, hatten sich die Dorfbewohner beim ersten Tageslicht zum Marsch nach Biram versammelt. Obwohl sie zerlumpt aussahen, waren sie in guter Stimmung. Mutter, Vater, Wardi und meine Brüder stimmten in einen jubilierenden

Weihnachtshymnus ein, als sie den Hügel hinaufstiegen. Es war zum ersten Mal nach sechs Jahren, daß eine solche Freude die alten Hänge erfüllt hatte.

Auf der Spitze des Hügels erstarb ihr Hymnus. Die Marschierenden hielten unsicher an. Weit unter ihnen war Biram von zionistischen Panzerwagen, Planierraupen und anderen militärischen Fahrzeugen umringt. Aber heute war doch der 25. Dezember, der Morgen, an dem sie angenommen hatten, in ihre Häuser zurückkehren zu können. Warum waren die Soldaten immer noch da? Über die Entfernung hinweg rief ein Soldat, so wußten sie, daß man sie gesehen hatte.

Ein Kanonenschuß durchbrach die Stille. Dann ein zweiter, ein dritter. Die Soldaten hatten das Feuer eröffnet – nicht auf die Dorfbewohner, sondern auf Biram! Die Geschosse der Panzerwagen flogen jaulend ins Dorf. Ihre Explosion verursachte schreckliche Verwüstungen. Häuser wurden wie Papier fortgeblasen. Steine und Staub wirbelten inmitten der roten Flammen und des sich auftürmenden schwarzen Rauchs. Eine Granate schlug bei der Kirche ein, brachte eine dicke Steinwand zum Einstürzen und jagte das halbe Dach in die Luft. Der Glockenturm schwankte, die bronzene Glocke läutete zu Grabe, hielt aber irgendwie in den Staubwolken und dem Kanonenfeuer stand. Fast fünf Minuten lang wurde Biram von Explosionen erschüttert, ein Haus nach dem anderen stürzte ein, und Feuer breitete sich zwischen den Holzbalken aus.

Dann war alles ruhig – bis auf das Weinen der Frauen und die entsetzten Schreie der Babys und Kinder.

Mutter und Vater standen zitternd da und umklammerten Wardi und meine Brüder. Von Entsetzen gepackt, sahen sie, wie Panzer sich einen Weg durch die Trümmer bahnten und alles niedermachten, was nicht schon in die Luft geflogen oder eingestürzt war. Schließlich sagte Vater – zu meinen Brüdern oder zu Gott, darüber waren sie sich nicht ganz im klaren: »Vergib ihnen.« Dann führte er sie nach Gish zurück.

Ich konnte Rudahs Worten nicht glauben. Er erzählte mir,

daß ein anderes Dorf, Ikrit, ebenfalls und zur gleichen Zeit bombardiert worden war. Mir war eiskalt, als ich stumm in meinem Abendessen herumstocherte. Die Hausmütter hielten mich an diesem Abend nicht an, meine Schularbeiten zu machen, da sie die Neuigkeiten von Rudah ebenfalls erfahren hatten.

Als ich diese Nacht dann wieder allein war, hatte ich vor meinen eigenen Gedanken Angst. Ich wußte nicht, wie ich mit meiner Wut umgehen sollte. Es war mehr als Wut, Raserei. Die Bombardierung war schlimmer als alle körperlichen Schläge, die ich je zu ertragen vermocht hätte. Ich konnte mein Tagebuch nicht einmal mehr anschauen und schämte mich davor, meine düsteren Gefühle darin auszuschütten. Ich hielt mir selber eine Standpauke und wünschte, daß ich doch wie Vater sein könnte, der mein unauslöschliches Beispiel an Geistesgröße war. Aber ich war ich – ein junger Mann mit dem immer stärker werdenden Bewußtsein, daß die Welt meinen Untergang beschlossen zu haben schien.

So kam es, daß ich meine Gefühle begrub und meine Wut verleugnete, die zu häßlich war, als daß ich sie innerlich hätte akzeptieren können. In diesem Augenblick breitete sich in mir ein kleiner Zwiespalt aus, ein innerer Kampf, den ich eines Tages in mir beenden mußte.

Im Verlauf der Woche verlor ich mich wieder an mein Tagebuch und stellte Fragen, auf die ich nicht die geringste Antwort finden konnte.

»Wie können wir jemals wieder den Frieden finden, den wir bisher immer mit unseren jüdischen Nachbarn geteilt hatten?« schrieb ich. »Wie kann ich meinen Eltern helfen – meinem palästinensischen Volk?«

Obwohl ich eigentlich Haifa verlassen wollte – um das harte Leben mit meinen Eltern im Exil zu teilen –, sollte ich für zwei weitere Jahre hier bleiben. Ich würde auf den nächsten Schritt meines Weges vorbereitet werden, ein Schritt, der mich noch weiter von zu Hause forttragen sollte, als ich es mir je vorstellen konnte. Es war Vaters Wunsch, daß ich studierte, und ich gehorchte. Das Haus der Nächstenliebe des Bischofs würde mich beschützen und anleiten.

Wie alle Leute von Biram sollte ich aber weiterhin das Brot der Heimatlosen und Waisen essen.

Die Bombardierung unserer Häuser war ein Genickschlag gewesen, der den Leuten von Biram Luft und Lebensatem genommen hatte.

Mit den spärlichen Nachrichten, die ich von Mutter und Vater erhielt, kamen Berichte, daß jeden Monat einige Familien Gish verließen, um in die Städte zu ziehen. Vielleicht war es für sie besser, sich unter der Masse der Armen in einer großen Stadt zu verstecken, als auf den Hügeln von Galiläa zu sitzen. Verständlicherweise wollten sie die Ältesten nicht mehr länger bestärken, auf die Rückgabe ihres Landes zu drängen. Mit den Bomben war diese Hoffnung begraben worden.

Unglaublicherweise fuhren Vater und meine Brüder fort, die Feigenbäume in unserem beschlagnahmten Obstgarten zu versorgen. Er war von der Bombardierung verschont geblieben. Ich stellte mir Vater vor, wie er unbeirrt durch die Ruinen unseres Hauses ging. Rudah hatte erzählt, daß nur ein Steinhaufen und verkohlte Balken davon übriggeblieben waren. Ich wußte, daß Vater seinen Blick und sein Herz jetzt auf das eine ausrichten würde: die Feigenbäume hüten – zumindest eine Zeitlang. Schweigend würde er sich weiterhin abmühen und hoffen, daß seine Söhne künftig das Kreuz der Verfolgung tragen würden, so wie er es tat. Das war das einzige, was er seiner Meinung nach noch tun konnte. Obwohl ich seinen Mut bewunderte, entdeckte ich in Vater den stechenden Schmerz zunehmender Hoffnungslosigkeit. Ich glaube, daß mir zum ersten Mal bewußt wurde, daß Vater auch nur ein Mensch war, ein Mann mit Schwächen und einem begrenzten Verständnis für diesen bestürzenden Konflikt, in den wir verwickelt waren.

Was mich betraf, so begann ich mein zweites Schuljahr in

Haifa mit ziemlicher Gleichgültigkeit. Ich war nun über ein Jahr von zu Hause weg, und dieses nagende, entwurzelte Gefühl höhlte mich aus. Weil ich keine Waise war, wurde ich von den anderen Jungen nie ganz akzeptiert. Jung wie ich war, mußte diese schlimme Zeit mich in meinem Selbstbewußtsein heftig erschüttern. Das Gefühl des Verlorenseins und eine tiefe Traurigkeit umfingen mich und drohten meinen Geist zu lähmen.

Wieder einmal schien es aber, daß ich nicht im Stich gelassen werden sollte. Im Augenblick meiner tiefsten Verlassenheit wurde mir das Geschenk einer besonderen Freundschaft zuteil.

Während der ersten Schulwoche, zu Beginn der Regenzeit, kamen zwei Neue in die Schule des Bischofs: Faraj und Khalil Nakhleh. Sie stammten aus einer redlichen, wohlhabenden Familie in Rama, einem Dorf in Galiläa, das über keine Schule verfügte.

Vom ersten Augenblick an, als ich Faraj, dem Älteren der beiden, begegnete, spürte ich etwas Besonderes an ihm. Er war von einer Art Höflichkeit, einer Fröhlichkeit, für mich etwas völlig Seltenes, das ich nicht fassen konnte; und dennoch kam es mir irgendwie vertraut vor. Er war ebenfalls dreizehn Jahre alt, und der erste Flaum sproß uns auf der Oberlippe. Obwohl er so groß war wie ich, war er schmaler; ich hatte eher breite Schultern, eine kräftigere Brust und eckigere Knochen. Er besaß ein spontanes, leichtes Lachen und die Fähigkeit, mich von meiner trüben Stimmung zu befreien. Trotz der vielen Unterrichtsstunden saß ihm immer der Schalk in den Augen. Wir hielten so fest zusammen, daß ich, eher als Khalil, für seinen Bruder gehalten werden konnte.

Was mich am meisten an Faraj wunderte, war seine ungewöhnliche Feinfühligkeit.

Als wir einmal in einer Gruppe zum Schwimmen an das nahe Mittelmeer gegangen waren, zog ich mich plötzlich von den ausgelassenen Wasserplanschern zurück. Die anderen Kinder waren meine Anfälle von Einsamsein schon gewöhnt.

Aber Faraj nicht. Er erschien an meiner Seite und blieb bei mir, als ich durch den heißen Sand den Strand entlangwanderte. Er hörte ruhig zu und studierte mein Gesicht, während ich meine wirren Gedanken über die Not unserer Familien, über unsere eigene Zukunft unter der neuen Regierung vor mich hinredete.

»Was glaubst du, wird mit uns passieren?« überlegte ich laut.

»Ich weiß nicht, Elias«, antwortete er. »Wir können nicht auf die Universität, das ist sicher. Sie akzeptieren nicht –«, er stolperte über die Worte, »akzeptieren nicht solche, wie wir sind.«

Ich wußte, daß er uns als Palästinenser meinte. »Was hast du dann vor, wenn wir hier fertig sind? In einer Fabrik arbeiten?«

Er hielt inne. Weißer Schaum wurde an den Strand gespült und umspielte warm unsere Füße. »Ich bin mir nicht sicher«, sagte er nach einer Weile, »aber ich glaube, daß sich jemand unser annehmen wird. Soviel weiß ich.«

Wen meinte er? Den Bischof? Ich war mir nicht sicher, was seine vage Antwort zu bedeuten hatte, aber ich zerbrach mir darüber nicht den Kopf. Im Moment wollte ich nur allein sein, um nachzudenken. Faraj hatte in den wenigen Wochen die unglaubliche Fähigkeit entwickelt, meine Stimmungen zu erahnen und zu deuten. Obwohl er gern ausgelassen war und Späße liebte, war er zugleich unerhört feinfühlig. Er ließ mich allein weiterwandern und trottete zurück zum Strand, wo die anderen in der Brandung spielten. Ich fand einen stillen Platz und setzte mich, um die unruhige See zu beobachten. Ich stellte mir vor, daß die großen Wellen die Hügel wären, die sich um Biram erhoben.

Biram, das in Trümmern lag.

Unser Haus und die Kirche – diese beiden »Wiegen«, die mich den Mann des Friedens kennen und lieben gelehrt hatten – in Trümmern. Durch Gewalt zerstört.

In dieser gelassenen Haltung, den Blick auf die Unendlichkeit des blauen Meeres gerichtet, blitzte eine deutliche Vorstellung vor mir auf. Ein Bild des unter den alten Olivenbäumen wiedererstandenen Biram, alle ausgeplünderten Häuser waren wieder aufgebaut, die Frauen und Familien in ihnen in Sicherheit. Palästinenser und Juden – wieder zusammen Kaffee schlürfend in friedlicher Unterhaltung. Die Kirche wieder aufgebaut. Jeder Mann, jede Frau und jedes Kind war wie ein Stein – ein lebendiger Stein – in dem wieder hergestellten Dorf. Für den Bruchteil einer Sekunde schien alles so wirklich – so möglich –, daß mein Herz vor Freude hüpfte.

Dann war der Traum plötzlich entschwunden.

Schreie vom fernen Ende des Strandes rissen mich aus meinen Gedanken. Drei oder vier Jungen waren in die Brandung gesprungen. Mit kraulenden Armen schwammen sie um die Wette, während die anderen an Land sie anfeuerten. Nun sah ich, daß derjenige, der gerade die Führung übernahm, Faraj war. Alle Mädchen jubelten ihm zu, was mich amüsierte. Unser Interesse an Mädchen war noch nicht sehr ausgeprägt, aber Faraj war einer, dessen Charme ihn schon jetzt von einer Romanze zur anderen trug. Ein Gefühl brüderlicher Bewunderung kam in mir hoch.

Ich stand auf und spazierte durch den Sand, um mich wieder der Gruppe anzuschließen. Faraj war inzwischen an den Strand gewatet, wo die anderen ihm auf die Schulter klopften. Sein Brustkorb hob sich, als er Luft holte, und seine Lippen formten sich zu jenem hübschen Lächeln, das die Mädchen so liebten. Der Sieger.

Faraj würde der Erfolg sicher sein, egal wofür er sich entscheiden würde – in der Schule, im Beruf. Er war diese Sorte von Mensch. Und seine Familie hatte etwas Geld; vielleicht würden sie ihn nach Amerika schicken, wenn er dafür alt genug war. Und ich? Was würde ich tun?

Während des ganzen Jahres und bis Ende 1953 wuchsen Faraj und ich immer enger zusammen, vertrauten uns noch spät in der Nacht Geheimnisse an, wenn wir eigentlich längst schlafen sollten, und wurden in derselben Klasse unterrichtet. Zur Freude des Bischofs waren meine Noten sehr gut. Gelegentlich erwähnte er mir gegenüber das Unterseminar, das er in Nazaret zu eröffnen vorhatte, eine Schule für jene jungen Männer, die der Kirche zu dienen ernsthaft erwogen hatten. Sie würde im nächsten Jahr so weit fertig sein, um Schüler aufzunehmen. Da ich dann fünfzehn Jahre alt wäre, meinte er, sei ich alt genug, um dafür in Betracht zu kommen.

In der Regenzeit, bei einem meiner seltenen Besuche in Gish, erwähnte ich Mutter und Vater gegenüber das Angebot des Bischofs. Als sie mich vom Bus abholten, waren sie sehr bedrückt, da sie um meine beiden Großeltern trauerten, die erst kürzlich gestorben waren. Vater war jetzt in den Fünfzigern und hatte endlich aufgehört, sich um den Feigengarten zu kümmern. Es hatte ihn seelisch einfach zermürbt, man sah es seinem dünnen Lächeln an. Erst als ich das Seminar erwähnte, strahlten beide ein wenig.

»Und was möchtest *du* machen?« fragte Vater.

Ich wollte eben antworten, hielt aber dann schnell die Luft an. Es ging mir plötzlich auf, daß die Entscheidung ja letztlich bei mir lag. Vor drei Jahren noch hatte Vater entschieden, mich nach Haifa zu schicken. Plötzlich merkte ich, daß ich mich anschickte, die Tür zum Mannesalter zu durchschreiten, frei, vertrauenswürdig und gereift in den Augen meines Vaters. Ich konnte ihm nicht gleich antworten, aber mein Weg lag allmählich immer klarer vor mir.

Kurz nach meiner Rückkehr nach Haifa wurde ich in das Büro des Bischofs gerufen. Ich wußte, was er mich fragen würde – und dennoch sollte ich eine Überraschung erleben.

An der Tür seines Arbeitszimmers blieb ich stehen, er winkte mir mit der Hand. »Hallo, Elias«, sagte er und setzte sich hinter seinen Schreibtisch. »Setz dich neben deinen Freund.«

Ich trat ein und war verblüfft, Faraj in einem der beiden hohen, hölzernen Stühle vor dem Schreibtisch des Bischofs sitzen zu sehen. Wir wechselten überraschte Blicke, bevor der Bischof sich an uns wandte.

»Seit unserem letzten Gespräch hattet ihr beide Zeit zum Nachdenken«, sagte er, und seine freundlichen, aber durchdringenden Augen gingen zwischen Faraj und mir hin und her. »Nun möchte ich eure Entscheidung. Seid ihr bereit, in Nazaret zu studieren und ein Leben im Dienst der Kirche in Betracht zu ziehen? Elias«, seine Augen richteten sich auf mich, »wie hast du dich entschieden?«

Ich öffnete meinen Mund und hörte mich sagen: »Ja. Ich möchte in Nazaret studieren.«

Ohne zu warten, ob er gefragt werde, sagte Faraj laut und deutlich: »Ja. Das möchte ich auch.«

Ich konnte es nicht fassen! Faraj, der beliebt, charmant und ein Anführer war – ich hatte keine Ahnung gehabt, daß er ein kontemplatives Leben im Dienst der Kirche in Betracht gezogen hatte. Ich hätte es eher von seinem Bruder Khalil gedacht – er war der Ruhigere und Nachdenklichere. Und doch fühlte ich, daß Farajs Wahl richtig war. Er war anderen gegenüber so freundlich und ungeheuer einfühlsam. Irgendwie hatte ich mir vorgestellt, daß seine humorige Wesensart in ihm kein Interesse an geistlichen Dingen zulassen würde; als ob jemand, der Gott dienen will, ein unglücklicher Packesel sein müßte! Mich selbst betrachtete ich natürlich nicht unter diesem Gesichtspunkt.

Der Bischof sprach weiter, während er auf seine Hände sah, die gefaltet auf dem Schreibtisch lagen. »Ich will euch Jungen gegenüber offen sein. Es ist kein einfaches Leben. Es verlangt Gott und euren Vorgesetzten gegenüber Gehorsam. In Nazaret könnt ihr sehen, wie es werden wird. Die Anforderungen, die an euch gestellt werden, sind nicht leicht.« Noch einige Minuten sprach er so zu uns. Ich hörte ihm kaum zu. Faraj warf mir einen kurzen Blick zu, und ich war nahe daran, innerlich zu bersten. Wenn das Unterseminar eine Herausforderung werden würde, so würden Faraj und ich sie wenigstens gemeinsam annehmen.

Unsere Übersiedlung nach Nazaret Anfang 1954 bedeutete für mich einen weiteren Wendepunkt meines Lebens. Ich begann zu spüren, daß mein Weg mich ganz in den Dienst der Kirche führte. Merkwürdigerweise empfand ich das tröstlich und beunruhigend zugleich.

Am Nachmittag unserer Ankunft in der neuen Schule, dem St. Josef-Unterseminar, wurden Faraj und ich von einem grau gekleideten Bruder in einen halbfertigen Schlafsaal geführt. Als wir hinter ihm hermarschierten, bemerkte ich, daß die Einrichtung unbehaglicher war als im Waisenhaus in Haifa. Die unverglasten Fenster waren nicht einmal durch Vorhänge geschützt, so daß ständig der Wind durch den Raum blies. Die Rahmen gaben den Blick frei auf Nazaret und das Tal unter uns – jene Stelle, an der man Marias Brunnen und Josefs Werkstatt vermutet. Aber der Raum selbst wirkte wie Eis. Jetzt waren wohl die Tage unserer liebevollen Erziehung durch die Hausmütter endgültig vorüber! Obwohl das Leben in dem Waisenhaus notwendigerweise vom Gesetz der Ordnung und Nützlichkeit bestimmt gewesen war, machten die Priester und Brüder von St. Josef bald auf uns den Eindruck, daß es hier in erster Linie um die Vorschriften als solche ging.

Als der Bruder uns allein ließ, damit wir unsere wenigen Habseligkeiten neben den uns zugewiesenen Betten verstauten, sagte er schroff: »Ihr werdet in Kürze zum Gebet erwartet. Selbstverständlich werdet ihr nicht zu spät kommen.«

Wir räumten unsere Sachen ein, scherzten und alberten mit den anderen Jungen, die vor uns gekommen waren. Es würden nur vierunddreißig Studenten während des ganzen ersten Jahres sein. Als Gebetszeit war, gingen wir zur Kirche, die sich neben unserem Schlafsaal befand. Geräuschvoll platzten wir durch den Eingang, wo wir sofort durch den strengen Blick eines der Brüder angehalten wurden. Auf Zehenspitzen schlichen wir zu einer der hinteren Bänke.

Vorn im Heiligtum las ein Bruder laut aus der Bibel vor, seine volltönende Stimme hallte durch die halbdunkle Weite des Raumes. Das letzte Tageslicht drang durch die Fenster und erwärmte das steingraue Innere mit schwachem Glanz. Ich warf einen flüchtigen Blick auf die gewölbte Decke und atmete den exotischen Geruch des Weihrauchs ein, der in der Luft lag. Tiefes Schweigen schien sogar die Stimme des Bruders zu umhüllen – ein fast mit Ewigkeit erfülltes Schweigen.

Ich fühlte eine mir vertraute Erregung. Ich empfand es wie das wohltuende Schweigen zwischen Freunden, einen Augenblick der Stille, in dem man nichts zu sagen braucht – wenn man einfach in der Geborgenheit gegenseitiger Nähe verweilt. Ja, das war es, was ich fühlte – diese vertraute Nähe. Die beruhigende und würdige Atmosphäre weckte Erinnerungen in mir. Ich tauchte wieder in den Frieden der Wildnis ein, der die Hügel von Biram durchdrungen hatte. Ich erlebte jene endlosen Tage, als ich neben dem Meister meiner Kindheit, neben Jesus spazieren zu gehen glaubte, im Bruchteil einer Sekunde. Ich empfand eine tiefe Freude, die meine Stimmung aufhellte.

Ich verharrte in diesem inneren Schweigen und war von dem Gefühl umgeben, daß ich an diesem Ort – dieser Kirche, dieser einen Bank – zu Hause war. Hier, an diesem Ort in seiner vollen Wirklichkeit. Ich besaß auf einmal wieder Würde. Ich dachte an das Wort Jesu, das Mutter so gern wiederholt hatte. *Meinen Frieden gebe ich euch. Nicht, wie die Welt ihn euch gibt ...*

Nun glaubte ich, die Sehnsucht nach Einsamkeit zu verstehen, die in Haifa so mächtig geworden war. Es war nicht der Ruf, das Menschsein aufzugeben – sondern der Herzensruf, allein vor Gott zu stehen. Und nur mit Jesus konnte ich jene vollkommene Gelassenheit finden, nach der ich mich sehnte. Es war ungemein tröstlich. Sicherlich hatte Vater das gemeint, als er mich zum ersten Mal fortschickte, um bei dem Bischof in die Schule zu gehen. Der Gottesdienst war mir zu kurz. Ich wollte mich für immer an dieser Stille erwärmen.

Als wir mit unserem strengen Stundenplan begannen, suchte ich dauernd nach Gelegenheit, um in die überwältigende Stille der Kirche hineinzuschlüpfen. Dort fühlte ich mich dem Vaterherzen Gottes nahe. Viele Male schloß Faraj sich mir an, was mir nicht das Geringste ausmachte. Ich genoß seine Begleitung, da er in sich diese kostbare Gelassenheit zu tragen schien, sogar wenn wir inmitten eines hektischen Tages standen oder vor einer Prüfung. Manchmal öffnete ich ein Auge und beobachtete ihn. Nicht einmal seine Augen blinzelten, er saß in tiefe Kontemplation versunken, wie eine in Stein gemeißelte Figur.

Einmal, als wir allein in der Kirche waren, öffnete er seine Augen und ertappte mich, wie ich ihn beobachtete. Er schaute mich mit seinem charmanten Lächeln an, das seine dunklen Augen aufblitzen ließ, und sagte: »Du fühlst ihn auch, nicht wahr?«

Ich war überrascht. Ich hätte gedacht, daß Gottes überschattende Gegenwart hauptsächlich eine Einbildung aus meiner Kindheit war. Ich hatte nicht erwartet, daß dieses Empfinden ein anderer mit mir teilen könnte.

Abgesehen von unseren gemeinsamen Besuchen in der Kirche machte ich noch eine außerordentliche Erfahrung.

Viele Nächte lag ich zusammengerollt unter der Bettdecke und hörte die rhythmischen, leisen Atemzüge der anderen Schüler, bis auch ich in Schlaf fiel. Dann wachte ich manchmal um Mitternacht auf, als ob mich jemand gerüttelt hätte. Ich blinzelte in die Dunkelheit, und mein erster Gedanke, während ich aus der Tiefe des Schlafes auftauchte, war immer derselbe: Komm in die Kirche. Es hörte sich so an, als ob Faraj oder einer der anderen mir ins Ohr geflüstert hätte.

In einer solchen Nacht, einige Monate nach unserer Ankunft in Nazaret, stand ich auf und zog mich schnell an. Dann schlüpfte ich in die geheimnisvolle und kalt bewegte Luft der Mitternacht hinaus. Der fast volle Mond war aufgegangen und erleuchtete mit silbernem Strahl das stille Heiligtum. Das fahle Licht streifte die steinernen Säulen, und es schien, als reflektierten sie den Schein bis ins Deckengewölbe. Mein Blick wurde nach oben gelenkt. Noch halb mit dem Schlaf kämpfend, glitt ich leise in eine Bank. Ich war von der starren und widerhallenden Pracht des Heiligtums gefesselt. Ich wartete auf die feierliche Freude, die mich dort so oft umfangen hatte.

In dieser Nacht fühlte ich mich merkwürdig nervös.

Während der Mond seine Schatten auf mich warf, kreisten meine Gedanken um Mutter und Vater. Natürlich dachte ich oft an meine Familie, aber in dieser Nacht fühlte ich mehr als bloße Gefühlsregungen. Es war mir, als ob ich in den stillen Räumen meines Herzens eine Stimme vernehmen würde, die mir vertraute Stellen aus dem Neuen Testament wiederholte. Es waren nun fast acht Jahre vergangen, seit ich zum letzten Mal auf Mutters Schoß gesessen und diesen wunderbaren Sätzen zugehört hatte, die sich aus dem Schatz ihrer Erinnerung ergossen. Jetzt waren sie aber nicht bloße Erinnerung, sondern brennende Worte.

Ich blieb an einer Stelle stecken: den Seligpreisungen.

Als Kind waren sie mir manchmal rätselhaft gewesen, obwohl sie tröstlich auf mich gewirkt hatten. Plötzlich störten sie mich schrecklich. Warum klangen sie so widersprüchlich?

Wie kann man demütig sein und gleichzeitig in dieser nach Reichtum hungernden Welt etwas erben? Und wenn du versuchst, in Glück und Frieden zu leben, vertreibt man dich dann nicht aus deinem Haus, bombardiert es und verkauft dein Land? Was ist mit Hungern und Dürsten nach Gerechtigkeit gemeint? War die Versöhnung im Sinne der Bergpredigt ein Unding – von Jesus nur ausgesprochen, um darüber fromme Studierende zu examinieren?

Ich war verblüfft, daß diese Fragen – in Liebe zwar, aber trotzdem provozierend gestellt – mich förmlich überwältigten. Sie schienen wie von außerhalb meiner eigenen Gedankenwelt zu kommen.

Meine Augen folgten der Wölbung eines Bogens, bis er in der Dunkelheit über mir verschwand, und das Ironische meiner Situation wurde mir bewußt: Ich hatte bei meiner mitternächtlichen Unternehmung in der Kirche einen friedlichen Zufluchtsort gefunden – nur um ihn durch diese aufkommende innere Unruhe zu zerstören. Warum wurde dieses Band des inneren Friedens immer wieder bis zum Zerreißen gespannt?

Ich war zu lange in dem Heiligtum geblieben und kämpfte mit meinen Gedanken, als ich schon längst wieder schlafend im Bett liegen sollte. Mit einem Male fühlte ich mich sehr erschöpft. Anstatt aber aufzustehen, streckte ich mich auf der Bank aus, zog meine Jacke fest um mich und versuchte, meinen ungestümen Verstand auszuschalten, der vor Müdigkeit ein wenig wirr geworden war. Vielleicht würden diese störenden Gedanken verschwinden, wenn ich einige Minuten still daläge. Dann wollte ich wieder in den Schlafsaal gehen. Ich schloß meine Augen, nur eine Minute lang...

Jemand rüttelte mich an der Schulter. Nicht diese freundliche Berührung, die mich immer um Mitternacht zu wecken schien, sondern eine grobe, hartnäckige Hand. Ich blinzelte. Der aufsteigende Schein des frühen Tageslichts färbte die Mauern. Ich schaute in das finstere Gesicht eines der Brüder.

»Was machst du hier?« fragte er.

Ich setzte mich, noch etwas benommen, steif auf und wußte kaum, was ich antworten sollte.

»Ich kam hierher, um allein zu sein. Um zu beten. Und wahrscheinlich bin ich eingeschlafen.«

Er schien mir gar nicht zuzuhören. »Man verlangt von dir, daß du im Schlafsaal bist – nicht in der Nacht draußen herumwanderst. Dafür gibt es keine Entschuldigung.«

Ich war niedergeschmettert. Glaubte er mir nicht? Ich versuchte zu protestieren: »Ich bin nicht herumgewandert. Ich versuche auch nicht, mich zu entschuldigen.«

Als Antwort zog er mich am Kragen hoch. Inzwischen war ich gewachsen und hatte die gleiche Größe wie er, aber ich dachte nicht daran, mich zu widersetzen. »Komm mit. Wir werden zum Direktor gehen«, sagte er und schob mich vor sich her.

Der Direktor, Vater Basilios Laham, war normalerweise ein freundlicher, wenn auch etwas strenger Mann. An diesem

Morgen schaute er mich fragend über seinen Schreibtisch hinweg an. Schnell schilderte ich ihm meinen Fall. Ich war zum Beten gegangen, das war alles. Zweifellos hatte ich keinen Schaden angerichtet. Und vermutlich machte ich auf ihn nicht den Eindruck eines frommen, jungen Träumers.

»Es tut mir leid, Elias«, antwortete er ernst. »Du hast gegen die Vorschriften verstoßen. Was würde passieren, wenn wir jedem Student erlaubten, einfach das zu tun, was er möchte? Wie ich an die Gesetze der Kirche gebunden bin, so bist du an die Vorschriften der Schule gebunden. Du mußt bestraft werden.«

Zum ersten Mal war ich nun mit den bedingungslosen Vorschriften der Institution Kirche konfrontiert. Ich konnte nicht verstehen, warum das Befolgen einer Vorschrift wichtiger war als ein Herz, das Gott sucht. Obwohl ich darüber unglücklich war, konnte ich den Direktor nicht verurteilen. Er war ein Mann, der seinen Beruf nach bestem Können ausübte. Schließlich unterwarf ich mich mehr oder weniger widerspruchslos meiner Bestrafung: vierzig Tage lang alle möglichen Einschränkungen.

Unglücklicherweise sollte dies nicht das letzte Mal sein, daß ich Vertretern der Kirche ausgeliefert war, die die Menschlichkeit, die sie auszuüben meinten, vergessen hatten. Unglücklicherweise wurde auch meine schnelle Zunge, die mich als Kind so oft in Schwierigkeiten gebracht hatte, mit dem Erwachsenwerden noch schneller. Einmal wurde ich zu vierzig Tagen Stillschweigen verurteilt, weil ich mit einem der Brüder nicht einer Meinung gewesen war. Ich wollte mehr Zeit für das Bibelstudium verwenden und weniger Sport treiben. Man betrachtete mich als aufsässig und widerspenstig.

In den Augen meiner Vorgesetzten aber waren meine Zeiteinteilung und die Prioritäten, die ich mir setzen wollte, nicht in Ordnung.

Ende 1954 wurde uns mitgeteilt, daß der Erzbischof komme, um unsere Schule zu besichtigen. Sein Begleiter war ein berühmter ausländischer Würdenträger, der neue Botschafter der Vereinigten Staaten in Israel. Der Bischof von Haifa würde sie begleiten, natürlich darauf erpicht, den allerbesten Eindruck zu machen. Unser Schlafsaal mußte makellos sein, und wir wurden wieder und wieder ermahnt, besonders höflich zu sein.

Ungefähr eine Woche später, inmitten einer morgendlichen Vorlesung, klopfte es laut an die Klassenzimmertür. Vater Laham, gefolgt vom Bischof, vom Erzbischof und vom Botschafter, fegte in den Raum. Der Bruder, der die Vorlesung hielt, erbleichte und wurde so grau wie sein Gewand. Nervös wischte er den Kreidestaub von den Fingern und streckte zitternd die Hand aus, um den elegant gekleideten Botschafter zu begrüßen. Der Erzbischof, der stolz darauf war, von jedem künftigen Seminaristen Namen und Geburtsort zu kennen, begann einen nach dem anderen vorzustellen. Jeder Student sollte, wenn sein Name genannt würde, auf die Füße springen und den Kopf respektvoll neigen.

Als der Erzbischof sich an mich wandte und dabei freundlich lächelte, war ich sofort auf den Beinen. »Das ist Elias Chacour«, verkündete er deutlich. »Er ist von Gish.«

»Entschuldigen Sie, Herr Erzbischof«, rutschte es mir heraus, »ich bin nicht von Gish. Ich bin von Biram.«

Alle starrten mich an. Sogar Faraj, der meine Unverblümtheit gewohnt war, schluckte. Der Bruder, der Direktor und der Bischof verfärbten sich gleichzeitig, obwohl der Botschafter lächelte und meine Unbesonnenheit nicht zu bemerken schien. Man darf einen Erzbischof nämlich nie korrigieren.

»Biram existiert nicht«, stieß der Erzbischof peinlich berührt hervor. All seine Herzlichkeit war wie weggeblasen.

Ich wurde bockig und stieß hervor: »Aber ich habe die Hoffnung, daß es eines Tages wieder existieren wird.« Trotz des Respekts vor dem Erzbischof konnte ich nicht zulassen, daß die Leiden meiner Leute so leichtfertig abgetan wurden.

»Setz dich«, befahl er und knirschte mit den Zähnen.

Nach kurzem, etwas gezwungenem Plaudern mit dem armen, nervösen Bruder fegten die Besucher wieder aus dem Raum und wanderten weiter durch die Schule. Ich hoffte, daß man meinen Kommentar vergessen würde – aber nein. Später bekam ich für »unverschämte Bemerkungen« Schläge auf die Zunge.

Im Schlafsaal allein, bestrafte ich mich selbst dafür, daß ich meine Zunge nicht besser im Zaum gehalten hatte. Warum bestand ich mit einer solchen Halsstarrigkeit weiter auf Biram? Nach allem, was geschehen war, hatte der Erzbischof in einem gewissen Sinne recht – Biram war zerstört und unser Land beschlagnahmt. Was war es aber, das mich nicht vergessen, es nicht wegwischen ließ, wie es der Erzbischof getan hatte? Er war immerhin ein Gottesmann. Ich wünschte, ich könnte größer sein als er – oder größer als Faraj, der immer so kompromißbereit war. Ich nahm mir fest vor, künftig schweigsamer zu sein, respektvoller und gehorsamer meinen Vorgesetzten gegenüber.

Auf der einen Seite fühlte ich das gesteigerte Verlangen, meiner Kirche zu dienen, auf der anderen Seite rief mich eine bestimmte Stimme – wohin? Irgend etwas noch Größeres? Ich wußte es nicht.

Während der vier Jahre unseres Studiums in St. Josef wurde die Spannung in mir immer stärker. Ich übte mich in meinem Vorsatz, Gehorsam zu lernen, die Lehren und Gesetze der Kirche zu verinnerlichen und mich selbst zu einem fügsamen, ergebenen Seminaristen zu erziehen.

Ein Zustrom neuer Studenten füllte unsere Reihen und übervölkerte den Schlafsaal, so daß man einige von uns fragte, ob sie nicht in der Kirche schlafen wollten. Ich meldete mich freiwillig, Faraj ebenfalls. Ironischerweise war ich nun in der Lage, meine heißgeliebten Meditationen in der Nacht ungestraft durchzuführen.

1955 drangen die zionistischen Kräfte im Gaza ein, ein Jahr später auf dem Sinai, der großen, keilförmigen Halbinsel zwischen dem neuen Staat und Ägypten. Nach der Einnahme des

Sinai mischten sich die Vereinigten Staaten ein und bestanden darauf, daß Israel unter einem Waffenstillstand sich hinter die Grenzen von 1948 zurückziehen sollte. Obwohl der Premierminister Ben Gurion und sein Verteidigungsminister zustimmten, beharrten sie darauf, daß die Invasion notwendig gewesen sei: Israel benötigte eine Pufferzone zwischen sich und Ägypten, da dessen neuer Präsident Nasser davon spreche, die arabischen Nationen zu vereinigen, um die Palästinenser zu »befreien«. Die israelische Presse schwappte über vor Entrüstung über einen arabischen Überfall, ihr Aufschrei hallte in der ganzen Welt wider. Das Problem der palästinensischen Flüchtlinge – innerhalb und außerhalb Israels – wurde durch Sympathiekundgebungen für die »belagerte« junge Nation in den Schatten gestellt.

Von St. Josef aus beobachteten wir, wie sich der Konflikt verschärfte und wieder abflaute, und wir diskutierten die politischen Verwicklungen mit der Intensität überheblicher junger Männer. Als der Kampf mit dem Rückzug Israels endete, äußerten einige Studenten erleichtert, daß die Sache damit wohl erledigt wäre. Außerdem wäre der Krieg ja im Süden ausgetragen worden. Obwohl wir einige Einschränkungen infolge der »Notverordnungen« mitbekommen hatten, berührte der Konflikt uns oder unsere Familien dieses Mal nicht. Für viele von uns war die persönliche Sicherheit alles, worauf es ankam.

Eine solche Einstellung machte mir Sorgen.

Waren wir wirklich sicher, nur weil wir unter den schützenden Fittichen der Kirche lebten? Oder konnten wir wegen unserer eigenen persönlichen Sicherheit etwa ruhig schlafen? Warum waren wir nicht wütend – oder wenigstens schmerzlich betroffen – über die Leiden unserer Leute in den Hügeln und Flüchtlingslagern?

All das trug zu meinen fortwährenden inneren Konflikten bei. Ich wünschte, ich hätte dabei heiter bleiben können – so entfernt und unberührt von weltlichen Problemen, wie Vater, wie Faraj und die Brüder von St. Josef es waren. Damals kam ich nicht auf den Gedanken, daß mein unruhiges Herz nichts Schlechtes bedeuten mußte. In mir war es, als ob eine empfindliche Waage, stark in Bewegung gebracht, sich nun wieder richtig einpendeln müßte. Es löste in mir einen Trieb aus – wie ein Hungergefühl –, der mich an den brennenden Kern der ungeheuren Konflikte unseres Landes tragen sollte.

Als meine letzten zwei Jahre in Nazaret zu Ende gingen, flackerte in mir ein undeutliches, aber wachsendes Bewußtsein auf: Ein Diener Gottes zu sein, verlangte mehr, als sich wie eine blasse Figur auf einer Ikone über die irdischen Kämpfe hinweg in ein Königreich, das nicht von dieser Welt ist, zu erheben. Ein unerwarteter Anstoß bestärkte mich in diesem Bewußtsein.

Vater Ghazal war strenger als die meisten anderen Lehrer in St. Josef. Seine Stimme konnte sich metallisch verschärfen, wenn man die falsche Antwort gab, sie paßte eher zu einem Karrieremann beim Militär als zu einem Priester. Die meisten Schüler hatten Angst vor ihm. Irgendwie hoffte ich, unter seiner rauhen Schale ein wundervolles, empfindsames Herz zu entdecken, eine echte Bestätigung für unseren geistigen und verstandesmäßigen Fortschritt.

Gegen Ende des Jahres 1957 saß ich eines Tages in seiner Vorlesung, als ein Student die Frage stellte: »Wie kann man ein guter Christ bleiben, wenn – nun ja – wenn gewisse Leute einen ärgern? Wenn«, so stammelte er hastig, »wenn man oft wütend oder ungeduldig wird?«

Für einen Moment geriet Vater Ghazal völlig aus dem Konzept, starrte in den Raum und suchte nach Worten.

Dann antwortete er: »Es reicht nicht aus, nur zu versuchen, gut zu sein – zu versuchen, eine Art ›Heiliger‹ zu sein. Du mußt Gott ganz von deinem Körper und Geist Besitz ergreifen lassen. Du mußt von ihm ›gezähmt‹ werden. Er kann dich durch viele Bewährungen führen – und diese Kämpfe werden dich zähmen. Dann wirst du bereit sein, ihm ganz zu folgen.«

Ich wußte nicht, wie es geschah, aber plötzlich kam mir das

Gebet wieder in den Sinn, das ich vor Jahren, kurz nachdem wir nach Gish verbannt worden waren, gesprochen hatte. Damals hatte ich Gott gebeten, meine Hände und Füße als sein Eigentum zu gebrauchen. Und nun sagte Vater Ghazal, daß ein Diener Gottes nicht mehr und nicht weniger als das zu tun brauche.

Ich lächelte. Ob es wirklich möglich war, daß Gott mich in meinem kindlichen Gebet beim Wort genommen hatte und mich zuerst in die Obhut des Bischofs und dann hierher nach St. Josef geführt hatte? Doch mehr noch: Ich fragte mich, ob Gott mir erlaubt hatte, den Ratschluß seines Herzens für das palästinensische Volk zu spüren. Aber immer, wenn ich an den Krieg, die Bombardierung oder an die Schläge dachte, tobte in mir ein wilder Aufruhr – etwas, das noch gezähmt werden mußte.

Trotz dieser Gefühle flackerte in mir die Überzeugung, daß ich nicht nur für die Ordination in der Kirche, sondern auch als Botschafter für mein Volk studierte. Dieser Gedanke amüsierte mich aber auch. Was war meine Botschaft? Daß alle ihr Dorf verlassen und in einem Kloster kontemplativ leben sollten?

Meine Augen suchten Faraj. Seine Brauen waren in intensivem Nachdenken zusammengezogen. Ich wünschte mir, daß ich seinen Gesichtsausdruck deuten und seine Antwort auf Vater Ghazals Erläuterungen wissen könnte. Da wir uns dem Ende unserer Schulzeit in Nazaret näherten, erwartete man von uns beiden, daß wir unser weiteres Vorhaben in aller Form erklärten. Fühlte er dasselbe wie ich?

Das ganze letzte Jahr über hatte ich mich mit meinem künftigen Weg beschäftigt. Ich war jedes Mal entrüstet, wenn ich von einer weiteren Maßnahme der »Notverordnung« hörte, die über die Palästinenser in Israel verhängt worden war – immer wieder wurde das landwirtschaftlich genutzte Land eines Dorfes für einen Kibbuz beschlagnahmt. In Gedanken fragte ich mich immer wieder, wie ich den Menschen, Juden oder Palästinensern, wenn sie sich tagtäglich im Krieg gegenüberstanden, die Botschaft von himmlischem Frieden bringen könnte.

Eines Abends im Frühjahr 1958, als wir uns unserem letzten Semester in St. Josef näherten, saßen Faraj und ich allein auf unserem Platz in der Kirche und büffelten. Ich merkte, daß er mich beobachtete und schaute auf.

Faraj klappte sein Buch zu, ein Blatt Papier flatterte auf den Boden. Er setzte sich aufrecht hin und kreuzte seine langen, schlanken Arme über der Brust. Wir waren beide nun fast neunzehn, und während ich an Brust und Schultern in die Breite gegangen war, war er schlank geblieben. Er streckte seine angewinkelten Beine aus, während ich sein Papier vom Boden auffischte. Neugierig fragte ich ihn:

»Was ist los? Woran denkst du?«

»Elias, wir sind fast wie Brüder aufgewachsen. Weißt du, daß wir seit fast sechs Jahren zusammen sind? Es wird nicht lange dauern, und wir sind hier in St. Josef fertig.«

»Stimmt, und ...?« Ich lächelte und war gespannt, worauf mein Freund hinauswollte. Er legte sich auf seine Matratze zurück und verschränkte die Arme hinter dem Kopf. Plötzlich begann er eine Zukunftsvision vor mir auszubreiten – unsere gemeinsame Zukunft.

»Du weißt, daß der Bischof sich beim Seminar in Jerusalem erkundigt hat. Wäre das nicht großartig? Wir könnten zusammen wie Brüder da hingehen, Elias. Wir sind doch Brüder, oder nicht?«

Mein Herz sprang vor Freude bei seinen Worten: »Seminar ... zusammen ...« Er sprach weiter. »Und nach dem Seminar, wenn wir geweiht sind, könnten wir vielleicht zusammen eine Gemeinde haben. Ich habe nachgedacht über das, was Vater Ghazal gesagt hat, daß man Gott von seinem Körper und Geist Besitz ergreifen läßt. Das können wir machen. Wir können einfach leben und alle Dinge gemeinsam teilen, halbe-halbe, genauso wie die Urchristen. Wir können friedlich unter den Armen leben. Wir können unser Leben geben, um ihnen zu dienen ...«

Er sprach noch eine Weile, einen herrlichen Traum ausmalend. Er berührte meine tiefste Sehnsucht – mein Bedürfnis nach einem Zuhause, das Gefühl, an einen Ort gebunden zu sein. Es hörte sich so tröstlich, so einfach an. Als er endete, war ich soweit, in seinen Plan einzustimmen, begierig darauf, meine innere Leere mit einem Traum auszufüllen. In diesem Moment schob ich alle quälenden Gedanken und die fordernde Stimme, die mich rief, beiseite.

Täglich sprachen wir über die Gelübde, die wir ablegen wollten, um ein Leben der Nächstenliebe, der Demut und des Gehorsams zu führen, um Gottes liebende Hand über die Dörfer Galiläas auszustrecken. Ich glaubte, wir würden so leben können, wie es Vater tat, in geistiger Armut, all unseren Besitz mit offenen Händen vor Gott haltend.

So war unser Traum aufgeflackert. Die rauhe Zugluft der Wirklichkeit brachte ihn zum Erlöschen.

Während unserer letzten Wochen in St. Josef, in denen wir unter dem Druck der Abschlußprüfungen standen, brachte der Bischof wieder einmal eine Nachricht, die uns hart traf. Obwohl er trotz Wut und Schmerz an sich zu halten suchte, quollen seine Augen über, als er uns geradeheraus sagte: »Ihr könnt nicht nach Jerusalem gehen. Die Behörden werden euch nicht erlauben, die Grenze zu überschreiten, um ins Seminar zu gelangen.«

Das Seminar, eine sehr alte, melkitische Schule, lag außerhalb der Grenzen Israels in dem Teil Jerusalems, der durch die Vereinten Nationen dem Königreich von Jordanien zugeteilt worden war. Die Jordanier wollten, so erklärte der Bischof, keine »unreinen« Palästinenser aus besetzten Gebieten zum Studium in ihren Teil der Stadt einlassen. Obwohl es ein in sich abgeschlossenes Seminar war und es unsere erklärte Absicht war, der Kirche zu dienen, hatte der Bischof keine Macht über die Behörden. Man gestattete uns nicht, jordanisches Gebiet zu betreten. Wieder einmal wurde unser Volk mit einer neuen Variante des abscheulichen Schmähworts »dreckige Palästinenser« beschimpft. Wie ich das haßte!

Der Bischof, der nicht gewillt war, diese Behinderung hinzunehmen, erlaubte uns zwei lebhaften Seminaristen, in einem anderen Land zu studieren. Dank seiner Beziehungen zur kirchlichen Hierarchie zog er schnell Erkundigungen ein, und eine Woche später verkündete er: »Elias, Faraj, ihr werdet an Saint Sulpice studieren. Eine gute Schule, eine sehr gute Schule in Paris. Ich habe alles arrangiert.«

In Paris? Wir waren verblüfft. Keiner von uns war, außer während der Schulzeit in Haifa, jemals außerhalb von Galiläa gewesen, geschweige denn ganz allein im fernen Europa. Aber der Bischof hatte entschieden. Das war's.

Als ich nach Absolvierung des Unterseminars nach Gish zurückkehrte, war die Reaktion meiner Familie so geteilt wie meine eigene. Mutter und Vater waren hocherfreut, daß einer ihrer Söhne in Europa für die Priesterweihe studieren würde. Aber in Paris? Ihrer Überzeugung nach war noch nie jemand nach Europa gegangen und von dort wieder zurückgekehrt. Als alle übrigen Verwandten sich versammelten, um mich zu verabschieden, sah ich die Traurigkeit hinter ihrem Lächeln.

Als die Zeit des Abschieds kam, drückten Wardi und meine Brüder, einer nach dem anderen, mich fest an sich. Mutter und Vater umarmten mich noch einmal lange und ließen mich dann gehen, so wie Eltern ihre Kinder in die Welt hinauslassen, mit einer Mischung aus Glück und Kummer. Und ich hatte das Gefühl – tröstlich und herausfordernd zugleich –, daß mein Weg wie ein Engpaß vor mir lag.

Eine Woche später versuchten Faraj und ich auf dem schlingernden Deck des Schiffes, das uns von Haifa forttrug, seefest zu werden. Wir standen Seite an Seite wie zwei Brüder, groß, eifrig und noch immer vor den Dingen dieser Welt beschützt. Der Bischof hatte uns etwas Geld gegeben, im Wert von etwa zehn Dollar, damit wir vom europäischen Anlegehafen in Neapel nach Rom gelangen konnten. Dort, so hatte er uns versichert, würde eine Kontaktperson auf uns warten, um uns weiterzuhelfen. Während wir uns an der Reling festhielten, starrten wir schweigend hinüber auf die grüne Küstenlinie unseres Landes, die langsam verschwand.

»Mehr als sechs Jahre, Elias«, Farajs Stimme durchbrach die gespannte Aufmerksamkeit. »Das ist eine lange Zeit, wenn man fort ist.«

Ich fühlte, wie sich meine Kehle zuschnürte, und konnte nicht antworten. Wieder einmal hatte Israel, das ein einziger Konflikt war, unsere Familie auseinandergebracht.

Ich konnte die Drangsal nicht ahnen, die unseren schon geschwächten Dörfern noch bevorstand, sie quälte und zermalmte. In meinem Herzen flammte die Idee auf, zurückzukehren, um bescheiden und ruhig unter meinem Volk zu leben und die Almosen der Kirche auszuteilen. Ich hatte keine Ahnung, daß mein Lebensweg eine erneute scharfe Wendung nehmen sollte – daß mein Traum von einem friedvollen Leben im gemeinsamen Dienst mit Faraj niemals wahr werden würde. Ein erstaunliches Erwachen stand mir bevor.

Als wir das Deck verließen, hellte sich unsere Stimmung etwas auf. Von da an drehte sich unser Gespräch um Paris.

Ohne Zweifel, Faraj und ich sahen aus wie zwei ungläubige Jungen, als wir durch Paris streiften. Das Seminar von St. Sulpice, ein altehrwürdiger Wetzstein, um junge Männer für den Dienst der Kirche zu schleifen, lag in einem der ältesten Teile der Stadt. In der Nähe der riesige Louvre, die Seine, Notre-Dame, die hochangesehene Sorbonne und die üppigen Gärten des Luxembourg. Kunst-Galerien und teure Boutiquen waren reichlich vorhanden. Sogar unsere Unterkünfte in den Gebäuden des Seminars, nach italienischem Stil und durch andere Stilrichtungen noch abgeändert, machten, daß wir uns wie Könige fühlten. Es war eine atemberaubende Welt voll von Glanz, Kunst, Intellektualismus, Romantik und Wohlstand, die über unsere Vorstellungen hinausging.

Eines unserer größten Probleme wurde sofort sichtbar: Wir sprachen kaum französisch. Die oberflächlichen Kenntnisse, die wir unseren Hausmüttern in Haifa verdankten, waren uns an unserem ersten Tag an der Universität kaum von Nutzen, als wir an die Sorbonne zu einer Vorlesung über die Existenzphilosophie Sartres geschickt wurden. Als der in Tweed gekleidete, kettenrauchende Professor gestikulierend über Sartre redete, schauten die anderen Studenten aufmerksam und nickten im passenden Moment – Faraj und ich waren total verwirrt. Alles, was wir von der Vorlesung mitbekamen, war, daß sie nicht in unserer Sprache gehalten wurde.

Wir waren sofort zum Kampf entschlossen, Französisch zu lernen. Und noch während wir uns mit dieser Sprache befaßten, entdeckten wir ein anderes, ernsteres Problem.

Unter den Mitgliedern der Gemeinde von St. Sulpice fanden wir zu manch herzlicher Freundschaft. Ein liebenswürdiger Professor namens Vater Longere wurde rasch zu unserem Vertrauten und treuen Ratgeber, als wir die westlichen Gebräuche zu lernen versuchten. Mademoiselle Deville, eine fromme, alleinstehende Frau in mittleren Jahren, lud uns oft zu ihren selbstgekochten Mahlzeiten zu sich nach Hause ein. Als hingebungsvolle Christin öffnete sie uns ihr Herz, wenn unser Heimweh unerträglich wurde. Dennoch entdeckten wir von Anfang an eine Mauer zwischen ihr und uns. Wann immer wir von den Schwierigkeiten unseres Volkes sprachen, lenkte sie die Unterhaltung schnell auf belanglosere, weniger beunruhigende Dinge.

Ebenso waren viele Studenten im Seminar freundlich zu uns und oft neugierig auf unser Leben im »Heiligen Land«. Natürlich verpaßten wir keine Gelegenheit, von unserem Zuhause zu erzählen, und die Fragen führten unweigerlich auf den Krieg von 1948. Es herrschte immer ein merkwürdiges Schweigen, wenn wir von der Vertreibung von fast einer Million Palästinensern sprachen, den Toten, der Zerstörung von Biram und dem Terror, der über unsere Familien gekommen war. Die Studenten warfen sich dann verstohlene Blicke zu, nickten geduldig, als ob sie uns bloß reden lassen wollten.

Ihr unangenehmes Schweigen wurde während einer Unterhaltung einige Monate nach unserer Ankunft endlich gebrochen. Unser Französisch hatte sich schnell verbessert. Gesprächsweise sah ich mich veranlaßt, über den zwangsweisen Abtransport der Männer von Biram zu erzählen. Faraj fügte hinzu, daß dasselbe Schicksal auch über viele andere Dörfer gekommen war.

»Nun, ich nehme an«, sagte ein Student und räusperte sich nervös, »daß die Zionisten etwas unternehmen mußten, um sich selbst vor den Terroristen zu schützen.«

»Aber wir wollten in Frieden mit ihnen leben«, platzte ich heraus, »um unser Land zu bebauen und in Frieden gelassen zu werden.« Ich fühlte, wie sich meine Wangen röteten.

»Laßt uns doch mal ganz ehrlich sein«, stieß er wie ein Inquisitor hervor. »Wir haben alle Nachrichtenberichte über arabischen Terrorismus gehört. Die Zionisten wußten, daß sie diese Dörfer säubern müssen, sonst hätte es keinen Frieden gegeben.«

Es ist wahr, daß sich gegen Ende 1950 die Fedajin, einige mehr schlecht als recht bewaffnete Gruppen von Männern, in den Nachbarländern Israels versammelt und Vergeltungsmaßnahmen geplant hatten. Aber zu diesem Zeitpunkt waren unsere Dörfer bereits ausgeplündert gewesen, eine solche organisierte Gruppe hatte damals nicht existiert.

»Ist das eure Vorstellung von ›Frieden‹?« fragte ich. »Daß eine Gruppe von Ausländern mit Gewalt ein ganzes Land voll wehrloser Menschen überwältigt und ihr Land übernehmen will?« Die Kraft der Worte, die da plötzlich aus mir kamen wie aus einem lang angestauten, wütenden Ohnmachtsgefühl, alarmierte mich.

»Elias –«, Faraj ergriff meinen Arm, warf mir einen warnenden Blick zu und hoffte, meine Anspannung damit zu lösen. Ich atmete tief durch und wußte, daß es sinnlos war, weiter zu argumentieren. Dennoch konnte ich es nicht sein lassen.

»Schau«, sagte ich etwas ruhiger, »nicht alle Palästinenser sind Kämpfer. Und wir sind auch keine Terroristen. Wir sind die, die terrorisiert wurden. In der französischen Geschichte rebellierte euer Volk gegen Unterdrückung. Es wurde als Held bekannt, nur deshalb, weil es gewann. Hätte es verloren, dann hätte man es Verräter und Rebell genannt.«

»Außerdem kennst du uns nun seit einigen Monaten«, fuhr ich fort und wies auf Faraj und mich, »wir sind keine Terroristen. Ebensowenig unsere Familien. Wir wollen niemanden verletzen. Die Juden sind in unserem Land willkommen, aber wir wollen nicht, daß ihr Militär unser Ackerland und unsere Häuser beschlagnahmt. Würdest du das hinnehmen? Wir möchten unserem Volk einfach wieder Frieden bringen, um Palästinenser und Juden zu versöhnen.«

Unser Freund antwortete: »Ihr seid eben gute Palästinenser.«

Wir waren tief bestürzt. Faraj und ich waren also gute Palästinenser. Es lief auf die Umkehrung hinaus: Die meisten Palästinenser waren schlecht. Ich konnte nicht anders, ich rief mir die Dorfbewohner ins Gedächtnis zurück, die sich jeden Sonntag in der Kirche, dankbar für ihr einfaches Leben, versammelt hatten. Wie war es nur zu einer solchen Einstellung gekommen? Dachten andere in derselben Weise von uns Palästinensern?

Leider mußten wir die Erfahrung machen, daß Palästinenser tatsächlich als unwissend, feindselig und gewalttätig gebrandmarkt wurden. Der Schrei eines Volkes, das keine Flagge, keine Ehre und keine Stimme mehr hatte, dieser Schrei nach Gerechtigkeit wurde durch die meinungsbildende Weltpresse so manipuliert, daß wir auf den Status von Unmenschen herabgesunken waren. Wir waren Ausgestoßene.

Nie war mir unsere schmachvolle Position bewußter als während unseres ersten Weihnachtsfestes in Frankreich.

Ein wohlhabender und einflußreicher Mann der Kirche lud mich ein, Weihnachten mit seiner Familie und ein paar Gästen in seinem Landhaus außerhalb von Paris zu feiern. Faraj wurde von einer anderen Familie eingeladen. So nahm ich die Einladung an, da ich an diesem Abend nicht allein im Schlafraum sitzen wollte.

Am Heiligen Abend wurde ich von meinem Zimmer abgeholt und bei leichtem Schneefall in die Vororte von Paris gefahren. Unterwegs wehrte ich Erinnerungen an Mutter und Vater ab, die so weit weg waren. Ich würde versuchen, dieses Weihnachten mit einer Ersatzfamilie zu genießen.

Ihr herrschaftliches Haus war mit Kerzen in eleganten Kandelabern an den Wänden dekoriert, die das Dunkel der Winternacht festlich erleuchteten. Ich sah zu, wie meine Gastgeberin die letzte Wachskerze entzündete, als die Türglocke ertönte. Als sie davonhuschte, um zu öffnen, wandte sich mein Gastgeber mit einem unergründlichen Blick an mich und sagte: »Ich habe vor, Sie als unseren besonderen Gast vorzustellen. Ich – ich hoffe, es macht Ihnen nichts aus.«

Ich fühlte mich geschmeichelt. Ich konnte mir nicht vorstellen, warum es mir etwas ausmachen sollte, und nickte nur.

Die Kinder kamen mit einer dampfenden Schale Apfelwein mit Zimt, und die Gastgeberin verschwand mit den Mänteln. Als das neuangekommene Ehepaar das Zimmer betrat, stellte mich mein Gastgeber vor: »Das ist Elias Chacour.«

Ich streckte meine Hand aus. »Freut mich, Sie kennenzulernen. Ich bin aus dem Dorf Bi –«

»Von Betlehem!« unterbrach mich mein Gastgeber und klopfte mir auf die Schulter. »Elias ist ein jüdischer Student an unserem Seminar. Könnt Ihr Euch das vorstellen? Ich habe mir gedacht, daß es eine hübsche Überraschung wäre, wenn ein jüdischer Gläubiger aus dem Heiligen Land mit uns Weihnachten feiert«, endete er und lächelte.

Die Besucher waren hocherfreut. Ich starrte ihn ungläubig an. Was log er da über mich zusammen? Bei der ersten Gelegenheit, noch bevor die anderen Gäste kamen, nahm ich ihn beiseite, um ihn zu fragen, ob ihm da nicht ein Irrtum unterlaufen sei.

»Heute sind Sie Jude – aus Betlehem!« sagte er mit kühlem Lächeln. »Das ist ein kleiner Gefallen, um den ich Sie bitte, ja? Sie werden viel besser vorwärtskommen, wenn Sie aufhören, der Welt zu verkünden, daß Sie Palästinenser sind.«

Ich war niedergeschmettert. Sein Hauptgrund, mich zu sich nach Hause einzuladen, war nicht Gefälligkeit gewesen, sondern mich als Heilig-Abend-Attraktion zur Schau zu stellen. Den restlichen Abend stellte er mich weiterhin als jungen Juden aus Betlehem vor. Ich war zu sehr verwirrt, um ihm zu widersprechen – und ich fühlte mich einfach erbärmlich.

Nach diesem Vorfall wurde Faraj und mir immer mehr bewußt, daß es in westlichen Augen schändlich sei, Palästinenser zu sein – ein Aussatz wie Lepra. Als wir 1960 das neue Jahrzehnt begannen, sollte dieses gekränkte Ansehen einen bösen Schlag erhalten. Noch mehr Gruppen der Fedajin versammelten sich an Israels Grenzen wie ein sich straffender Gürtel.

Während dieser ersten Jahre im Seminar bemerkte ich eine weitere Spannung, nämlich die zwischen der einfachen Spiritualität, die sich mir durch Generationen vererbt hatte, und den modernen kirchlichen Anschauungen. In meinem zweiten und dritten Pariser Jahr wurde mir zunehmend deutlich, daß unsere ganze Ausbildung auf Dogmatik und Liturgie, auf Riten und Regeln beruhte. Obwohl ich gute Noten hatte und obendrein die Fähigkeit besaß, alte und neue Sprachen schnell zu lernen, war mir immer unbehaglich zumute. Wo blieb die tiefe religiöse Weisheit, die Kraft, die ich zu finden hoffte? In den Theologie-Kursen schien mir, daß ich die Professoren, die von der neuesten Philosophie so begeistert waren, schnell aus der Fassung bringen konnte. Ein Logiker hatte seine besondere Freude, meine Arbeit mit dem Messer zu zerlegen. In seinem Kurs wurden wir einmal angewiesen, eine Arbeit über »Die richtige Auffassung von Gott im Atomzeitalter« zu schreiben. Das Thema amüsierte mich: Der Gedanke, daß Gott durch Seminaristen richtig »aufgefaßt« werden kann, als ob er ein winziger Keim unter dem Mikroskop wäre! Ich fragte mich, ob wir in der Vorbereitung auf den Dienst für Gott nicht lieber darüber nachdenken sollten, wie Gott uns auffaßt?

Trotzdem formulierte ich sorgfältig meine Argumente und begann damit, daß Gott sich von Zeitalter zu Zeitalter nicht geändert habe. Er ist »derselbe gestern, heute und in Ewigkeit«, wie das Neue Testament es sagt. Er ist allgegenwärtig bei uns, nicht »tot«, wie die moderne Philosophie erklärt. Ich schloß mit der festen Behauptung, daß wir diejenigen sind, die sich durch haßerfüllte, gewaltsame Aktionen untereinander von Gottes Liebe entfernen.

Eine Woche später bekam ich die Arbeit zurück mit einer miserablen Note in roter Tinte. Gleich daneben hatte der Professor seine wütenden Kommentare gesetzt, etwa: »Das ist nicht logisch, sondern unlogisch!« Sein vernichtendes Urteil besagte, daß eine Begründung vom biblischen Standpunkt aus unannehmbar sei. Ich hätte mit der Frage nach dem Menschen beginnen sollen, der Krone der Schöpfung, die sich an eine endlose Suche nach dem Gottesbegriff verloren hätte. Für diesen armen Professor war Gott abwesend und die Menschen waren einander hoffnungslos entfremdet. Unglücklicherweise war er nicht der einzige Professor, der uns Seminaristen von diesem Standpunkt aus belehrte.

An diesem Nachmittag schlenderten Faraj und ich an der Seine entlang. Nach so einer Niederlage mußte ich unbedingt an die frische Luft. Zuerst gingen wir nach Notre Dame und suchten uns dort einen ruhigen Platz. Aber an diesem Tag störte mich der großartige Bau, dessen Pracht ich normalerweise wohltuend empfand. Ich starrte auf das grandiose Rosettenfenster, das vom Sonnenlicht in Flammen gesetzt war; aber ich dachte allein an die schlichte Kirche in Biram, die wir ebenfalls Notre Dame genannt hatten. Sie hatte meinen Geist geformt. Jetzt war sie nur noch ein Schutthaufen.

Nachdem wir die Kathedrale verlassen hatten, bummelten wir auf einem Gehsteig, den ein Straßenmaler mit leuchtenden, blaugrünen Impressionen von der Seine schmückte. Faraj brachte die Rede wieder auf meine Schwierigkeiten in dem Logik-Kurs. »Ich habe gedacht, deine Arbeit sei ausgezeichnet, Elias«, sagte er und versuchte, mich aufzuheitern. »Der Professor war unglaublich roh. Ich verstehe das nicht.«

»Und *noch* etwas verstehe ich nicht. Die Leute hier besitzen so viele schöne Häuser, Autos, Kleider – und sie haben so wenig Glauben. Die katholischen wie die protestantischen Kirchen sind fast leer. Was ist hier nur los?«

Faraj nickte. »Die Menschen im Westen scheinen von materiellem Besitz eingenommen zu sein. Es ist, als ob sie nichts in ihrer Seele haben, und deshalb brauchen sie den ansehnlichen Komfort um sich herum.« Er hielt inne und lehnte sich an das Geländer am Flußufer. »Ich sage es nur ungern: Diese Art von Denken scheint sich auch in der Kirche breit gemacht zu haben.«

»Das wirkliche Problem«, sagte er nach kurzem Schweigen, »ist, daß die westliche Theologie mit dem Menschen als dem Mittelpunkt aller Dinge beginnt und von daher versucht, Gott in ein Schema zu pressen, das uns begreiflich ist. Dann kann man ihn nämlich verfügbar machen. Elias, wir sind in dem Glauben aufgewachsen, daß Gott der Anfang aller Dinge ist. Er ist die Mitte und nicht etwa ein nachträglicher Einfall. Er ist lebendig und hat seine eigenen Wege. Hier aber wollen sie Gott mit ihrer Philosophie bändigen.«

»Was noch schlimmer ist als das«, entgegnete ich, »ich fürchte, die westlichen Philosophien haben Gott getötet. Wenn es keine Ehrfurcht mehr vor ihm gibt, was haben die Menschen dann noch für Wertmaßstäbe? Ohne Gott gibt es kein echtes Mitleid und keine Menschlichkeit.«

Als wir eine Brücke überquerten, die in Richtung des Boulevard St. Germain und zum Seminar führte, sprach ich aus, was mich seit Wochen quälte: »Wozu studieren wir eigentlich hier? Worauf bereitet uns das Seminar wirklich vor?«

Faraj berichtigte mich schnell: »Wir sind gekommen, um für den Dienst in unserer Kirche ausgebildet zu werden. Vergiß das nicht.«

Schweigend gingen wir zusammen weiter. Und obwohl wir es kaum bemerkten, fielen seine Worte wie schwache Schatten zwischen uns, eine erste, dünne Trennwand. Durch den weiteren Verlauf unserer Vorbereitungszeit auf die Priesterweihe wurde mir jedoch ein Weg bereitet, auf dem ich einem Ruf folgen sollte, der gefährlicher war, als wir ahnen konnten.

Mir scheint es eine schicksalhafte Ironie zu sein, daß zwei junge Männer, deren Traum es ist, der Welt zu entfliehen und in Frieden und Einfachheit zu leben, gerade im Europa der 60er Jahre gelandet waren. Gewaltige Umwälzungen revolutionierten die westliche Kultur. Das Leben schien ein einziges Chaos an Fragen zu sein.

Politisch war es die furchterregende Epoche des Kalten Krieges. Nationen, die als christlich und sittlich gefestigt galten, rechtfertigten Gewaltanwendung als Mittel zum Zweck. Unter dem Vorwand, eine demokratische Grundordnung schaffen zu wollen, wurden Greueltaten auf Kosten der Menschheit verübt. Wie viele Herrscher wurden zur Zeit des Kalten Krieges und auch später noch gewaltsam entmachtet oder mit der geheimen Unterstützung westlicher Demokratien umgebracht? Wie viele Unschuldige wurden gefoltert oder von den den »Frieden sichernden« Armeen der mächtigen Völker mit Napalm versengt? Hatte die Berührung mit dem Westen die Zionisten so verdorben, daß sie die alten Stimmen der Propheten nicht mehr wahrnahmen? Von der Kirche aber hörte man dazu kein Wort. Diejenigen, die sie aus ihrem mittelalterlichen Schlaf herausreißen und ins 20. Jahrhundert voranbringen wollten, bekamen den Widerstand der Konservativen zu spüren, die fürchteten, ihre lange gehaltenen Machtpositionen zu verlieren.

Wen wundert es da, wenn mein Kopf etwas verwirrt war: Mein Selbstbewußtsein war geschwunden, die gesamte Welt wurde durch die »Bombe« bedroht, und die Kirche, der ich mein Leben zu geben bereit war, befand sich im Umbruch. Wie gut verstand ich doch, unter welcher Hochspannung diese palästinensischen Fedajin standen; war doch die Welt gegenüber unserer Notlage im Nahen Osten blind.

1962 kam es zu einem seltsamen Zwischenfall, der für immer seine Spuren in mir hinterlassen sollte.

Ich war mit dem Zug unterwegs, um ein paar neugewonnene Freunde in Westdeutschland zu besuchen. Der Zug glitt durch das vorbeiziehende Grün der Hügel im Osten Frankreichs, durch süßlich duftende, uralte Weinberge, die meine Gedanken über Meilen hinweg in das Land trugen, das in Israel einmal das unsere gewesen war.

Ein Schaffner ging den schwankenden Flur entlang. »Grenzübergang Westdeutschland in fünf Minuten«, kündigte er an. »Bitte, halten Sie Ihre Pässe bereit.«

Ich fischte in meiner Reisetasche nach meinen Ausweispapieren, aber meine Gedanken waren bei den chaotischen Ereignissen der jüngsten Vergangenheit und den tragischen Neuigkeiten.

Vor einigen Monaten war ein Brief aus Israel gekommen, ich hatte mich mit der üblichen Neugier darauf gestürzt. Es war kein erfreulicher Brief mit vielen Neuigkeiten, sondern einer, der mir tief ins Herz schnitt. Mein Bruder Chacour war gestorben.

Er hatte während meines Aufenthaltes in Haifa geheiratet. Während der schweren Arbeit, die er an einer Baustelle im Karmel-Gebirge verrichtete, erlitt er eine Art Schlaganfall. Fast vierzig Tage lang kämpfte er in einem Krankenhaus um sein Leben, bis sein Herz unter der Anstrengung versagte. Nun war seine junge Frau mit acht kleinen Kindern allein.

So tragisch die Nachricht auch war, so bedrückte mich noch viel mehr, daß ich kein Geld zur Heimreise hatte, um seiner Frau beizustehen. Trotzdem hatte man mich für kurze Zeit vom Studium dispensiert, um etwas Ruhe in einem christlichen Refugium zu finden. Dort saß ich allein auf einer Bank, ins Dunkel meiner Gedanken vertieft, als ein hübsches, kleines, blondes Kind, mit Augen so blau wie der Himmel, angewatschelt kam und mir ins Gesicht lächelte. Wir schlossen sofort Freundschaft, vielleicht, weil mein bruchstückhaftes Deutsch, das ich erst kürzlich gelernt hatte, genauso kindlich war wie das seine. Wolfgang hieß das Kind. Bevor ich seinen Namen erfuhr, war der Kleine schon auf meinen Schoß gekrabbelt und gluckste. Und bald kicherte ich auch.

Als seine Eltern ihn bei mir fanden, wurden auch wir augenblicklich Freunde. Franz und Lony Gruber waren ein erstaunlich zartfühlendes Paar, das meine Trauer sofort mit mir teilte, als ich ihnen von Chacours Tod erzählte. Es war unglaublich, fast war es, als ob wir eine richtige Familie wären. Hochherzig bestanden sie darauf, ich solle sie in ihrem Haus in Westdeutschland besuchen. Dies sollte der erste von vielen, vielen Besuchen werden, die uns einander immer näher brachten.

Das Pfeifen und Quietschen der Zugbremse versetzte mich wieder in die Gegenwart. Wir hielten auf einem Rangiergleis einer Grenzstadt an, die so schön wie auf einer Postkarte aussah. Ein weißes Rathaus mit einer genau gehenden Uhr hob sich von den blauen, schneebedeckten Bergen ab. Auf dem Bahnsteig sah ich dunkelgekleidete Beamte auf die Wagen zugehen, um unsere Pässe zu kontrollieren, die der Schaffner uns abgenommen hatte.

Da kam es zu dem außerordentlichen Zwischenfall. Mir war, als sei ich fünfundzwanzig Jahre durch die Zeit zurückgeflogen. Mit unheimlicher Klarheit fühlte ich mich, als ob ich Deutschland 1937 betreten würde, in meiner Vorstellung hatte sich die Szene schlagartig verändert. Männer mit dunkelgrünen Helmen und hohen schwarzen Stiefeln standen mit Maschinengewehren über der Schulter da. Auf ihren Uniformen funkelten finster die Hakenkreuze in Rot und Schwarz. Sie verlangten unsere Papiere und suchten – ja wonach? Hier und da zogen sie einen Paß aus dem Stoß und befahlen dessen jüdischem Besitzer, aus dem Zug zu steigen. Und ich mit einem israelischen Ausweis! Würden sie mich aufrufen? Männer und Frauen stiegen angsterfüllt aus ihren Wagen, ihre Kinder umklammernd, die sich unglücklich aneinanderdrängten. Sie würden an andere Bestimmungsorte gebracht – und nie wieder gesehen werden.

Kalter Schweiß lief mir an den Schläfen herunter und schreckte mich aus dieser Vorstellung auf. Mein Herz schlug wie rasend. Man händigte mir meinen Ausweis aus, wir setzten unsere Reise nach Westdeutschland fort. Aber dieser Eindruck brannte sich mir ein wie ein Brandzeichen.

Lony und Franz holten mich vom Bahnhof ab, mit strahlendem Lächeln und überglücklich, mich zu sehen. Und ich sie. Wir waren tatsächlich auf dem Weg, wie eine richtige Familie zusammenzuwachsen, bevor ich Europa wieder verlassen mußte. Aber während dieses Besuches verfolgte mich diese seltsame Idee.

Zum ersten Mal wurde dieses verwirrende, dunkle Gefühl

in mir durch ein anderes Gefühl ausgeglichen – wenn nicht sogar übertönt: dem Schmerz des Mitleids. Es war, als ob eine beruhigende Hand begonnen hätte, ein wildes Geschöpf in mir zu zähmen. Ich begann um das jüdische Volk zu leiden: Warum hatte die zivilisierte Welt es zugelassen, daß man die Juden verfolgt hat?

Andere Fragen waren fast ebenso beunruhigend. Warum ließ die Welt es zu, daß mein Volk nur ein paar Jahre nach dem Holocaust in die Diaspora getrieben wurde? Sicherlich kannten die Juden den Schrecken des Militarismus – warum hatten sie solche Gewalt gegen mein Volk angewandt? Wie konnte man das Denken der Völker nur so vergiften, daß sie die Palästinenser für träge, wertlose Menschen hielten, zu nichts anderem fähig als zu Gewalt?

Diese Fragen trieben mich um. Schon bald sollte ich erschrecken über den Verrat, der Unheil über mein Volk gebracht hat – das politische Machtspiel, das den Nahen Osten in Aufruhr versetzt hat.

Auch nach meiner Rückkehr nach Paris verfolgte mich der rätselhafte Gedanke, der mir seit der Fahrt nach Westdeutschland nicht mehr aus dem Kopf ging: die wirkliche Geschichte Palästinas. Mir war deutlicher denn je, daß die westliche Welt etwa folgende Einstellung dazu hatte: Das jüdische Volk, das unter furchtbaren Verfolgungen gelitten hatte, brauchte einen Zufluchtsort, eine nationale Heimstätte. Ihre zionistischen Führer hatten dafür das »unbewohnte« Land von Palästina ausgesucht. Vermutlich hielt man im Westen die umliegenden arabischen Staaten für deren Feinde, die obendrein auf die jüdischen Aussiedler neidisch waren, weil sie ein ödes Land in ein Paradies verwandelt hatten. Ohne Grund hatten sie sich gegen die Juden erhoben und sie 1948 zu einem heldenhaften Unabhängigkeitskrieg gezwungen.

Das war aber nicht die ganze Geschichte, und das war auch nicht die volle Wahrheit, denn ich bin in diesen Jahren in Palästina aufgewachsen. Ich war Zeuge einer schrecklichen, ironischen Verdrehung der Geschichte geworden, in der die Verfolgten zu Verfolgern wurden. Als eines seiner Opfer hatte ich das grausame Gesicht des Zionismus gesehen.

Nun wollte ich herausfinden, wie eine friedliche Bewegung, die mit scheinbar guten Vorsätzen begonnen hatte – nämlich die Verfolgung des jüdischen Volkes zu beenden –, zu einer so zerstörerischen, gewalttätigen Macht werden konnte.

Bei diesem Vorhaben bestimmte mich jedoch der tiefe Respekt vor der Geschichte, den Vater in mir geweckt hatte. Lagen die Keime unserer künftigen Hoffnung tatsächlich in unserer Vergangenheit begraben, wie er so oft behauptet hat?

Neben meinem Studium im Seminar verbrachte ich viele Stunden in den Bibliotheken von Paris und stöberte eifrig in

Büchern und Zeitungsberichten nach der wahren Geschichte der Zionisten und dem palästinensischen Unheil. Gründliche Bücher und Sammelberichte sollten noch Jahre später nicht veröffentlicht werden. Gleichwohl fügten meine Nachforschungen eine bestürzende, urkundlich belegte Geschichte zusammen.

Ich erfuhr, daß 1897 eine Konferenz in Basel einberufen worden war, um »den Grundstein für das Haus zu legen, das dem jüdischen Volk Obdach gewähren soll«. Der Leiter dieser Versammlung war ein bekannter Schriftsteller namens Theodor Herzl. Er hatte in Europa eine neue politische Bewegung, den Zionismus, ins Leben gerufen – eine enthusiastische Bewegung, welche die unterdrückten, verarmten und gedemütigten Juden aus den großen Stadtgettos zu befreien hoffte. Gegen Ende dieser Konferenz hatten die Delegierten in zwei Punkten Einigkeit erzielt: eine Flagge und eine Hymne, die Zeichen ihrer Einheit und ihres Zieles. Obwohl sie mit Feuereifer bei der Sache waren, hatten sich die Delegierten auf die geographische Lage dieser Heimat, welche die Führung durchdrücken wollte, nicht einigen können: nämlich auf Palästina.

Sofort begann der Streit um Herzls Behauptung, daß Palästina ein »Land ohne Volk sei, das auf ein Volk ohne Land warte«. Obwohl Herzl geneigt war, eine Besiedelung von Argentinien oder Uganda als Alternative ins Auge zu fassen, war sein Blick zweifellos auf den Nahen Osten gerichtet. Gegen diesen Vorschlag haben die Delegierten heftig protestiert. Mit welchem Recht könnten Zionisten einen Staat in Palästina gründen? Es war ein Land mit feststehenden Gesetzen und, noch wichtiger, es war schon lange von einem uralten, ehrbaren Kulturvolk bewohnt. Eine nationale Heimstatt in Palästina, verkündeten sie im Brustton einer Unheilsprophetie, müsse man vergessen – oder gewaltsam errichten.

Fromme Juden innerhalb und außerhalb der Bewegung, besonders die Orthodoxen, wandten leidenschaftlich ein, daß der Zionismus eine Gotteslästerung sei; denn die nichtreligiösen Juden aus der Oberschicht hielten den Zionismus für den einzigen Messias, den Israel jemals haben würde. Diese Denkart erboste die Religiösen, ebenso wie die Andeutungen des Militarismus, der sich an den Rändern der Bewegung schon abzuzeichnen begann. Die weniger religiös und mehr pragmatisch Empfindenden fürchteten dagegen, daß der Zionismus dem Antisemitismus Auftrieb geben würde, da er die hinlänglich kritisierte »Exklusivität« des jüdischen Volkes noch unterstreiche. Sie erkannten deutlich, daß sich kein Land so einfach, friedlich und ohne jede Gewalt, »wiederbesiedeln« lasse.

Darum eigneten sich die zionistischen Führer gewaltlose Grundsätze an, verkörpert in der jüdischen Havlaga, um das religiöse Gewissen zu beschwichtigen. Sie gewannen so die Unterstützung der Mehrheit, der vielen Millionen, die verzweifelt hofften, den zunehmenden Verfolgungen in Europa zu entkommen. Dennoch setzte die Führung ihre Absichtserklärungen in bezug auf Palästina fort. Da Herzl aber bald nach der Jahrhundertwende starb, trieben andere seine Pläne voran.

Mein eigenes Volk stand damals unter einem zu starken Druck, um von Palästina aus der Konferenz in Basel viel Beachtung zu schenken. Zu Beginn des Jahrhunderts waren auch wir ein unterdrücktes Volk, das um Befreiung von seinen Unterdrückern kämpfte und betete. Jahrhundertelang hatten wir unter dem eisernen Stiefelabsatz der türkisch-osmanischen Regierung gelitten. Als der Erste Weltkrieg auch den Nahen Osten in Brand setzte, war deren Herrschaft aber bereits ins Wanken geraten.

Als das Reich nach dem Krieg dann zusammenstürzte, fühlte das Volk in Palästina den ersten Freiheitshauch. Der Völkerbund schraubte ihre Hoffnungen noch höher, da er einen Plan zur Unterstützung »unterdrückter Völker« vorlegte. Größere, mächtigere Nationen sollten den schwächeren bei Errichtung ihrer eigenen unabhängigen Regierung helfen. Das verstand man unter dem Mandatssystem.

Die Briten, die eine Sicherung ihrer Macht im Nahen Osten anstrebten, sahen in dem Mandatssystem eine einmalige Chance. Insgeheim machten sie den palästinensischen Führern ein Angebot: Die Briten würden helfen, die Türken zu vertreiben; dafür würden sie eine vorübergehende Mandatsregierung in Palästina errichten, mit der Zusicherung, sich langsam zurückzuziehen und dann ein festbegründetes, unabhängiges Land, das von den Palästinensern selbst regiert werden sollte, zurückzulassen. Verzweifelt stimmten die palästinensischen Führer dieser Strategie zu. Freiheit war in Sicht, so nahmen sie zumindest an, und den winzigen jüdischen landwirtschaftlichen Genossenschaften, die scheinbar willkürlich aus dem Boden geschossen waren, schenkte niemand große Beachtung.

Was ich dann durch meine Nachforschungen erfuhr, machte mich tieftraurig. Sobald die Britische Regierung fest im Sattel saß, begann das Verwirrspiel durch politische Ränke und Doppelzüngigkeit.

Die Briten trafen sich sogleich heimlich mit den Franzosen und Russen, um den Nahen Osten in »Einflußgebiete« einzuteilen, wobei Palästina nicht vom palästinensischen Volk regiert werden sollte, wie versprochen, sondern durch eine internationale Administration. Dieses geheime Abkommen wurde einige Jahre später, 1917, aufgedeckt, als die Bolschewiken das zaristische Regime stürzten und nicht widerstehen konnten, dieses imperialistische Doppelspiel an die Öffentlichkeit zu bringen. Die Palästinenserführer waren entsetzt über diese Nachricht und entsandten sofort eine Abordnung zu den Briten, um zu protestieren. Sie wählten den diplomatischen Weg, während eine Gruppe der Oberschicht, die ein Auge auf Palästina geworfen hatte, schon damit begonnen hatte, auf die englische Bürokratie einzuwirken.

Das Jahr 1917 wird für das palästinensische Volk für immer das Brandmal der Niedertracht tragen. Die Zionisten hatten sich mit den »Christlichen Restauratoren« Großbritanniens zusammengetan, einer Gruppe, die glaubte, sie könne –

durch Manipulation der Weltereignisse und Wiederherstellung des Staates Israel – die zweite Ankunft Christi bewirken. Die Zionisten schenkten dieser Ansicht zwar keinerlei Beachtung, aber der Nutzen einer solchen Einstellung war für sie offensichtlich. Sie sahen in dem neuen britischen Einflußbereich in Palästina eine Chance für sich, heimlich auf den Nahen Osten überzugreifen. So begann eine merkwürdige Liaison zwischen den Zionisten und den Restauratoren. 1917 gab Lord Arthur Balfour seine berühmte Erklärung ab – zuerst nicht öffentlich, sondern in einem persönlichen Brief an den mächtigen Lord Rothschild.

Lord Balfour schrieb, daß das Kabinett *»mit Wohlwollen die Errichtung einer nationalen Heimstatt für das jüdische Volk«* – in Palästina – betrachte. Im selben Brief, gleichsam mit einem Federstrich, deklassierte er das palästinensische Volk – 92 Prozent der Bevölkerung – zu *»nicht-jüdischen Gemeinschaften«**. Das verstieß nicht nur gegen das Unabhängigkeitsversprechen, sondern lieferte Palästina den Zionisten aus. Die Hauptantriebskraft im Hintergrund war der Zionistenführer Chaim Weizmann.

Ob Lord Balfour aus religiöser Überzeugung oder aus Liebe zum jüdischen Volk, wie einige Historiker meinen, gehandelt hat, darüber bin ich mir nicht im klaren. 1906, bei der Verabschiedung des Ausländer-Gesetzes, das die Juden aus Großbritannien ausdrücklich auszuweisen suchte, spielte er eine der Hauptrollen. Genausowenig war Lord Balfour gegenüber dem politischen Verrat blind, an dem er beteiligt war.

1919 erklärte er in einem Memorandum an das Britische Kabinett:

»In Palästina beabsichtigen wir nicht einmal, die Form einzuhalten und nach den Wünschen der gegenwärtigen Bewohner des Landes zu fragen. Soweit es Palästina betrifft, haben wir keine Feststellung von Tatsachen getroffen, die nicht zuge-

* Jonathan Dimbleby, The Palestinians, Quartet Books, New York 1979, S. 35.

*gebenermaßen falsch war, und keine politische Erklärung abgegeben, die wir nicht zumindest dem Buchstaben nach brechen wollten.«**

Mir schien es, als ob die Zionisten eine unheilige Ehe geschlossen hätten, von Machtgelüsten und Bequemlichkeit getrieben und durch Verrat vollzogen.

Sofort waren die palästinensischen Führer bestürzt. Die nächsten sechzehn Jahre äußerten sie auf diplomatischem Wege fortwährend ihre Befürchtungen gegenüber den Briten – denn die Unruhen in Palästina nahmen zu – und appellierten an die königlichen Kommissionen. Die Zionisten aber legten Kibbuz um Kibbuz an, finanziert mit internationalen Geldern, die aus den Sammlungen der Jewish Agency stammten, nach einem immer durchsichtiger werdenden Plan und mit großer Geschwindigkeit; langsam formten sie daraus die skizzenhaften Umrisse jenes Landes, das sie zu ihrem Vaterland erklären wollten.

Während der 20er Jahre stieg die Zahl der europäischen Einwanderer in Palästina drastisch an, die zionistischen Führer gingen mit ihrem Plan immer unvorsichtiger um. Weizmann erzählte einem amerikanischen Minister, er hoffe, *»Palästina würde schließlich so jüdisch werden, wie England englisch sei«***. Später äußerte sich ein anderer zionistischer Führer gegenüber britischen Beamten: *»Es kann in Palästina nur eine nationale Heimstatt geben, und zwar eine jüdische, und es kann keine Gleichheit der Partnerschaft zwischen Juden und Arabern geben, sondern nur eine jüdische Vorherrschaft, sobald die Anzahl der Angehörigen dieser Rasse genügend angestiegen ist.«****

Allmählich wurde es auch vielen Zionisten unbehaglich angesichts derer, die auf einer jüdischen Übermacht in Palästina beharrten. Yitzhak Epstein, ein Landwirt, hatte auf einem

* ebenda.

** Chaim Weizmann, Trial and Error, London 1950, S. 115.

*** Jehoshua Porath, The Emergence of the Palestine-Arab National Movement 1918–1929, Frank Cass, London 1974, S. 56f.

internationalen Kongreß der zionistischen Partei beklagt, daß sie jede politische Instanz, die in Palästina zugange war, konsultiert hätten, nur die Palästinenser selber nicht. Er äußerte seine Befürchtungen darüber, daß die palästinensischen Bauern als Folge der zionistischen Abkäufe durch im Ausland weilende Landbesitzer schon allzu viel Land verloren hätten und daß diese Verluste sicherlich Verstimmung auslösen würden. Er führte an, daß die einwandernden Juden mit ihrem höheren Lebensstandard den Palästinensern hätten helfen sollen, ihre eigene Identität zu finden, und ihnen die neuen jüdischen Krankenhäuser, Schulen und Leseräume, die schon existierten oder noch in Planung waren, hätten zugänglich machen müssen. Wenn höhere Bildungseinrichtungen geschaffen würden, sollten die Juden ihre alten, brüderlichen Beziehungen zu den arabischen Staaten ausweiten, indem sie ihre Schulen für deren Schüler genauso öffneten.

Unglücklicherweise wurde Epstein hart bekämpft. Seine Widersacher schrien: *»Geben – immer geben, dem einen unseren Körper, dem anderen unsere Seele und wieder einem anderen den Rest unserer Hoffnung, jemals als freies Volk in seinem geschichtlichen Heimatland zu leben!«**

Obwohl die Mehrzahl der Zionisten Epsteins Vision der Einheit von Arabern und Juden einfach ignorierte, griffen andere sein Anliegen auf, bis der Zionismus selbst von Zwietracht durchlöchert war. Gegen Ende der 20er Jahre spaltete sich eine Gruppe, die sich Brit Shalom nannte, von der Partei ab, weil sie das strategische Vorgehen bei der Landenteignung der Palästinenser, um ein jüdisches Vaterland errichten zu können, nicht länger guthießen. Leider wurde diese Gruppe auch weitgehend ignoriert.

Ich habe diese entscheidenden Einzelheiten bewußt hervorgehoben, weil sie wichtige Anhaltspunkte in der Geschichte sind. Nicht alle Juden haßten die Palästinenser. Es

* Walter Laqueur, A History of Zionism, Schocken Books, New York 1976, S. 215–217.

nahmen tatsächlich viele unsere Brüderlichkeit wahr und kamen mit den ausgestreckten Händen der Freundschaft nach Palästina. Gab es in den 60er Jahren welche, die nicht Krieg, sondern Versöhnung wollten? War diese Tatsache in irgendeiner Weise ein Keim der Hoffnung?

In den 30er Jahren, als der Zustrom von europäischen Aussiedlern ohne Eingreifen der Briten wie eine Flut anstieg und man das palästinensische Volk zu verdrängen suchte, was hätten dessen Führer unternehmen sollen? Diplomatisch gesehen hätten sie genausogut schweigen können. Niemand hörte sie. 1935 arteten in Hafenstädten wie Jaffa Demonstrationen gegen die Einwanderungen in Gewalt und Blutvergießen aus, wobei sowohl jüdische Einwanderer als auch palästinensische Bauern ums Leben kamen.

Als ich von diesen Demonstrationen im geschichtlichen Kontext las, war ich aufs neue bewegt von der Frustration, unter der die palästinensischen Führer gelitten haben mußten. Als Christ konnte ich das Blutvergießen nicht entschuldigen – aber mir war plötzlich sonnenklar, daß ihre Spannung sich nahezu über 20 Jahre angestaut hatte, bis sie an den Punkt kam, wo sie explodieren mußte. Die Demonstrationen waren das letzte Mittel, um ihrer Verzweiflung Ausdruck zu geben.

Im darauffolgenden Jahr, 1936, wollten die palästinensischen Führer noch einmal mit friedlichen Mitteln protestieren und riefen zu einem Generalstreik auf. In ganz Palästina verließen Büro- und Fabrikarbeiter, Taxi- und Lastwagenfahrer ihre Arbeitsplätze für volle sechs Monate. Das öffentliche Leben war lahmgelegt. Aber die Gewalttaten, die sich schon in den Kampf eingeschlichen hatten, nahmen zu. Die mächtige Histraduth-Arbeitergewerkschaft, die von den Zionisten gegründet und von Ben Gurion geführt wurde, terrorisierte jüdische Laden- und Fabrikbesitzer, die es wagten, Palästinenser einzustellen. Hier und da wurden Frauen auf den Marktplätzen überfallen, weil sie bei palästinensischen Händlern gekauft hatten; palästinensische Felder und

Weingärten wurden zerstört. Obstgärten wurden bewacht, um alle Arbeiter, ausgenommen die jüdischen, fernzuhalten. Ende 1938 waren die Proteste schließlich niedergeschlagen.

In dieser Zeit schwammen die Zionisten auf den Wogen einer weltweiten Sympathie. Aus zwei Gründen war es dazu gekommen: Erstens hatten sich die westlichen Staaten wenig um die Ereignisse im Nahen Osten gekümmert, weil sie auf den Schrecken fixiert waren, der von Nazi-Deutschland ausging; zum zweiten waren sie über den unsinnigen Haß gegen die Juden entsetzt, den Adolf Hitler propagierte. Mit Recht mußten die Juden vor diesem Verrückten fliehen.

Und selbst wenn das Bewußtsein der Westmächte beunruhigt war, so folgten dem keine Taten. Während der 30er Jahre, in denen Hitlers Judenverfolgung zunahm, erhöhte kein bedeutender westlicher Staat die Quote jüdischer Einwanderer. Erwartete man von dem winzigen Land Palästina wirklich, daß es Millionen von europäischen Juden aufnehme, daß seine Bewohner Land und Stellungen abgeben würden, während die großen Staaten im Westen bequem schwiegen?

Meiner Ansicht nach können diese verängstigten Massen jüdischer Einwanderer niemals für unsere Tragödie verantwortlich gemacht werden. Sie waren vor Furcht wie gelähmt und erschütternd in ihrer Verzweiflung, zu allem entschlossen, um den abscheulichen Todeslagern zu entkommen. Insofern wurden sie zu Pfandstücken der zionistischen Führung. Bei ihrer Ankunft in Palästina wurden sie schnell über ihre sogenannten neuen Feinde aufgeklärt – die Palästinenser.

Hierin bestand das zweite Bollwerk der zionistischen Macht: Propaganda. Zunehmend kontrollierte sie alle Nachrichten, die aus Palästina hinausflossen. Da die Zungen unserer Führer somit wirkungsvoll »abgeschnitten« waren, war es einfach, die Meinung des Westens durch Presseberichte zu manipulieren und die wahren Sachverhalte zu verbergen. Die Proteste von 1936 bis 1938 nannte man neuerdings »die arabische Rebellion«. Palästinenser, die man in jedem anderen

Land als Freiheitskämpfer bezeichnet hätte, weil sie von einer ausländischen Streitmacht überfallen worden waren, nannte man jetzt »Terroristen« und »Guerillas«. Seither war der verbreitete Ausdruck »palästinensische Terroristen« dem westlichen Bewußtsein eingefleischt worden.

Ein Beweis des zionistischen Machteinflusses in Palästina wurde 1939 erbracht. Da England plötzlich unter verspäteten Gewissensbissen zu leiden begann, gab es sein »White Paper« heraus, das seine Mandatsregierung anwies, weitere Landerwerbungen und Einwanderungen zu unterbinden. Sofort brachten die Zionisten diese Maßnahme als Verrat in Verruf. Zu ihrem eigenen Unglück hatten die Briten eine starke zionistische Untergrundbewegung mit Erfolg ausgebildet – die Haganah, die für besondere Gewalttaten, nun gegen britische Soldaten und Regierungsangestellte, in Palästina eingesetzt wurde. Der britische General Wingate hatte die Haganah für die Bedienung großer zerstörerischer Granatwerfer ausgebildet und sie unterwiesen, wie man Palästinenser zum Reden zwingt, indem man ihnen eine Faust voll Sand in die Kehle drückt. Waren die Briten nun etwa überrascht, als die Irgun das King David Hotel bombardierte und fast einhundert Menschen tötete?

Der Zweite Weltkrieg ließ den Kampf um Palästina abflauen. Aber für die zionistischen Führer war der Ausgang keine Frage.

Im Verlauf des Krieges verlagerten die Zionisten ihren Druck von der Downing Street auf das Weiße Haus. Die Briten, die sich auf einmal sträubten, Palästina einen israelischen Staat aufzuzwingen, zeigten sich stark geschwächt. Es war kostspielig geworden, das ungefüge Palästina weiterhin zu regieren. Die Zionisten hatten nahezu die gesamte Kontrolle über die Munitionsfabriken und Industrien gewonnen. Noch ausschlaggebender war, daß die Vereinigten Staaten allmählich als Führungsmacht der freien Welt hervortraten. In Amerika hatte sich eine mächtige Lobby zugunsten des neuen Zionismus gebildet. Was dann allerdings hinter den Konferenztüren des Weißen Hauses ablief, war nicht weniger skandalös als der Verrat der Briten.

Präsident Roosevelt widersetzte sich während seiner Amtszeit dem Druck der Zionisten. Er war nicht gewillt, zuzusehen, wie man die Palästinenser aus ihrem Vaterland verdrängte. Sein Mitleid mit der halben Million Überlebender des Holocaust war tiefempfunden, aber in seinem Herzen hegte er einen anderen, sehr humanitären Plan. Er beabsichtigte, die freie Welt diesen bedauernswerten Opfern zu öffnen, und bot ihnen Zugang zu jedem freien Staat, der sich seinen Unterstützungsbemühungen anschließen würde. Doch sein Sonderbotschafter Morris Ernst, der die internationale Meinung aushorchen sollte, vernahm mit Empörung, wie die Zionisten, die inzwischen 46 Millionen Dollar aufgebracht hatten, um ihrem eigenen Plan die nötige Lobby zu verschaffen, *»ihn heruntermachten, verhöhnten und als Verräter angriffen«**.

Als Truman nach Roosevelts vorzeitigem Tod das Amt übernahm, hatten die Lobbyisten erneut Gelegenheit, Druck auf den Präsidenten auszuüben. Mit Heftigkeit bestanden sie darauf, daß die Besiedelung Palästinas »die einzige Hoffnung auf Überleben« des jüdischen Volkes sei. Stimmte das, wenn man bedenkt, daß Millionen von Juden während des Krieges von freien Staaten verborgen und beschützt worden waren; daß jüdische Menschen sich in der Gesellschaft der freien Welt bewegen konnten, in westlichen Ländern einen hohen Lebensstandard genossen und keinerlei Diskriminierung hinnehmen mußten? Trotzdem hatte die zionistische Lobby schon erfolgreich gearbeitet, als Truman den arabischen Führern gegenübertrat. Trumans Antwort: *»Es tut mir leid, meine Herren, aber ich muß Hunderttausenden antworten, die auf den Erfolg des Zionismus begierig sind. Ich habe nicht*

* Morris Ernst, So Far So Good, Harper & Bros., New York 1948, S. 170–177.

*Hunderttausende von Arabern unter meinen Wählern!«**

Somit war die große Mehrheit der Überlebenden des Holocaust nie vor die Wahl gestellt worden, wo sie denn nun eigentlich leben möchte. Nur zwanzigtausend wurden in den drei Jahren nach dem Krieg in große, freie Länder wie die Vereinigten Staaten eingelassen. Auf diese Weise sahen sich die erschöpften Briten vom Weißen Haus unter Druck gesetzt, gerade, als die Mandatsregierung von einer Terrorkampagne heimgesucht wurde. Gewehre, Granaten, Bomben und Panzer, hergestellt in von Briten gebauten Fabriken, richteten sich nun gegen die Besatzungsmacht selber.

Als die Briten im April 1947 kriegsmüde und nicht gewillt waren, noch mehr junge Männer bei der Verteidigung Palästinas zu verlieren, verkündeten sie die Absicht, ihr Mandat innerhalb eines Jahres zurückzugeben. Sie waren geschlagen und gedemütigt. Für das Doppelspiel, das sie seit 30 Jahren spielten, hatten sie nur eine Lösung parat: auf Palästina zu verzichten.

Als die Briten ihre Hände vor den Palästinensern, denen sie Schutz versprochen hatten, in Unschuld wuschen, uferten die Gewalttaten erst recht aus. Der Welt gegenüber erklärten die Zionisten, daß sie einen »Unabhängigkeitskrieg« führten. Und die Welt, die jetzt über den Holocaust zerknirscht war, applaudierte. So bahnte sich der Terror den Weg in jedes Dorf, sogar in die fernen Hügel von Galiläa – und bis in unser Haus in Biram.

Leider machte die Gewalt auch dort nicht halt.

In den Jahren nach der Gründung des Staates Israel war seine Regierung verzweifelt auf den Zustrom von Siedlern angewiesen. Trotz ihrer Behauptung, daß Israel die einzige Hoffnung auf das Überleben der Juden darstelle, fühlten sich

* William A. Eddy, F. D. R. Meets Ibn Saud, American Friends of the Middle East, New York 1954, S. 36–37.

die Juden in Amerika in ihren Häusern und Geschäften ausgesprochen wohl. Ebensowenig zeigten sich große jüdische Gemeinden in anderen Ländern veranlaßt, sich massenweise zu entwurzeln und fort ins »gelobte Land« zu stürmen. Es mußte etwas unternommen werden. Während der Duft nach Romantik und Abenteuer eine gewisse Faszination auf die amerikanischen Pioniere ausgeübt hatte, besann man sich anderswo einer weniger harmlosen Methode. Ich erfuhr erst viel später, daß die jüdische Gemeinde im Irak beispielsweise das Opfer von »antisemitischen« Gewalttaten verdächtigen Ursprungs geworden sei.

In Bagdad, es war Paschafest im April 1950, begingen etwa 50 000 Juden traditionsgemäß den letzten Abend des Festes mit einem fröhlichen Bummel am Tigris. Mehr als 130 000 Juden lebten im Irak, die älteste jüdische Gemeinde der Welt. Nur wenige von ihnen waren nach Israel ausgewandert, obwohl der Weg ihnen geebnet war. Aus der Dunkelheit raste plötzlich ein Auto die Flußpromenade entlang, eine kleine Bombe flog heraus und explodierte auf dem Gehsteig.

Obwohl niemand verletzt worden war, brachte diese Erschütterung die jüdische Gemeinde ins Wanken. Ein Gerücht ging um: Eine neue, fanatische arabische Gruppe würde Ausschreitungen gegen die Juden planen. Das schien vielen unbegründet, da die Juden im Irak seit langem ungestört gelebt hatten. Auf mysteriöse Weise erschienen gleich am nächsten Tag Flugblätter, die die Juden drängten, nach Israel zu fliehen – Zehntausende unterschrieben sofort die Auswanderungserklärung. Woher waren die Flugblätter gekommen? Wie konnten sie so schnell erscheinen?

Die Sache war schon fast vergessen, als eine zweite Bombe explodierte, dann eine dritte, die mehrere Menschen vor einer Synagoge tötete. Die Gerüchte überschlugen sich. Anfang 1951 flüchteten die Juden in panischer Angst, sie gaben Häuser, Vermögen und alte Anrechte im Irak auf, bis nur noch fünftausend von ihnen zurückblieben.

Ungefähr fünfzehn Leute wurden in Verbindung mit dem

Bombenattentat verhaftet – der kleine Rest der jüdischen Gemeinde war tief verletzt. Die Haganah, so wurde aufgedeckt, hatte ein Waffenlager in den Irak geschmuggelt, und sie war es gewesen, die mit Bomben auf ihr eigenes Volk losgegangen war. Ihre Absicht aber, eine panikartige Auswanderung nach Israel auszulösen, hatte funktioniert. Der israelische Premierminister David Ben Gurion und Yigal Allon, der später Außenminister wurde, wußten von dem Anschlag. Sie haben auf ihre Art an der prophezeiten »Wiedervereinigung« der Juden mitgewirkt – auch wenn die Methode alles andere als biblisch war. Wenn die Weltpresse glauben machte, daß der Haß der Araber dafür verantwortlich war, unterstützte sie ganz einfach die öffentliche Sympathie für die »kämpfende« Nation.

Jahre später enthüllte niemand geringerer als der Ober-Rabbiner des Irak, Sassoon Khedurri, ein ehrbarer Führer, auf die Fragen eines Journalisten der Welt die Wahrheit über den Zionismus. Die Juden im Irak hegten nicht nur Sympathie für die Not der Palästinenser, sondern hatten auch ihrerseits unter den Zionisten gelitten. Khedurri stellte fest:

»Mitte 1949 lief die große Propagandamaschinerie schon mit Unterstützung aus den Vereinigten Staaten. Mit amerikanischen Dollars wurden bereits irakische Juden gerettet, ob die irakischen Juden nun Rettung wollten oder nicht. Die New York Times berichtete täglich von ›Pogromen‹, unter Datumsangaben, die, was nur wenigen auffiel, von Tel Aviv stammten. Warum kam niemand zu uns, anstatt mit Israel über irakische Juden zu verhandeln? Warum wies niemand darauf hin, daß die seriöse, verantwortliche Führung der irakischen Juden der Meinung war, daß der Irak ihr Land war? ... Die irakische Regierung wurde beschuldigt, die Juden gegen ihren Willen festzuhalten ... Die Abwerbung unter den Juden wurde intensiviert ... Die Regierung war in einem Dilemma ... der Hetze und Gewalttätigkeiten gegen Juden angeklagt ... Aber wenn die Regierung versucht hätte, die zionistische Agi-

*tation gegen den Verbleib der Juden im Irak zu unterbinden, hätte man sie der Diskriminierung beschuldigt.«**

Angesichts dieser ungeheuerlichen Vorkommnisse war mir, als ob es noch andere Erklärungen gäbe. Ich konnte nicht umhin, die Zionisten ebenfalls als Opfer anzusehen – Opfer von noch weit Schlimmerem als den Todeslagern. Abgesehen von den Bombardements, dem Mord an Unschuldigen und dem falschen Zeugnis gegen ihren Nachbarn, waren die Zionisten von einer Krankheit des Geistes heimgesucht. Es war, als ob ein Dämon der Gewalt losgelassen worden wäre und listig flüsterte: Macht ist das Wahre. Setzt eure Ziele durch, koste es, was es wolle, aber alles im Namen Gottes. Während die Kirche über ihre eigenen Philosophien strauchelte, machte dieser Dämon die Nationen für die Gesetze der Welt blind: Friede kann niemals durch Gewalt erlangt werden; Gewalt erzeugt noch mehr Gewalt. Zum ersten Mal erblickte ich deutlich das Gesicht meines wahren Feindes, der auch der Feind aller war, die Gott und den Frieden liebten: nicht die Zionisten, sondern der Dämon des Militarismus.

Zur gleichen Zeit brodelte etwas anderes in mir. Der Gedanke an einen solchen Verrat erzeugte in mir ein Gefühl, das mich schon fertig machte, noch bevor ich es zulassen, geschweige denn benennen konnte. Ich knirschte mit den Zähnen und schüttelte das Gefühl ab wie eine Spinne, die mir über die Hand kroch.

Eine noch bedrückendere Frage ließ mich dieses Gefühl verdrängen – die rein sachliche Frage nach meiner Zukunft. Es war Frühling 1965, das Ende meiner Jahre im Seminar rückte heran, und ich war gerade dabei, das leuchtende Ideal, um dessentwillen Faraj und ich nach Paris gekommen waren, zu erreichen. Ich hatte mich auf den Weg gemacht, Gott und

* Elmer Berger, Who Knows Better Must Say So, The Institute of Palestine Studies, Beirut, S. 64; in: David Hirst, The Gun and the Olive Branch: The Roots of Violence in the Middle East, Harcourt, Brace, Jovanovich, New York 1977, S. 162f.

den Menschen in Frieden und Einfachheit zu dienen und die Gnadenmittel der Kirche auszuteilen. Eine Zeitlang hatte ich sogar versucht, meine freimütige Veranlagung zu unterdrükken. Obwohl ich mein Bestes getan hatte, um meine beschauliche Seite zu fördern, brannte noch immer etwas wie ein wildes Feuer in meiner Seele. Mir war, als ob mich etwas dazu getrieben hätte, diese historischen Fakten aufzudecken – obwohl Faraj mich manchmal gewarnt hatte, ich könnte auf Abwege geraten. Hatte ich eine andere Richtung eingeschlagen, oder war ich langsam, aber sicher dabei, den richtigen Weg, meinen Lebensweg, zu finden? Allerdings verlor ich etwas den Mut, als mir klar wurde, daß ich im Moment nicht als Priester in einer Gemeinde leben könnte, wie ich mir früher erträumt hatte.

Als ich eines Abends meine Gedanken vorbehaltlos vor Faraj ausbreitete, hoffte ich, daß er mir sofort zustimmen würde. Es war spät im April, wir schlenderten die elegante Rue de Rivoli entlang, die Bäume in voller Blüte, nur die Boutiquen ließen ihre Neonschilder durch die Dämmerung scheinen. Wir waren nun seit mehr als vierzehn Jahren wie Brüder miteinander verbunden, Farajs jugendlicher Charme war in eine ruhige Innerlichkeit übergegangen, die ich noch immer bewunderte. Ich hoffte, daß er meine widerstreitenden Gedanken ordnen würde.

»Wenn ich nur gegen ein politisches System angehen würde, ginge das ja noch«, erklärte ich, als wir durch die immer spärlicher werdende Menschenmenge gingen. »Dann würde ich auch Politiker werden. Aber da ist mehr. Es ist eine geistige Krankheit. Da werden gottlose Bündnisse geschlossen zwischen Staaten, die von Gott sprechen, während ihre wahren Motive rein militärischer Art sind.«

»Du kannst doch nicht erwarten, das Geschehen zu ändern«, antwortete Faraj.

»Aber ich tue es.«

»Wie? Du wirfst doch keine Bomben«, entgegnete er.

»Natürlich nicht«, sagte ich schnell.

»Was dann? Ich werde es dir sagen. Du mußt Geduld haben, Elias. Gott wird zu seiner Zeit handeln. Wir müssen alles aus seiner Hand annehmen. Man sollte nicht versuchen, eine ganze Regierung abzusetzen. Auch keine, die unterdrückt.«

Ich starrte Faraj an. Einen Augenblick lang sah ich Vaters Gesicht vor mir – die Gesichter der Dorfältesten von Biram. Da war wieder die alte Frage, die mich so lange beunruhigt hatte: Erhebt man als Christ seine Stimme gegen seine Feinde – oder läßt man zu, daß sie dir das Leben nehmen? Viele dachten anscheinend, daß es die einzige christliche Alternative sei, sich der Demütigung zu beugen. Sollte man manchmal nicht stechen und beißen wie das Salz in seiner erhaltenden Kraft?

Faraj schwieg eine Zeitlang. Wir hatten die Place de la Concorde erreicht, wo Tausende von Franzosen, Geistliche inbegriffen, hingerichtet worden waren, weil sie gegen die französischen »Freiheitskämpfer« der Revolution protestiert hatten. Dann sagte er entschlossen: »Wir müssen der Kirche schweigend dienen.«

In diesem Moment lernte ich eine wichtige Lektion: Nicht alle sind zur selben Aufgabe berufen. Sowohl Faraj als auch ich sollten geweiht werden – aber jeder für eine besondere Berufung. Er hatte ein Gespür für den Reichtum und die Verstiegenheit der Kirche inmitten armer und hungernder Menschen bekommen. Und ich – ich würde meine Berufung auf einem einsamen Weg finden müssen, der mich von meinem engsten Freund fortführen würde. In den mehr als sechs Jahren in Paris waren unsere Wege, wenn nicht gar auch unsere Seelen, auseinandergewachsen.

Mir schien eine Türe weit offen zu stehen – zu welchem Ziel, da war ich nicht sicher –, aber unmißverständlich wurde mir zugewinkt, durch sie hindurchzugehen.

Es war während unserer letzten Frühlingstage an St. Sulpice, als mein liebenswürdiger Ratgeber, Vater Longere, einen tiefen, schwingenden Ton anschlug, eine Stimme wie aus der Ewigkeit. Ich hatte seine Weisheiten zu schätzen gelernt, seine bemerkenswerte Art, uns herauszufordern und zu tieferen Gedankengängen anzuspornen, um unsere Meinung zu festigen. Während einer seiner letzten Vorlesungen fesselten mich seine Ausführungen:

»Wenn da irgendein Problem ist«, sagte er mit seinem trokkenen Lachen, »passiert folgendes: Drei Personen werden versuchen, etwas Konkretes zu unternehmen, um einen Ausweg zu finden. Zehn Personen werden eine Vorlesung halten und das, was die drei machen, analysieren. Hundert Personen werden die zehn für ihre Vorlesung loben oder tadeln. Und tausend Personen werden über das Problem diskutieren. Eine Person – nur eine – wird sich selbst so in die Lösung vertiefen, daß sie keine Zeit hat, den anderen zuzuhören.«

»Nun«, fragte er freundlich, und seine durchbohrenden Augen trafen jeden von uns der Reihe nach, »welche Person seid ihr?«

Faraj und ich waren bald in die Pläne für unsere Heimreise vertieft. Ich hatte gerade noch Zeit für eine Reise zu Lony, Franz und Wolfgang. Es war ein Brief von ihnen gekommen, in dem sie darauf bestanden – und höflich verlangten –, daß ich Europa nicht ohne einen letzten Besuch verlassen möge.

Als ich nach Deutschland kam, überraschten sie mich mit einem »Abschieds«-Geschenk: ein brandneuer, weißer Volkswagen. Ich war völlig sprachlos über ihre unerhörte Großzügigkeit. Unsere gegenseitige Liebe und meine Liebe zu ihrem hübschen, blonden Sohn waren wirklich tief gewachsen. Aber ich hatte niemals eine solche Freundlichkeit erwartet.

Kaum hatte ich gelernt, wie man mit einem Volkswagen umgeht, war es schon Zeit, nach Genua zu fahren, von wo aus ein Schiff mich und mein Auto nach Haifa bringen würde. Als ich an die italienische Küste fuhr, wußte ich noch nicht, wie viele Nächte ich an Lony, Franz und Wolfgang denken würde, noch, wie unglaublich dankbar ich für dieses Fahrzeug werden sollte.

Als das Schiff ablegte, beobachtete ich die winkende Menschenmasse vom Deck aus allein. Faraj hatte andere Reisepläne gemacht, und wir würden uns in Nazaret zu unserer Priesterweihe im Juli wieder treffen.

Nun weilten meine Gedanken beim Wiedersehen mit meiner Familie und der Umarmung mit jedem einzelnen. Ich war vor Ungeduld kurz vor dem Bersten.

Für einen Moment wurde ich von einem anderen Gefühl überrascht: Ich würde Europa – den Luxus des bequemen Lebens vermissen. Ich gebe zu, daß der Gedanke, in Paris oder Deutschland zu bleiben, manchmal verlockend gewesen war. Nachdem ich in einem freien Land gelebt hatte, in dem ich studiert habe, gereist bin und in Cafés gespeist habe, ohne irgendeine Schikane zu empfinden, war ich nur schwer zu bewegen, wieder eine Person ohne Identität zu werden und der schleichenden Krankheit ins Gesicht zu sehen, die den Geist und die Hoffnung aus meinem Volk saugte.

EINGEPFLANZT IN GOTTES VOLK

Dünne Rauchschwaden kräuselten sich zur gewölbten Decke der Kirche von St. Josef hinauf, der weiße, süßduftende Weihrauch. Die Zeremonie unserer Priesterweihe hatte begonnen. Ich warf einen kurzen Blick auf Faraj, der neben mir vorne in der Kirche saß. War er genauso nervös wie ich? Er sah so gelassen wie immer aus, obwohl ich bemerkte, daß ihm der Schweiß auf der Stirn stand.

Von unserem Platz aus konnte ich sehen, daß die Kirche vollbesetzt war. Draußen schien die Mittelmeersonne glühend heiß. Wir waren seit einem Monat zurück, der Frühling war inzwischen in einen sengend heißen Sommer übergegangen. Eigentlich waren es aber die Gesichter, Reihe um Reihe, die uns warm und feucht unter dem Kragen werden ließen, denn die weite Steinkirche war ziemlich kühl. Fast alle Freunde und Bekannte, die noch im Land waren, waren zur Feier nach Nazaret gekommen. Mutter und Vater saßen ziemlich weit vorn. Die Brüder und Studenten von St. Josef drängten von den Türen aus in die Kirche. Obwohl der melkitische Weiheritus nicht besonderes zeremoniös ist, war es ein großer Augenblick für uns, der Höhepunkt einer mehr als zehnjährigen Vorbereitung. Vater Longere war eigens von Paris angereist, um mit uns zu zelebrieren.

Obwohl ich vor Aufregung bebte, fühlte ich noch etwas anderes: Was war es nur? Natürlich hatte ich auf diesen Moment mit Inbrunst hingearbeitet, hatte Spitzenzensuren verdient und nebenbei acht Sprachen gelernt. Nun war die harte Ausbildung vorbei. Aber anstatt der Gefühle, die man normalerweise hat, wenn man ein Ziel erreicht, sagte mir eine bohrende innere Stimme, daß ich meine wirkliche Lebensaufgabe noch nicht gefunden hätte.

Anstatt mich auf die Zeremonie zu konzentrieren, jagten

mir Bilder durch den Kopf und lenkten mich ab. Seit meiner Rückkehr spukten zwei Erlebnisse in meinen Gedanken herum...

Ich stand am Zoll im Hafen von Haifa. Gerade war ich von Europa angekommen und begierig darauf, meine Familie zu sehen. Die Türen zum äußeren Warteraum öffneten sich für einen Augenblick, und in dem Gedränge erhaschte ich einen kurzen Blick von Mutter und Vater, die beide, obwohl erst Anfang sechzig, viel grauer aussahen, als ich es erwartet hatte. In diesem Moment lächelten sie und zeigten auf ihren ganzen Anhang, auf Wardi, meine Brüder und deren Familien, die sie in der Zwischenzeit gegründet hatten. Dann ging die Tür wieder zu.

Als ich an die Reihe kam, schob ich meinen Paß dem Zollbeamten am Schalter zu. Er warf einen kurzen Blick darauf, dann schaute er mich ausdruckslos an. »Sie müssen in diesen Raum hinübergehen«, und deutete auf eine fensterlose Tür.

»Entschuldigung«, ich spielte den Einfältigen, »aber warum? Mein Paß ist gültig –«

»Sie sind Palästinenser?«

»Ja. Aber meine Familie wartet schon. Könnten Sie nicht –«

»Sie müssen sich in diesen Raum begeben. Ich kann Ihren Paß für die Einreise nicht abstempeln.«

Ich saß nervös in dem kleinen Raum, während ein schroffer junger Mann mich ausführlich verhörte. Eine halbe Stunde lang fragte er mich aus nach den Orten, an denen ich in Europa gewesen war, und nach den Namen meiner »Kontaktpersonen«. Er war offensichtlich nicht damit zufrieden, daß ich ein zurückgekehrter Seminarist war. Ich war über dem Verhör ungeduldig geworden und mehr als nur ein wenig besorgt, aber ich wagte nicht aufzubrausen.

Schließlich sagte er in gebieterischem Ton: »Ausziehen.«

»Wie bitte?«

»Ausziehen«, sagte er noch ungehaltener. »Ziehen Sie Ihre ganze Kleidung aus. Sie werden durchsucht.«

Das war das Äußerste. »Nein«, sagte ich entschlossen, »ich ziehe mich nicht aus.«

»Sie *werden* sich ausziehen, andernfalls können Sie das Land nicht mehr betreten.« Mein Hemd wurde feucht. Es war durchaus wahrscheinlich, daß er seine Drohung wahrmachen und mich nicht einlassen würde. Mit der ganzen Gelassenheit, die ich aufbringen konnte, wühlte ich in meiner Tasche. Er schaute mich argwöhnisch an. »Was machen Sie da?«

»Sie werden mich nicht einreisen lassen. Und ich werde mich nicht ausziehen«, antwortete ich, »und so werde ich mich hierhersetzen und ein Buch lesen.« Damit nahm ich ein Buch heraus, das ich für die Reise gekauft hatte, und schlug die erste Seite auf.

Unsere Pattsituation endete nach acht nervenaufreibenden Stunden. Ich zog mich nicht aus und wurde schließlich in mein Heimatland eingelassen. Außerhalb des Zollgebäudes lief meine Familie herum – betroffen, erleichtert, dankbar. Ich erfuhr von ihnen, daß Reisen, wohin auch immer, sogar mit dem Taxi, für alle Palästinenser erschreckend unsicher geworden war. In jedem Augenblick mußte man mit Durchsuchungen und Verhören rechnen.

Der Bischof hatte inzwischen die Gesänge angestimmt, aber in mir stieg eine weitere Erinnerung auf.

...Es war schon dämmerig. Ich war in ein kleines Dorf gefahren, um einen Cousin aus Biram zu besuchen. Ich wollte gerade in der Straße parken, als er herausgestürzt kam, um mich daran zu hindern.

»Parke im Hof – da, in der Nähe des Hauses«, sagte er besorgt. »Es ist nicht ratsam, das Auto hier auf der Straße zu lassen.«

Ich wurde neugierig. Warum sollte ich Angst haben, mein Auto in so einem freundlichen Dorf auf der Straße stehen zu lassen?

Im Inneren des Hauses erfuhr ich den Grund. Die meisten jungen Palästinenser waren kurzerhand von den Universitäten verwiesen worden, angeblich, weil sie keine angemessene Schulbildung hätten – andererseits waren die meisten Schulen in den Dörfern eben arm und minderwertig. So hatten selbst die glänzendsten Schüler nur ein Leben als Fabrikarbeiter vor sich. Für palästinensische Mädchen gab es nur wenig Aussicht auf Ausbildung und Arbeit. Als Folge dieser Frustration hatte Drogen- und Alkoholmißbrauch langsam überhand genommen, die Zerstörungswut war in eine richtige Epidemie ausgeartet. Daher hatte mein Cousin mich gedrängt, mein Auto nahe am Haus zu parken. Unsere jungen Menschen, der Schatz unserer Gesellschaft, konnten mit einer zukunftslosen Existenz nicht fertig werden.

Ich hatte außerdem erfahren, daß sich kleine Banden der Fedajin gebildet hatten, die von Libanon, Syrien und Jordanien aus Streifzüge über die Grenzen nach Israel unternahmen und jüdische Niederlassungen überfielen. Verständlicherweise konnten sie in den gettoartigen Flüchtlingslagern, in denen sie ihr junges Leben vergeudeten, niemals zur Erfüllung finden. Daher ging das Militär jetzt verschärft gegen palästinensische Dörfer vor. Ohne Vorankündigung wurden strikte Ausgehverbote verhängt. Es war gefährlich, sich nach Anbruch der Dunkelheit auf der Straße aufzuhalten ...

Ich wurde durch die Stimme des Bischofs aufgerüttelt, der meinen Namen durch die hallende Kirche rief. Faraj und ich wurden nacheinander den Anwesenden vorgestellt, dann begrüßten wir den Bischof. Er legte uns nach uraltem Brauch die Hände auf und betete, daß Gottes Geist uns durchströmen möge. Dann wandte er uns wieder den Anwesenden zu und verkündete: »Er ist würdig ... Er ist würdig ...«

Im Lauf der folgenden Wochen erwartete ich meine erste kirchliche Anstellung; das Wort »würdig« ging mir ununterbrochen nach. Nachts wachte ich auf und sah junge, ziellos umherwandernde Menschen vor meinem inneren Auge, tüchtige und gescheite junge Leute, die sinnlos dahinlebten. Granaten explodierten, und ich sah Kinder, palästinensische und jüdische, wie sie verschleppt wurden. Ich warf mich im Bett herum und sah mich mit meinem Seminar-Gesicht, immer wieder das Wort »würdig« hörend.

Ich murmelte in die Dunkelheit hinein: »Wie denn? Wie kann ich jemals würdig sein?« Ich fühlte eine schmerzende Kluft in mir selber und einander widerstreitende Empfindungen, die erst in mir versöhnt werden mußten, bevor ich jemals ein wahrer Diener Gottes und der Menschen sein könnte.

In den Tagen nach unserer Priesterweihe fühlte ich das unwiderstehliche, wie eine Kompaßnadel vibrierende Verlangen, das Obere Galiläa zu besuchen. Biram, hatte ich erfahren, sei schon lange von den Soldaten verlassen worden. Ich war nicht mehr dort seit dem bewußten Tag im Jahr 1947, aber jetzt würde mich niemand mehr hindern, das Dorf, meine wirkliche Heimat, zu betreten.

Eines Morgens verließ ich vor Tagesanbruch Nazaret.

Der Volkswagen brummte auf der Landstraße, die durch die Obstanbaugebiete im Norden führte, und bog dann auf die ansteigenden, schmutzigen und mit Kies bestreuten Straßen ab, die in die schattig-grünen, morgendlichen Hügel führten. Ich erreichte Biram gerade bei Sonnenaufgang und parkte am Rand des offenen Platzes, der einmal der Dorfplatz gewesen war. Als ich aus dem Auto stieg und in die kühle Luft der Morgendämmerung trat, entdeckte ich ein Schild. Auf Englisch und Hebräisch stand da, daß diese »Altertümer« von der Regierung »erhalten und geschützt« würden.

Diese Unverfrorenheit erschütterte mich. Später erfuhr ich, daß diese »Altertümer« zu einer Sehenswürdigkeit für Touristen und Reisegesellschaften geworden waren.

Ich überquerte den Platz und ging zu den umgestürzten Säulen des römischen Tempels und der Synagoge. Die Sonne schien heller und drang warm durch die Olivenzweige. Nur das Zwitschern der Vögel und das Knirschen meiner Schritte auf dem Kies durchbrachen die Stille. Die zerstörten Steinhäuser wirkten ernst und geisterhaft. Über eine zerbröckelte Mauer kletterte ich in das trübe Gerippe, das von der Kirche übriggeblieben war. Im Pfarrhaus hatten Schwalben in den leeren Dachsparren Schutz gesucht. Ich stand wie erstarrt, als hätte es mir die Sprache verschlagen, von tiefer Trostlosigkeit überwältigt.

Doch in eben diesem Moment erfaßte mich unversehens ein starkes Lebensgefühl. Aus den zerstörten Häusern meinte ich Gelächter zu hören, die Stimmen von Frauen und Männern, die beim Kaffee saßen und plauderten, und den Duft eines Holzfeuers zu riechen. In der Kirche, unterhalb des wankenden Turms, dem sie die Glocke genommen hatten, sangen Kinderstimmen wieder das »Alleluja«. Mir fiel auf, daß nicht einmal Bomben die Ehrfurcht vor Gott und dem Leben und dem Land völlig vernichten können.

Inzwischen war ich rasch die verwilderten Gassen zum entfernten Dorfende gegangen, begierig darauf, den einen Platz zu sehen, nach dem ich mich so gesehnt hatte. Mit jedem Schritt spulten sich die vergangenen Jahre ab. Ich war noch einmal der kleine Junge, der durch die Feigengärten heimrannte, um mit seinen Brüdern Neuigkeiten auszutauschen oder auch Unsinn zu treiben.

Als ich vom Obstgarten in den Hof trat, war jeder Traum von Gestern verweht. Der Obstgarten selber war eine Wüste. Weiß der Himmel, warum man ihn zerstört hatte. Jetzt wucherte er vor sich hin, nur von Gottes umherschweifenden Winden beschnitten. Auch das Haus war ein Trümmerhaufen. Dach und Speicher waren wie weggeblasen, ebenso eine ganze Wand. Gras und Unkraut sprossen aus dem Fußboden. Ich hielt den Anblick unseres Hauses nicht lange aus und wandte mich ab, mit einem Kloß im Hals.

Im Hof hielt mich etwas auf. Dort wuchs, fest verwurzelt und noch grün voller Leben, mein Feigenbaum. Ich lief zu ihm hinüber und streichelte mit der Hand die rauhe Rinde und den Weinstock, der noch immer wie ein Spalier seine

Zweige, stark wie Seile, an ihm hochrankte. Hier war immer mein besonderes Versteck gewesen – der Platz, an dem Atallah mich fand, als Vater die Soldaten angekündigt hatte.

Inmitten dieser lebhaften Erinnerungen erschien mir deutlich Vaters Gesicht – ein jüngeres Gesicht, liebevoll und zugleich streng, so wie damals, als er Rudah die Leviten gelesen hatte, weil dieser zu unserem Schutz ein Gewehr mit nach Hause gebracht hatte. *Juden und Palästinenser sind Blutsbrüder,* hatte er gesagt. *Das dürfen wir nie vergessen.*

Nun, da ich Vaters veredelten Feigenbaum sah, wußte ich, was diese Worte bedeuteten. Als Kind hatte ich erfahren, daß wir mit den jüdischen Leuten aus anderen Dörfern gut zurechtgekommen waren, daß wir mit ihnen Tauschhandel betrieben hatten und daß die Männer es genossen, wenn sie gelegentlich miteinander in religiöse Diskussionen gerieten. Aber mit meiner Ausbildung am Seminar war mir plötzlich und überwältigend die Aussage des heiligen Paulus über die junge Kirche aufgegangen: Gott hatte eine trennende Wand niedergerissen, und es gab *»nicht mehr Juden und Griechen, nicht Sklaven und Freie, nicht Mann und Frau«;* denn alle sind *»Abrahams Nachkommen, Erben kraft der Verheißung«* (Gal 3, 28–29). Weiter hatte Paulus gesagt: *»Denn nicht alle, die aus Israel stammen, sind Israel; auch sind nicht alle, weil sie Nachkommen Abrahams sind, damit schon seine Kinder... nicht die Kinder des Fleisches sind Kinder Gottes, sondern die Kinder der Verheißung werden Abrahams Nachkommen heißen«* (Röm 9, 6–8). Wir Nicht-Juden waren in Gottes auserwähltes Glaubensvolk »eingepflanzt« worden, so wie Vater sechs verschiedene Feigenbäume zusammengepflanzt hatte, um einen neuen herrlichen Feigenbaum zu schaffen. Unterhalb der rauhen Rinde, wo meine Hand ruhte, war das lebendige Holz so ineinander übergegangen, daß, wenn ich den Baum fällte, ich nicht sehen würde, wo eine Art aufhörte und die andere anfing.

Wie traurig, daß die Menschen Gottes Friedensplan für die getrennten Brüder ignorierten, ja sogar eine Gruppe unterstützten, ihre Macht zu mißbrauchen, um andere fortzutreiben. Solche Einstellungen hatten die junge Kirche gespalten und Juden und Nicht-Juden auseinandergetrieben. Ich hatte mich über meine Studienkollegen und Professoren gewundert. In Diskussionen waren sie oft wütend geworden, wenn ich den Standpunkt vertreten hatte, daß Palästinenser ebenfalls ein von Gott gegebenes Recht hätten, in Israel zu leben, im Land zu säen und zu ernten und als Gleichberechtigte, nicht als Bürger zweiter Klasse, dort zu leben. Waren wir etwa nicht »Kinder der Verheißung«, als Abrahams Nachkommen bezeichnet?

Sofort schwenkte unsere Diskussion dann zu den Prophezeiungen des Alten Testaments um. Wieder und immer wieder wurde ich gefragt: »Hat Gott nicht versprochen, das Volk Israel wieder in seinem Vaterland zu sammeln?«

Natürlich war die Antwort »ja«. Aber das war nicht die einzige Frage, noch war es das Hauptanliegen der Propheten. Um diese Sache verständlich zu machen, mußte ich mit einer anderen Frage beginnen: »Wem hat Gott das Land wirklich versprochen?« Meine Freunde hoben dann sofort die Augenbrauen und argwöhnten, daß meine Äußerung auf eine heikle, politische Zweideutigkeit hinziele. Ich wies dann einfach immer auf das Gesetz des Alten Testaments hin, in dem Gott zu den Juden sagt:

»... denn das Land gehört mir, ihr seid nur Fremde und Halbbürger« (Lev 25,23).

Meine Freunde hielten mir sofort entgegen: »Aber Gott hat das Land Abraham verheißen, dann seinem Sohn Isaak und auch Isaaks Sohn Jakob, der einen neuen Namen bekommen hat: Israel.«

Das war richtig. Dennoch ist es schwierig, Abrahams Antwort auf ein so großzügiges Geschenk, über das er und seine Nachkommen die Verwalter sein sollten, richtig zu interpretieren. Er pflügte nicht das Land, indem er seine Bewohner vertrieb, er übte keine Gewalt aus, um seinem Besitz »Recht« zu verschaffen. Obwohl er der Vater des Glaubens für Juden wie für Christen werden sollte, wußte er, daß er nicht der erste Bewohner Kanaans war, der nur den einen wahren Gott verehrte. Melchisedek, der Priester-König von Salem, begrüßte Abraham einst mit den Gaben von Brot und Wein und mit einer Willkommensbotschaft von Gott. Offensichtlich hatten Melchisedek und sein Volk das Land schon vor Abraham bewohnt, Gott verehrend und anbetend, wie es der Brauch war seit Noach und seinen Vätern. Niemals hatte Abraham versucht, Melchisedeks Thron gewaltsam an sich zu reißen, noch hatte er anderen Land abgenommen. Er lebte als Nomade. Als Sarah, seine Frau, gestorben war, kaufte er ordnungsgemäß und ganz bescheiden eine Höhle in Hebron als Begräbnisstätte.

Dann wollte ich eine kritische Frage stellen: »Was erwartete Gott von Abrahams Nachkommen, die als Verwalter in seinem Land wohnten?«

Bei den Propheten des Alten Testaments suchte ich nach einer Antwort. Während des Studiums wurde mir mit Bestürzung klar, daß Gott eine besondere Berufung an seine »Verwalter« ergehen ließ. Dieser Ruf war von einem solchen Gewicht, daß mich der Gedanke daran erzittern ließ: Gott forderte von ihnen, daß sie seine Wesensart der ganzen Welt mitteilten, daß sie sein Angesicht in allem Tun sichtbar machten, angefangen von der Art und Weise, wie sie ihre Regierungen führten, bis hinunter zu den Maßen und Gewichten auf dem Marktplatz. Oftmals waren sie erbärmlich nachlässig gewesen; unter Gottes Zorngericht konnten fremde Mächte wie etwa die Babylonier sie zerschlagen. Zum Schluß bediente Gott sich der Römer, um Israel zu zertreten und sein Volk in alle Winde zu zerstreuen.

Trotzdem rettete Gott noch ein letztes Mal nach jahrhundertelangem Leiden. »Warum«, fragte ich meine christlichen Freunde, »warum errettet er wohl ein Volk, das er immer wieder als ›halsstarrig‹ bezeichnet hat?«

Als Antwort las ich dann aus dem Propheten Ezechiel vor. Als Ezechiel von dieser letzten Errettung sprach, richtete er mit Gottes mächtiger Stimme diese Drohbotschaft an das Volk in Israel:

»Nicht euretwegen handle ich, Haus Israel, (und sammle euch aus allen Ländern), sondern um meines heiligen Namens willen, den ihr bei den Völkern entweiht habt, wohin ihr auch gekommen seid. Meinen großen, bei den Völkern entweihten Namen, den ihr mitten unter ihnen entweiht habt, werde ich wieder heilig machen.« (Ez 36, 22–23)

Hier hielt ich inne. Gott stand offensichtlich treu zu seinen Verheißungen an die Juden. Darin spiegelte sich seine eigene ewig getreue Natur, nicht die Absicht, menschliche Tugend zu belohnen. Ich versuchte meinen christlichen Freunden zu zeigen, daß Gott den Nicht-Juden ein Licht, uns, die wir im Finstern gelebt haben, seinen Sohn gesandt hat, obwohl wir einer solchen Ehre nicht würdig waren.

Noch einen entscheidenderen Grund gab es, warum Gott das jüdische Volk abermals errettet hat – diese Rettung vollzog sich vermutlich jetzt im 20. Jahrhundert. Ich fuhr fort zu lesen, denn Ezechiel hat Gottes wahre Absicht enthüllt:

»Und die Völker – Wort Gottes, des Herrn – werden erkennen, daß ich der Herr bin, wenn ich an euch vor ihren Augen beweise, daß ich heilig bin.« (Ez 36, 23b)

Ja, da stand viel Wichtigeres auf dem Spiel als nur ein Stück Land. Mit der wahren Verheißung, Israel wieder zu vereinigen, soll der Welt gezeigt werden, daß er heilig ist und ein heiliges Volk führt.

Genauso klingt diese zweischneidige Verheißung im ganzen Buch Jesaja an: Gott würde die Israeliten trösten, indem er sie aus den Händen ihrer Peiniger unter den Völkern befreie und sie auffordere, ihrer Berufung gemäß zu leben. Sie sollten nicht eine Art äußerliche Religiosität an den Tag legen und sich wie jedes andere Volk benehmen. Als Gott ihnen sogar versprach, sie noch einmal zu erretten, verurteilte er ihre früheren Taten, indem er sagte, er habe *»auf Recht gehofft, doch alles war schlecht. Er erwartete Gerechtigkeit, doch er hörte nur, wie der Rechtlose schreit.«* (Jes 5,7)

Darum prophezeite Jesaja, daß Gott die Juden nicht nur in einem gewöhnlichen, weltlichen Staat versammeln wollte; er verlangte:

»Stellt für die Völker ein Signal auf, um die vertriebenen Israeliten wieder zu sammeln, um die Zerstreuten Judas nach Hause zu führen von den vier Enden der Erde.« (Jes 11,12)

In den darauffolgenden Jahren gab es dann einige, welche die Auslegung der Prophezeiung allgemeinverständlich machen wollten. Sie schrieben ganze Bücher und behaupteten, seit Israel sich wieder in seinem rechtmäßigen Land befinde, sei alles für die zweite Ankunft Christi bereit. Aber meiner Ansicht nach war das eine unvollkommene Deutung der Prophetie. Jesaja nämlich hat unmißverständlich gesagt, daß Gott eine echte Umkehr des jüdischen Volkes fordere, eine Wandlung ihres überlieferten Ausschließlichkeitsanspruchs, auf Grund dessen sie glaubten, die alleinigen Lieblinge Gottes zu sein. Alle Propheten haben betont, daß ein solches Denken zu Stolz, Irrtum und Missetat verleiten würde. Das neu vereinte Israel sollte anders aussehen. Jesaja legte schriftlich nieder:

»So spricht der Herr:

Wahrt das Recht, und sorgt für Gerechtigkeit; denn bald bringe ich Rettung, meine Gerechtigkeit wird sich bald offenbaren. Wohl dem Mann, der so handelt... Der Fremde, der ein Verehrer des Herrn geworden ist, soll nicht sagen: Der Herr wird mich sicher ausschließen aus seinem Volk... ihnen allen errichte ich in meinem Haus und in meinen Mauern ein Denkmal, ich gebe ihnen einen Namen, der mehr wert ist, als Söhne und Töchter: Einen ewigen Namen gebe ich ihnen, der niemals ausgetilgt wird. Die Fremden, die den Herrn verehren, die ihm als Knechte dienen und seinen Namen lieben, ... sie bringe ich zu meinem heiligen Berg und erfülle sie in meinem Bethaus mit Freude... Wort Gottes, des Herrn, der die vertriebenen Söhne Israels sammelt: Noch mehr, als ich schon von ihnen gesammelt habe, will ich dort versammeln.« (Jes 56, 1–8)

Ich hatte mich unter den Feigenbaum gesetzt und lehnte meinen Kopf an seinen rauhen Stamm, als diese Prophezeiungen wieder meine Gedanken überzogen. Wie ein roter Faden hatten sich Recht und Rechtschaffenheit im Buch Jesaja abgezeichnet. Gott wollte sein neues Haus Israel wie ein Banner der Gerechtigkeit vor allen Völkern der Erde aufrichten. Das Israel Gottes schloß »Fremde« ein, also auch diejenigen, die nicht aus dem irdischen Stamme Israels kamen, die aber eingepflanzt waren in diese Familie, eben gepfropft wie die Äste auf diesen Feigenbaum. Und wie traurig, dachte ich, daß man uns wie unerwünschte Äste abgeschnitten hat.

Ich erhob mich und ging zurück zum Wagen. Ich hatte an diesem Morgen einen anderen Bestimmungsort. Während sich mein Weg die Hügel hinabschlängelte, an springenden Quellen und tiefgrünen Hainen vorbei, näherte ich mich einem anderen außergewöhnlichen Ort, nach dem ich mich gesehnt hatte: dem Berg der Seligpreisungen.

Während der Fahrt erklangen die Stimmen der alten Propheten in mir. Ich führte heftige Selbstgespräche, indem ich meinerseits Fragen an sie richtete. Für mich als Palästinenser war Israel nicht aus Rechtschaffenheit in das Land seiner Väter zurückgekehrt, sondern um mich zu unterdrücken. Ich war als Christ, das wußte ich, in die wahre Familie Israels eingepflanzt worden, obwohl dies mich oder mein Volk nicht vor Ungerechtigkeit bewahrt hatte. Und wie sollte ich darauf antworten? Als Christ hatte ich eine genauso beschwerliche Berufung wie als Sohn Israels. Ich konnte mich mit den gewalttätigen Gruppen, die jetzt das Land attackierten, nicht identifizieren, obwohl ich ihre Frustration nachfühlen konnte. Aber ich konnte genausowenig den passiven Weg meines Vaters und meiner älteren Brüder gehen. War meine Weigerung, mich niederzulegen und zertreten zu lassen, zuzuschauen, wie unseren jungen Leuten Ausbildung, Arbeit und ein anständiges Zuhause verweigert wurden, nur mein typischer Eigensinn? Oft hatte ich mich wegen meiner Gefühle schuldig gefühlt, aber ich konnte sie nicht länger verleugnen.

Am Berg der Seligpreisungen parkte ich auf dem Besucherparkplatz. Die Franziskaner hatten die Nachbildung einer byzantinischen Kirche auf dem Berg errichtet. In der Nähe hatten sie ein Haus der Stille bereitet. Im Moment war ich nicht darauf erpicht, Touristen oder einem der Brüder, die ich kannte, zu begegnen. Ich folgte dem kiesbedeckten Fußweg, der von den Gebäuden wegführte, unter den Bäumen hinaus auf die offene Hügelseite, wo man den See Gennesaret vor sich hatte. Als ich eine lange, in den Berg gehauene Treppe hinunterging, hielt ich inne. Der herrliche Blick auf den blauen See, von Hügeln im Westen und Osten eingerahmt, nahm mich gefangen. Diese Landschaft war unverändert seit den Tagen, da Jesus zu Fuß durch Galiläa gezogen war. Gefolgt von einer riesigen Menschenmenge aus der Umgebung, aus Jerusalem, Judäa und von jenseits des Jordans, war er hier hochgestiegen und hatte zum ersten Mal dem Volk gepredigt.

Viele Frauen und Kinder hielten sich wohl, wie es Sitte war, im Hintergrund auf. Im Vordergrund lagerten die Männer auf dem grasbedeckten Hügel. Ohne Zweifel waren jüdische Zeloten unter ihnen, jene politischen Aktivisten, die den gewaltsamen Sturz der römischen Besatzungsmacht planten. Vielleicht hofften sie, daß Jesus eine flammende Rede für ein vernichtendes Vorgehen gegen den Kaiser halten würde. Bestimmt waren auch welche aus der Gruppe der Pharisäer dabei, ihre langgequasteten Gewänder raffend und die Rechtgläubigkeit Jesu kontrollierend, um ihn zu steinigen, sobald er gegen ihre strengen Lehrsätze verstoßen würde. Seitwärts standen wohl die Bauern, die gewöhnlichen Handelsleute und ein paar Schafhirten. Respektvoll und demütig hörten sie auf die tröstenden Worte ihres Lehrers, auf die Botschaft, welche die Last, die politische Fanatiker ebenso wie grimmig dreinblickende Fromme auf ihre Schultern geladen hatten, leichter machen würde. Vielleicht war unter ihnen ein Samariter, ein verachteter Ausgestoßener. Nachdem Jesus sie alle angesehen hatte, begann er, das Gesetz und die Propheten mit neuer, belebender Weisheit zu erfüllen.

Selig die Armen im Geist; denn ihnen gehört das Himmelreich ...

Ich war aufs neue von diesen Worten gefesselt. Durch die Jahre hindurch waren sie mir in Fleisch und Blut übergegangen. Vielleicht hatte die große Vertrautheit mir ihren wahren Sinn verschleiert. Die Worte Jesu brannten in mir zum ersten Mal in ihrer vollen Bedeutung.

Die Seligpreisungen waren Prophezeiungen! Nicht nur Plattheiten. Jesu prophetische Tätigkeit hat hier auf diesem Hügel, auf dem ich gerade stand, richtig begonnen. Hier war er aufgebrochen, um seinen Auftrag, die Juden und Heiden zu einer Familie und zu einem Königreich zu vereinigen, durch seinen Tod zu besiegeln. Nicht die Stolzen, sondern die Armen im Geiste sollten in sein kommendes Königreich gelangen, wo Gottes Wille »wie im Himmel also auch auf Erden« sich erfüllen soll.

Nicht alle würden seine Idee von einem geeinten jüdisch-heidnischen Königreich willkommen heißen. Und doch wußte er nur zu gut um die Schmerzen der Unterdrückung und des Verlustes. Es würde neben seinem eigenen Leiden andere Leiden geben, und diesen Betroffenen sagte er:

Selig die Trauernden; denn sie werden getröstet werden ...

Die nächste Prophezeiung setzte mich in Staunen.

Selig die Sanftmütigen; denn sie werden das Land erben ...

Sofort dachte ich an Mose, der der »sanftmütigste Mann der Welt« genannt wurde. Dennoch hatte er sich dem Pharao und ganz Ägypten widersetzt und auf Freiheit für das Volk Gottes bestanden. Demut war demnach nicht Schwachheit, sondern bedeutete, auf die Kraft Gottes zu vertrauen, wie Mose es getan hatte.

Nun war ich neugierig, wie Jesus das Wort »Land« gebraucht hatte. Von meiner Seminarausbildung in alten Sprachen wußte ich, daß das griechische Wort dafür »ge« war, was auf hebräisch »aretz« heißt. Es war dasselbe Wort, das von den heutigen Juden in bezug auf Israel gebraucht wird. Sie sagen: »Ha'aretz«: Das Land. Und es ist der gleiche Ausdruck, den König David in einem Psalm verwendet hatte, der auch von Jesus oftmals zitiert wurde:

Errege dich nicht über die Bösen, wegen der Übeltäter ereifere dich nicht ... Vertrau auf den Herrn und tu das Gute ... Eine Weile noch, und der Frevler ist nicht mehr da ... Doch die Armen werden das Land bekommen, und sie werden Glück in Fülle genießen (Ps 37, 1.3.10.11).

Hatte Jesus wirklich gemeint, die wahren Söhne Israels, ob nun jüdischer oder nicht-jüdischer Abstammung, hätten das von Gott gegebene Recht, das Land Israel zu bewohnen? Nach der Verheißung Gottes durch Jesaja – nämlich, daß er den »Fremden ... einen Namen, der mehr wert ist als Söhne und Töchter« geben wird – war es so gemeint.

Diese Gedanken waren so schnell auf mich eingestürzt, daß ich in Schweigen und Furcht verfiel. Wenn das alles stimmte, was konnte ich dann dabei tun? Meine Phantasie spielte mit den Gesichtern der Menschen, die vor langer Zeit einmal Jesus zugehört hatten. Wie konnten diese schönklingenden Worte die Sachlage ändern, wenn eine ungerechte Militärregierung herrschte, die Andersdenkende in den Tod schickte? Wenn sie in Furcht vor einem strikten, unversöhnlichen religiösen Gesetzbuch lebten?

Die folgenden Worte Jesu trafen mich wie ein Blitz:

Selig, die hungern und dürsten nach der Gerechtigkeit; denn sie werden satt werden ...

Jesaja hatte Rechtschaffenheit und Gerechtigkeit miteinander verbunden. Und Jesus, der sich oft auf Jesaja berufen hatte, wußte das sicherlich. Er war ja gekommen, um Gerechtigkeit und Rechtschaffenheit zu bringen. Immer wieder hatte er gezeigt, daß die starren Gesetze des Alten Testaments nur ein Schatten des höheren Gesetzes der Liebe Gottes sind, das zu erfüllen er gekommen war. Die reuige Ehebrecherin wurde nicht gesteinigt, vielmehr wurde ihrer Schwachheit verziehen. Die Blinden und Lahmen wurden am Sabbat geheilt, weil »der Sabbat für den Menschen da ist«. Der samaritische Ausgestoßene wurde zu einem Menschen von Ehre und Ansehen. Eines der ersten Dinge, die Jesus vollbracht hatte, als er die Menschen mit Gott versöhnte, war, daß er die Menschenwürde wiederherstellte.

Der Grund, weshalb die Worte Jesu mich so betroffen machten, war der: Mir wurde plötzlich klar, daß der erste Schritt zur Versöhnung zwischen Juden und Palästinensern die Wiederherstellung der Menschenwürde sein müßte. Gerechtigkeit und Rechtschaffenheit waren das, wonach ich hungerte und dürstete: Das war die dritte Möglichkeit, die wie ein gerader Weg zwischen gewalttätigem Widerstand und erstarrter, passiver Ergebenheit verlief. Wenn mir wirklich aufgetragen war, Gottes Botschaft meinem Volk zu bringen, müßte ich die Frauen und Männer, die erniedrigt und unterdrückt worden waren, aufrichten, wie Jesus es getan hatte. Nur wenn sie ihre zerstörte Menschenwürde wiedergewinnen würden, könnten sie mit dem israelischen Volk, das sie bisher als ihren Feind betrachtet hatten, versöhnt werden. Ich war mir sofort klar darüber, daß das über alle Ansprüche auf Land und rechtlichen Besitz hinausgehen würde; es war der wahre Anfang.

Während diese Textstelle mir im Kopf herumging, folgte eine andere Stelle wie der Donnerschlag auf den Blitz:

Selig, die Frieden stiften; denn sie werden Söhne Gottes genannt werden.

Wenn ich ein wahrer Diener Gottes und der Menschen werden wollte, war es meine erste Berufung, ein *Friedensstifter* zu sein. Es schien, daß ich durch diese Worte endlich meinen Weg gefunden hatte. Ich merkte vorerst gar nicht, daß mein Herz eines noch tieferreichenden Anstoßes bedurfte.

In diesem Augenblick brach ein Bus voll mit kamerabewaffneten Touristen in meine Träume ein. Es machte mir nichts aus, da meine Richtung jetzt klar vor mir lag. Außerdem hatte die Hitze des Tages zugenommen. Als ich zum Auto zurückeilte, fühlte ich, daß das unsichtbare Band des inneren Friedens mit den Worten meines Meisters sich in mir wieder straffte. Die Worte, die er auf diesem Berg gesprochen hatte, hatten mich als Kind getröstet, als man mich beschuldigt hatte, das Telefonkabel in dem nahen Kibbuz zerschnitten zu haben. Jetzt, als junger Mensch am Anfang meiner Lebensaufgabe, leiteten mich dieselben kraftvollen, einfachen Worte wieder an und gaben mir Sicherheit und Führung.

Als ich in den Volkswagen stieg, flackerte eine neue Vorstellung in mir auf. Wieder war es eine Menschenmenge, dieses Mal modern gekleidet, und ich war es, der ihnen eine Botschaft der Liebe, der Hoffnung und der Versöhnung brachte. Mit jedem Satz hoben sich ihre herabhängenden Schultern ein wenig, und auf ihren verzagten Gesichtern breitete sich ein Lächeln aus. Gott hat sie nicht im Stich gelassen, um Bürger zweiter Klasse zu sein, sagte ich mir. Er liebte sie doch. Sie hatten ein Recht darauf, in diesem Land zu leben. Es war an der Zeit, in die Versöhnung mit unseren jüdischen Brüdern einzutreten.

Der Volkswagen flog fast über die Straßen nach Nazaret zurück. Und meinem Herzen, das vor Plänen, Hoffnungen und Idealen platzte, wuchsen auch Flügel.

Einige Wochen nach meinem Ausflug in das Obere Galiläa wurde ich zum Bischof gerufen. Ich war nervös und aufgeregt, aber auch froh, weil ich wußte, daß ich meine erste Aufgabe bekommen sollte. Ich hatte gehört, daß Faraj schon eine Stellung bekommen hatte – eine Gemeinde in Nazaret.

»Elias«, der Bischof strahlte mich an, »Sie werden nach Ibillin in Galiläa geschickt, ein Dorf mit einigen Tausend Einwohnern.«

»Danke schön, Herr Bischof«, entgegnete ich, »aber – entschuldigen Sie – ich habe noch nie etwas von Ibillin gehört. Wo liegt Ibillin?«

»Oh, Sie werden keine Schwierigkeiten haben, es zu finden«, fuhr er eilig fort. »Wir geben Ihnen eine Landkarte und ein paar Anweisungen mit.« Dann hielt er inne. »Hm... es ist ein ziemlich kleines Dorf. Bescheiden. Vielleicht etwas armselig. Die Situation dort ist – nicht einfach. Wir dachten, daß Sie es vielleicht einen Monat dort versuchen könnten. Es schadet nicht, oder? Wenn es den Anschein hat, daß es nicht klappt, werden wir nach einer anderen Aufgabe für Sie Ausschau halten.«

Bevor ich etwas dazu sagen konnte, fuhr er fort: »Ich habe schon einen Brief an den Vorsteher der Kirche geschickt. Sie hatten dort einige Zeit keinen Priester. Er erwartet Sie am 15. August.«

Jäh wurde die Unterhaltung beendet. Ich wurde in die Halle hinausbegleitet mit einem Dutzend oder mehr unbeantworteter Fragen in mir.

Es machte wohl nichts aus. Die Botschaft von der Menschenwürde für alle und der Versöhnung mit unseren Gegnern stand mir noch immer deutlich wie ein Aufruf im Sinn. Ich würde diese Botschaft meinem Volk bringen. Im Frühsommer bereitete ich mich zum Aufbruch nach Ibillin vor. Ich malte mir aus, wie meine kleine »Herde« mich wohl willkommen heißen würde.

Am Morgen des 15. August konnte nicht einmal die glühende Hitze meine Sprünge bremsen, als ich das Auto belud und losfuhr, um Ibillin zu finden. Es gab so viele kleine Dörfer zwischen den Hügeln; wenn ich nun auf eine Nebenstraße käme oder falsch abbiegen würde ...

... ich hatte stundenlang gesucht, bis ich schließlich auf eine Straße kam, die etwas mehr als ein dreckiger Pfad war, dünn mit zerbröckeltem Teer und Kies belegt. Auf der Landstraße nördlich von Nazaret hatte ich einen Soldaten per Anhalter mitgenommen, der mir getrost versichert hatte, daß er wisse, wo sich Ibillin befinde. Als ich ihn schließlich bei seinem Stützpunkt absetzte, fuchtelte er nur herum und sagte: »Diese Richtung. Nur noch ein Stückchen weiter.« Ich fand mich in Tiberias wieder, in der westlichen Ecke des Landes, wo ein Tankwart müde lächelte, den Kopf schüttelte und mich nach Nazaret zurückverwies. Ich war vom Weg abgekommen, was mich eineinhalb Stunden kostete. Jetzt war ich aber endlich auf der Straße nach Ibillin, das höchstens dreißig Minuten von Nazaret entfernt war.

Ich gab Gas und schlängelte mich die steile, durch Olivenhaine führende Straße zum Dorf hinauf. Wie die meisten Dörfer lag auch Ibillin auf einem Hügel. Armselige Häuser aus gebrannten Lehmziegeln säumten die Straße. Drei, vier Kinder trieben sich vor meinem Wagen herum, so daß ich bremsen mußte – hübsche Mädchen und Jungen, mit schwarzem Haar und großen, verwunderten Augen. Sie waren armselig gekleidet, ohne Schuhe, und ignorierten meinen Gruß. Ein paar ältere Männer, die Köpfe in schützende Kafiyehs gewickelt, starrten mich finster an, als ich ihnen zuwinkte. Ich begriff plötzlich, wie wenig ich über dieses Dorf wußte.

Auf der Anhöhe bog ich in den Kirchhof ein. Obwohl ich von der Hitze und der langen Fahrt erschöpft war, war ich neugierig auf die Kirche. Vor einem baufällig wirkenden Gebäude stieg ich aus dem Auto und fragte mich, wo sich denn wohl das Pfarrhaus befände.

Es war aufregend: Hier also würde ich mein Lebenswerk beginnen. Eine laute, wütende Stimme riß mich aus meinen Gedanken. Ein Mann mittleren Alters stürzte aus der Kirchentür, schrie und ruderte mit den Armen. Nebenbei bemerkte ich, daß die Tür fast aus den Angeln fiel.

»Verschwinden Sie hier! Wenden Sie den Wagen und verschwinden Sie!« bellte er und raste auf mich zu.

Verwirrt wich ich zum Auto zurück und platzte heraus: »Entschuldigen Sie. Ich bin Elias Chacour, der neue –«

»Ich weiß genau, wer Sie sind«, unterbrach er mich. Er stand mir jetzt genau gegenüber und schrie mir ins Gesicht. »Ich habe den Brief über Ihre Ankunft vom Bischof bekommen.« Es war unglaublich. Dieser launische Mensch sollte der Kirchenvorsteher sein, der Mann, der sich um Haus und Hof kümmerte und mit den finanziellen Angelegenheiten befaßte – der Mann, der mich willkommen heißen sollte.

»Wir wollen Sie hier nicht!« tobte er. »Haben Sie verstanden? Verschwinden Sie!«

Nur mein beweglicher Verstand und eine Portion Frechheit bewahrten mich davor, leibhaftig aus Ibillin hinausgeworfen zu werden.

Während der Vorsteher mir immer noch ins Gesicht brüllte, griff ich unwillkürlich nach seiner Hand. Er meinte wohl, daß ich ihn beiseite stoßen wollte, denn sein Atem stockte mitten im Satz und sein Kiefer klappte herunter. Woher ich den Mut nahm, wußte ich nicht, aber ich sagte spontan: »Laß uns zusammen beten.«

Neben dem verdutzten Vorsteher am Wagen lehnend, öffnete ich den Mund, wußte aber noch nicht, was herauskommen würde. »Gott, führe uns als christliche Brüder zusammen. Hilf uns, unsere Meinungsverschiedenheiten aus dem Weg zu räumen.« Welcher Art sie waren, wußte ich nicht.

Für einen Moment hatte ihn mein Gebet sprachlos gemacht. Als ich aber aufhörte, schimpfte er wieder los, obwohl ich bemerkte, daß seine Stimme nicht mehr so beißend war.

»Wenn Sie bleiben wollen, ist es besser, Sie gehen zuerst und bringen uns all das zurück, was ihr Priester uns gestohlen habt.«

Diese Anschuldigung machte mich stutzig. »Was für Sachen? Ich wurde erst vor einigen Wochen geweiht. Ich hatte bisher noch keine Gelegenheit, etwas zu stehlen.«

»Was für Sachen«, äffte er mich nach. »Ich werde Ihnen zeigen, was für Sachen.« Er packte mich am Ärmel und zog mich in Richtung Kirche.

Der Innenraum war nur schwach erhellt und kühl. Ich war dankbar – auch wenn ich gezerrt worden war –, der unbarmherzig brennenden Sonne zu entkommen. Als meine Augen sich an das Halbdunkel gewöhnt hatten, wurde ich traurig über das, was ich da sah. Die Kirche war ein erbärmliches

Durcheinander. Die kaputte Tür, die ich bemerkt hatte, hing tatsächlich nur noch an einer Angel. Das Innere war kahl und leer bis auf ein paar krumme Holzbänke. Die nach oben offenen Wände waren von Rissen überzogen, der Verputz gebröckelt und abgeblättert. Die zarten Fresken, die einmal die Wände geschmückt hatten, hingen in farbigen Fetzen von der Mauer. Die einst kostbaren Draperien im Altarraum waren zerschlissen und verkommen.

Während ich dieses Schlachtfeld sprachlos inspizierte, fuhr der Vorsteher mit seinen Beschuldigungen gegen den vorigen Pfarrer fort. Dieser war vor Jahren in einer Nacht einfach verschwunden und hatte Kelch und Patene, die bei der Kommunion benutzt wurden, sowie die meisten Bänke und sogar die äußere Waschraumtüre mitgenommen.

Dann zog er mich wieder am Ärmel und schob mich in die brennende Nachmittagssonne hinaus, um mir das »Pfarrhaus« zu zeigen. Wie ich schon befürchtet hatte, war es das kleine baufällige Gebäude, vor dem ich geparkt hatte.

»Wenn Sie hierbleiben«, bemerkte er mit Nachdruck, »werden Sie hier wohnen.«

Bei schneller Besichtigung der beiden kleinen Räume des Hauses zeigte sich, daß ein verschmierter Ofen vorhanden war, aber kein Bett, überhaupt keine Waschraumeinrichtung mehr, seit die hintere Tür mit meinem Vorgänger verschwunden war. Eine demolierte Petroleumlampe, die einzige Lichtquelle, stand auf einem dreibeinigen Tisch. Das Wasser zum Waschen, Trinken oder Kochen war kalt und floß aus einem undichten Außenhahn. Als der Bischof mich darüber in Kenntnis gesetzt hatte, daß Ibillin »eine Herausforderung« sei, hatte er seine Rede natürlich nicht an Einzelheiten verschwendet. Ich versuchte, mich selber zu trösten, und dachte, ein Monat – es ist nur für einen Monat.

Als ich mich wieder an den Vorsteher wandte, der mich verstohlen beobachtet hatte, lächelte ich und sagte: »Das ist passend. Genau richtig. Ich werde bleiben.« Er drückte sich noch lange herum, um mir zuzusehen, wie ich meine Koffer aus dem Auto beförderte; dann verließ er mich angewidert. Ich versuchte mich einzurichten und schob die Kirchenbänke zu einem Bett zusammen. Mir kam der flüchtige Gedanke, daß Ibillin wohl der beste Platz wäre für meinen ersten kleinen Versuch, ein Friedensstifter zu werden. Dann schob ich diesen Gedanken aber beiseite. Ich würde das Beste daraus machen – jedoch nur für vier Wochen.

Was ich in den nächsten Tagen über Ibillin erfuhr, war sehr traurig. Denn das Dorf selber war, wie die Kirche auch, am Ende. Ich fand heraus, daß Ibillin eine alte Niederlassung war; einer der Bewohner war ein Kirchenvater, der beim Konzil von Nizäa 325 n. Chr. eine Hauptrolle gespielt hatte. In den darauffolgenden Jahrhunderten war das Dorf Schauplatz der Kämpfe zwischen Kreuzrittern und islamischen Heeren geworden. Der berühmte Saladin hatte in der Nähe eine Festung gebaut, seine krummsäbelschwingenden Streitkräfte sorgten dafür, daß über diesen Hügeln Blut vergossen wurde. Doch das Licht des Christentums flackerte weiter, es kam nicht zum Erlöschen, und die Kirche blieb stark bis ins 20. Jahrhundert.

Erst während der Umwälzungen in den 40er Jahren, als die Familien sich zerstreuten, zerbrach das alte soziale Gefüge Ibillins. In den Kriegswirren gerieten Moslems, griechisch-orthodoxe und melkitische Christen hart aneinander. Eine Moschee, ein orthodoxes Heiligtum und unsere eigene Kirche streckten sich nun nach der Spitze desselben Hügels, jede Gruppe wetteiferte um Macht und Einfluß in Ibillin. Die Spaltung war verheerend. Abgesehen von Problemen wie Kriminalität und Alkoholismus hatten die Dorfräte nicht einmal eine Lösung für die veraltete, unzulängliche Wasserversorgung parat. So wurde nichts unternommen, nur Haß breitete sich aus.

Sogar Familien entzweiten sich in heftigem Streit. Einer der tragischsten Fälle war die Familie, in der sich vier Brüder, einer davon der Dorfpolizist, so bekriegten, daß die Leute von der Straße eilten, wenn sie zwei von ihnen aufeinander zugehen sahen. Es schmerzte mich tief, als ich erfuhr, daß die Brüder gläubige, ja sogar aktive Glieder der Kirche waren.

Das Bedrückendste war der teuflische Haß der Christen, denen zu dienen ich gekommen war. Die Kirche war durch Feindseligkeiten so zerrüttet, daß immer nur eine Handvoll Gläubige zum Gebet erschien. In erster Linie war es Enttäuschung darüber, daß die Kirchenleitung die Frage nach Gerechtigkeit und Gleichheit vermied und der neuen Regierung, die gegen uns kämpfte, den Hof zu machen schien. Die Bischöfe und Erzbischöfe schienen stärker daran interessiert, ihre Heiligtümer – die »heiligen Steine« – zu hüten, als dem Zionismus entgegenzutreten, sie redeten einfach nicht offen. Den letzten Schlag versetzte ihnen dann noch der vorige Seelsorger, als er, mit dieser zerrütteten, erbärmlichen Situation konfrontiert, einfach verschwand. Wen wundert es da, daß Hoffnungslosigkeit den Glauben verschüttet hatte.

Was auch immer die kirchliche Hierarchie für Wunden geschlagen und der vorige Seelsorger verbrochen hatte, der Vorsteher verschlimmerte die Lage nur. Durch Besuche bei den Nachbarn, auch wenn sie mich nur ungern sahen, fand ich auch heraus, daß der Vorsteher mit harter Faust regierte. Er hatte die Macht ergriffen und bestimmte, wer in der Kirche willkommen war und wer nicht. Die meisten Leute waren es nicht. Er war mächtig, und keiner wagte, ihm entgegenzutreten.

Vielleicht war das die Herausforderung, die mich heimlich animierte. Der Vorsteher wollte mich nach einem Monat wieder gehen sehen. Ich würde aber länger bleiben – vielleicht ein paar Monate, vielleicht sogar ein Jahr.

Sofort hatte ich mich dazu entschlossen, jede Familie in Ibillin zu besuchen, ob sie nun Christen waren oder nicht. Für mich war es eine eindeutige Gelegenheit, die Liebe des Kreuzes in diesen zerschundenen Ort zu bringen, der zwischen Davidstern und Halbmond stand. Mit Begeisterung klopfte ich jeden Nachmittag an die Haustüren, um den Familien zu sagen, daß sie in der Kirche wieder willkommen seien. Da die Gastfreundschaft eine so tief in unserer Kultur wurzelnde Verhaltensweise ist, wurde ich nie abgewiesen und immer mit Kaffee und Früchten und einigen sorgsam gehüteten Süßigkeiten bewirtet. Einige Männer fertigten sogar freiwillig neue Bänke und reparierten die Kirchentüren. Aber immer noch sträubten sich die meisten, in die Kirche zurückzukommen, seltsamerweise sogar, darüber zu sprechen. Hinsichtlich der Größe des Dorfes merkte ich, daß es eine zeitraubende Arbeit werden würde, bis ich jede Familie erreicht hätte. Ich brauchte Hilfe.

An einem Nachmittag, schon Wochen nach meiner einmonatigen Probezeit, unterbrach ich meine Besuche und fuhr nach Nazaret. Ich wollte eine alte Bekannte treffen, eine tief religiöse Frau, die als Mutter Josephate bekannt war und eine Gemeinschaft christlicher Frauen leitete. Diese Schwestern lebten in Einfachheit und widmeten sich dem Gebet. Würden einige von ihnen wohl bereit sein, ihre Gemeinschaft zu verlassen und unter den ärmlichen Bedingungen von Ibillin mit mir zu arbeiten?

Mutter Josephate hieß mich herzlich willkommen, ihr liebes, vom Alter gezeichnetes Gesicht strahlte ein Mitleid aus, das mehr als nur Menschenliebe sein mußte. Wohlwollend hörte sie meiner Erzählung über die Schwierigkeiten in Ibillin zu und meiner Bitte um zwei Frauen aus ihrer Gemeinschaft, die kommen und helfen sollten, die Frauen im Dorf zu besuchen.

Als ich geendet hatte, sagte sie: »Ich bin überzeugt, daß dieser Wunsch nicht von Ihnen, sondern von Gott kommt. Ich bin sicher, daß einige mit Ihnen gehen werden. Trotzdem muß ich die Genehmigung des Superiors einholen, bevor ich Ihnen die Hilfe von zwei Schwestern versprechen kann.«

Damit hatte sie recht. Die Schwestern waren eine römisch-katholische Kommunität, und als solche unterstand sie der kirchlichen Hierarchie. Wir einigten uns darauf, daß ich nach einigen Wochen wiederkommen sollte, obwohl Mutter Josephate mir in ihrer liebenswürdigen Art versicherte, daß es da keine Schwierigkeiten geben würde. Aus ihrer Sicht war es nur eine Formalität, eine Sache der Unterordnung und des Gehorsams.

Noch bevor ich Mutter Josephate wiedersah, fand ich heraus, warum die Leute aus Ibillin sich so sträubten, über ihre Rückkehr in die Kirche überhaupt nur zu sprechen. Der Vorsteher hatte mitbekommen, daß ich Hausbesuche machte – und war wütend. Der vorige Seelsorger hatte sich nicht um solche Besuche gekümmert. Nun war der Vorsteher auf mich eifersüchtig und mißtrauisch, da er mich für einen frechen, unangenehmen jungen Mann hielt, der seiner Berufung nicht gewachsen war. Er begann mir ständig nachzuspionieren und erhob gegen meine Besuche bei Leuten, gegen die er aus irgendeinem obskuren Grund eine Abneigung hatte, massiven Einspruch.

Es gab da einen Mann, gegen den der Vorsteher einen absolut unvernünftigen Haß hegte. Habib war sein Name, ein freundlicher Mann, der rechts neben dem Pfarrhaus wohnte. Dieser hatte sich oft gegen die Annexion des restlichen palästinensischen Ackerlandes durch die israelische Regierung ausgesprochen, ein übles Verfahren, das in alarmierender Weise zugenommen hatte. Der Vorsteher verleumdete ihn, nannte ihn einen dreckigen Kommunisten und erlaubte ihm nicht, seinen Fuß auf kirchliches Eigentum zu sezten.

Ohne Zweifel hatte der Vorsteher einen verheerenden Einfluß auf die Gemeinde. Der mußte unterbunden werden. Auf der anderen Seite waren die Leute gegenüber jedem, der die Kirche repräsentierte, argwöhnisch. Ich konnte den Vorsteher nicht einfach beiseite schieben, auf diese Art würde ich wie ein machthungriger Tyrann wirken. Ich konnte keinen häßlichen Streit anfangen. Dennoch war eine Konfrontation unumgänglich. Sie würde die Gläubigen von Ibillin entweder für immer entzweien oder sie wieder vereinen.

Nachts, wenn mein Hals durch die Holzbänke steif wurde und meine Hüften blaue Flecke bekamen, stellte ich mir vor, wie Jesus zu seiner Zeit den zerstrittenen Parteien gegenübergestanden war. Ich dachte an die Pharisäer, die mißbilligend ihre Stirn gerunzelt hatten, als er auf eine Dirne oder einen Zöllner zugegangen war. Was würde er an meiner Stelle wohl tun?

Eines Nachmittags, an einem der letzten warmen Sommertage, wußte ich, was ich zu tun hatte. Der Vorsteher spürte mir auf meinen Rundgängen immer noch nach. Er erwartete von mir, daß ich wie eine Marionette an seinen Fäden tanzte. Es mußte etwas geschehen.

Wir schritten aus dem Pfarrhaus in den umliegenden, von einer Mauer eingefaßten Hof. Der Vorsteher war mir auf den Fersen. Der Hof sollte eigentlich ein Garten sein. Leider war er so öde wie die Kirche – ein Fetzen von einem Trauergewand. Wieder einmal machte er mir Vorschriften, wen ich besuchen dürfe. Ich wußte, das war der richtige Moment.

»Ich glaube, ich werde heute Habib besuchen«, bemerkte ich beiläufig und blickte zu Habibs Haus hinauf, das man über die Gartenmauer sehen konnte.

»Nein! Sie werden ihn nicht besuchen!« schnauzte mich der Vorsteher an.

Ich hob meine Hände. »Gut, ich werde mich mit Ihnen nicht streiten.«

Sicher nahm er nun an, ich würde mich anders besinnen. Ein selbstzufriedenes Grinsen spielte um seine Mundwinkel. Ich führte eine günstige Gelegenheit herbei.

»Würden Sie hier auf mich warten? Nur für einen Augenblick?« fragte ich unschuldig. »Ich muß mich noch um etwas kümmern, bevor ich mit Ihnen gehe. Ich weiß, daß Sie das nicht im geringsten interessieren würde.«

Sichtlich beruhigt und ohne jeden Argwohn stimmte er zu. Ich verließ den Garten und ging auf die Straße. Sobald das Tor zuschlug, eilte ich an der Mauer entlang und wandte mich der Außentreppe zu, die zu Habibs Wohnung im ersten Stock führte. Als ich die Stufen hinaufstieg, konnte ich in den Kirchgarten hinuntersehen – und konnte genausogut gesehen werden. Der Vorsteher erblickte mich sofort, sogar aus dieser Entfernung merkte ich, wie sich sein Gesicht verfärbte.

Bevor er mich anschreien konnte, rief ich freundlich: »Ich wußte, daß Sie sich nicht wohl gefühlt hätten, wenn wir hier einen Besuch abgestattet hätten. Deshalb wollte ich Sie nicht zwingen, mit mir zu kommen. Sie können sich entspannen und warten, wenn Sie wollen. Es wird nicht lange dauern.«

Das war jedoch ein Irrtum, wie sich herausstellte. Habib und ich entdeckten sofort eine solche Geistesverwandtschaft, daß die Zeit wie im Flug verging. Ich war so fasziniert von seinen landwirtschaftlichen Kenntnissen, seiner Liebe zum Boden und den sprießenden Gewächsen, wodurch er mich lebhaft an Vater erinnerte. Außer seinem Wissen über Bäume und Weinstöcke beeindruckte mich seine Kenntnis des Neuen Testaments. Es bekümmerte mich, daß ein solcher Mensch von der Kirche gemieden und schlecht behandelt wurde. Ich versprach mir selber – und Habib auch –, daß dies nur der erste von vielen Besuchen sein würde, und ich lud ihn natürlich in die Kirche ein. Verständlicherweise nahm er diese Einladung nicht gleich an, aber ich wußte, daß wir bald Freunde sein würden.

Als er mich zur Türe begleitete, warf ich einen schnellen Blick auf meine Uhr und erstarrte. Zwei Stunden waren vergangen, und ich hatte dem Vorsteher versprochen, in wenigen Minuten zurück zu sein. Unbehaglich ging ich die Treppe von Habibs Wohnung hinunter und spähte in den leeren Kirchgarten.

Der Vorsteher hatte Gott sei Dank aufgegeben und war nach Hause gegangen. Auch stellte er mich nicht zur Rede, als ich ihn das nächste Mal sah. Ich würde Habib weiterhin besuchen, still und heimlich, um keinen Streit aufkommen zu lassen. Das verbitterte Schweigen des Vorstehers sagte mir aber, daß es nur eine Frage der Zeit sein würde.

Einige Wochen später begab ich mich wieder nach Nazaret. Je schneller ich Hilfe von den christlichen Schwestern bekommen würde, desto schneller könnte ich alle Familien von Ibillin erreichen. Ich hatte sogar schon damit begonnen, jeden Sonntagmorgen zwei Stunden vor Beginn des Gottesdienstes durch die Straßen zu wandern, an die Türen zu klopfen und die Gläubigen daran zu erinnern, daß unsere Kirche ohne sie nicht *die* Kirche sei. Es war eine ermüdende, endlose Arbeit, und ich wäre ohne Unterstützung verzweifelt. Gespannt eilte ich in Mutter Josephates Büro, um unsere Verabredung einzuhalten.

Ein Blick in ihr Gesicht, und ich wußte, daß nichts in Ordnung war. Sie saß hinter ihrem Schreibtisch, faltete bedächtig ihre Hände, räusperte sich und suchte nach Worten.

»Sie müssen um den schwierigen Stand wissen, in dem ich mich befinde. Ich habe immer die Autorität meines Superiors respektiert. Schließlich hat die Kirche ihn mir als Vorgesetzten gegeben.« Hier hielt sie inne und straffte ihre Lippen, bevor sie die harten Worte herausbrachte. »Ich habe um die Erlaubnis gefragt, zwei Schwestern mit Ihnen in Ibillin arbeiten zu lassen – er hat meine Bitte abgeschlagen.«

Mein Herz sackte ab, als sie weiterredete. Ihr Superior hatte gefragt, ob römisch-katholische Familien in Ibillin lebten. Als Mutter Josephate dies verneinte, fragte er, ob die Chance bestünde, daß einige konvertieren würden. Geduldig erklärte sie, daß dies eigentlich nicht der Sinn der Sache sei. »In diesem Falle«, sagte er gebieterisch, »dürfen Sie keine Schwestern hinschicken.«

Damit schien für mich die Sache erledigt. Mit einem tiefen Seufzer wollte ich Mutter Josephate danken und gehen. Als ich mich erhob, ließ sie mich nochmals Platz nehmen.

»Ich habe Ihnen gesagt, daß ich mich in einer schwierigen Lage befinde. Das ist wahr. Aber ich muß mich noch vor einer anderen Autorität als meinem Superior oder der Kirche verantworten. Ich muß mich vor Gott verantworten, und ich kann meinem Superior keine Vorwürfe machen, wenn ich versäume, das Richtige zu tun.« Jetzt sah ich wieder den vertrauten Glanz in ihren Augen und das schelmische, mitfühlende Lächeln. »Mir wurde verboten, zwei Schwestern zu schicken – und so werde ich halt drei schicken.«

Ich war überwältigt, ich fühlte nur noch tiefste Dankbarkeit. Mutter Josephate hatte um diese Entscheidung gekämpft, das wußte ich. Nie würde sie sich leichtfertig über ihren Superior hinwegsetzen, sie handelte aus innerster Überzeugung. Ich drückte ihre Hand und dankte ihr immer wieder. Wir waren wie zwei Funken, dachte ich, zwar nicht genug, um Ibillin in Brand zu setzen, aber da war immerhin das schwache Versprechen der Erleichterung meiner Arbeit.

In der Tat, dieses Versprechen erwies sich als schwach genug.

Gleich am nächsten Sonntag fuhr ich wieder nach Nazaret, um die drei Schwestern abzuholen, die Mutter Josephate gewonnen hatte. Ich rechnete, als ich vor ihrer Niederlassung ankam, mit drei eifrigen, begeisterten Mitarbeiterinnen.

An der Türe begrüßte mich Mutter Josephate und stellte mir die freiwilligen Helfer vor. Mutter Macaire, die Älteste, schien ein kraftvoller, freundlich-gebieterischer Typ zu sein. Doch ihr Husten, der die ganze Gestalt erschütterte, ließ auf eine schwache Gesundheit schließen. Ghislaine war eine kleine, vergnügte, rundliche Frau mit graumeliertem Haar und versonnenen hellen Augen. Sie sah wie eine Bilderbuch-Großmutter aus. Die dritte, Nazarena, war jünger und dunkler. Sie hatte eine glatte, olivfarbene Haut, doch sie war ausgesprochen dünn, fast zerbrechlich. Was diese drei außer den grauen Ordenskleidern an Übereinstimmung zu bieten hatten, war der mißtrauische, düstere Blick, mit dem sie mich anstarrten. Auf Anhieb sah man, daß sie alles andere als begeistert waren.

Wir gingen zusammen zum Auto. Als ich ihnen die Türe öffnete, sagte Mutter Macaire: »Sie werden uns nach Ihrem Gottesdienst sofort wieder zurückbringen – nicht wahr?«

Ich war entsetzt. Ich hatte nicht die Absicht, sie zwischen Nazaret und Ibillin hin- und herzufahren, nur damit sie die Plätze in der Kirche wärmten. Ich war nahe daran, die Tür zu schließen und mich höflich aus der Affäre zu ziehen. Schließlich hatte ich in Ibillin genug zu tun, auch ohne diese Extra-Fahrten. Aber da stand noch Mutter Josephate und lächelte mir vom Torweg aus zu. Ich konnte ihre Güte nicht so schnöde vergelten, und so antwortete ich, ohne mit der Wimper zu zucken: »Ja, ich werde Sie sofort zurückbringen.«

Als ich sie an diesem Nachmittag im Kloster wieder absetzte, bestand zu meiner Verblüffung Mutter Macaire darauf, daß ich sie am folgenden Sonntag wieder holen sollte. Am nächsten Sonntag war es dasselbe und die Woche darauf ebenfalls. Es war für mich wirklich verwirrend, denn sie zeigten kaum Interesse an den Leuten von Ibillin, blieben während der Liturgie zusammen und marschierten anschließend schnurstracks zum Auto. Dort warteten sie mit verschlossenen Gesichtern auf mich, bis ich die etwa zwei Dutzend Dorfbewohner, die allmählich zögernd zum Gottesdienst kamen, verabschiedet hatte. Ich erwartete jeden Sonntag, daß dies ihr letzter sein würde – und manchmal wünschte ich mir sogar im Stillen, daß es wirklich ihr letzter wäre. Wenn ich darauf anspielte, daß sie doch bleiben und mit den Frauen des Dorfes ins Gespräch kommen könnten, schwiegen sie. Als schon der Winter einzog, kamen sie noch immer. Der Grund für ihre merkwürdige Hartnäckigkeit – und ihre scheinbare Gleichgültigkeit – wurde mir erst Monate nach Beginn ihres »freiwilligen Einsatzes« klar. Mutter Josephate nahm mich eines Nachmittags beiseite und fragte, ob mit den drei Schwestern alles gut ginge. Ich bemühte mich um eine höfliche Antwort, ohne direkt zu lügen. Sie durchschaute mich aber sofort.

»Sie dürfen es mit ihnen nicht aufgeben«, sagte sie nachdenklich. »Sie haben eine Kloster-Mentalität. Das kommt bei manchen vor. Alles ist durch die Uhr geregelt. Es gibt eine Zeit zum Essen, zum Gebet, zum Schlafen – eine Zeit, wo man die Tür abschließt und Leute abweist. Sie werden sich trotzdem ändern. Seien Sie geduldig. Sie haben ein gutes Herz, andernfalls würden sie niemals mit Ihnen gehen.«

Bei diesem Gespräch lernte ich auch, daß innerhalb der Kirche viele die Dörfer Galiläas für pastoral belanglose Gebiete hielten. Die Leute seien arm, die Bevölkerung sei eine Mischung aus Christen, Moslems und auch Drusen, deren Glaube eine Mischung aus Christentum, Islam und Judentum darstellt. Obwohl Christus selbst umhergezogen ist und gelehrt und Wunder seiner Liebe in diesen Dörfern vollbracht hat, war es vielen in der Kirche lieber, sich sicher und behaglich um die heiligen Stätten zu drängen.

In der Woche nach unserer Unterhaltung beschloß ich, den Schwestern bei ihrem »Umdenken« ein bißchen nachzuhelfen. Nach dem Gottesdienst weigerte ich mich einfach, sie sofort ins Kloster zurückzubringen. Statt dessen hatte ich ein bescheidenes Mittagessen vorbereitet – das beste, das ich machen konnte. Ich hatte auch einigen Frauen im Dorf mitgeteilt, daß die Schwestern dableiben würden und daß sie etwas von Krankenpflege verstünden. Da Erkältungen und Viruskrankheiten während dieser rauhen, regnerischen Monate unter den Kindern umgingen, zeigten sich die Frauen begreiflicherweise erfreut.

Noch bevor wir den Tisch für das Mittagessen herrichten konnten, klopfte es an die Tür des Pfarrhauses. Ich eilte, um zu öffnen, da ein eisiger Sprühregen auf die Straßen prasselte. Als ich die Türe öffnete, trat zaghaft eine junge Frau ein und hielt ein in Decken gewickeltes Bündel auf den Armen. Ihr Gesicht war ängstlich gespannt. Sie schlug die Decken auf, darunter war ein winziger Junge von ungefähr zwei Jahren. Das lockige, schwarze Haar war feucht, nicht vom Regen, sondern vom Fieber.

»Sein Name ist Ibrahim«, sagte die Mutter. »Wissen Sie, wie Vater Abraham.«

Zu meiner Freude zögerten die Schwestern keinen Augenblick, sondern schwärmten um die Mutter herum und sorgten sich wie Glucken um das Kind. Nazarena, die sich in Kinderpflege am besten auskannte, nahm das matte Kind auf den Schoß und wiegte es leise, während sie seine heiße, feuchte

Stirn befühlte. Ghislaine eilte zum Ofen, um heißen Tee zu machen. Mutter Macaire machte viel Aufhebens um die junge Frau und stellte Fragen über die Krankheit des Jungen. Ich beobachtete die Mutter; sie war von einer solchen Fürsorge und Zuneigung umgeben, daß alle Furcht wie weggeblasen war.

Während ich schweigend beiseite stand, konnte ich zwar nicht helfen, aber darüber nachdenken, daß dieses arme Kind wohl von Gott geschickt worden sei. Es war *eine* Sache für die Schwestern, unbekannten Männern und Frauen in der Kirche zu begegnen. Aber es war eine *andere* Sache, ein krankes Kind auf dem Schoß sitzen zu haben. Jedes Mal, wenn Ibrahim in Nazarenas Gesicht aufblickte, mit dunklen, glasigen und schmerzerfüllten Augen, fühlte ich, daß das kraftvolle, wortlose Band zwischen Frau und Kind sich festigte. Auf diese ungewöhnliche Weise wurden alle drei Schwestern an diesem Tag zur Mutter Ibrahims.

Die Schwestern waren voll von Plänen für die nächste Woche, als ich sie nach Hause brachte. Sie würden Medikamente und Aspirintabletten gegen Erkältung mitbringen, für den Fall, daß noch andere krank wären. Ich lächelte und fuhr schweigend dahin.

Obwohl die Schwestern sich unausgesprochen weigerten, in die Häuser zu gehen, brachte ihr neuer Kontakt mit den Leuten von Ibillin doch einen unerwarteten Gewinn. Seit meiner Ankunft im vorigen Sommer fand sich auf den Türstufen gelegentlich ein Stapel Brotfladen, etwas Obst oder ein Korb voll Gemüse. Nachdem die Schwestern begonnen hatten, Krankenpflegedienste zu machen, kamen jeden Tag Lebensmittel. Ich bekam immer mehr Geschenke in Form von Käse, Milch, Eiern, Orangen, Fleisch, Kuchen, Brot, Oliven, Honig, Kaffee – alles von dankbaren Herzen in Ibillin.

Irgendwann in dieser Zeit merkte ich, daß meine Zuneigung zu diesem Dorf gewachsen war. Meine einmonatige Probezeit hatte sich schon auf sechs Monate ausgedehnt, und ich dachte nicht daran wegzugehen. Noch immer schlief ich auf einer harten Bank. Noch immer waren das Dorf und sogar die Gemeinde voller Haß. Aber ich war dabei, an den Härten und Trennungen vorbeizusehen. Vielleicht waren es die frohen Mütter, die ihre Kinder zu den Schwestern zur ärztlichen Versorgung und zu mir zum Segnen brachten. Oder die Gruppen von älteren Jungen, jungen Männern eigentlich, die auf den Straßen herumstreunten. Oder die schüchternen, süßen Gesichter der Mädchen, die bescheiden den Kaffee servierten, wenn ich ihre Väter daheim besuchte. Unter Ibillins Oberfläche – eine Oberfläche, die von religiösen, sozialen und politischen Spannungen aufgerissen und durch ärmliche Verhältnisse verhärtet war – schlugen empfindsame, zaghaft sich öffnende Herzen, Herzen von einfachen Menschen, die keine Trennung, sondern Frieden wollten. Männer, die mir früher mit feindlicher Gleichgültigkeit auf der Straße begegnet waren, schüttelten mir überschwenglich die Hand und waren dankbar für ein paar kleine Dienste, die der Sohn oder die Tochter von den Schwestern erfahren hatte. Allmählich fühlte ich, daß sich etwas tat. Wenn das stimmte, waren es nicht so spontane, kraftvolle Zeichen, wie Jesus sie gesetzt hatte – es würde ein zähes, langwieriges Wunder sein.

Unterschwellig aber bildete sich eine Opposition gegen meine Anwesenheit in Ibillin.

Während ich mit meinen Nachmittags- und Sonntagmorgen-Runden beschäftigt war, hatte der Vorsteher Unterstützung gefunden. Winter und Frühling waren vorüber, und als der Sommer 1966 kam, spürte ich, daß sich die verschiedenen Cliquen innerhalb der Gemeinde zu zwei Parteien arrangiert hatten: die des Vorstehers und die meine. Andere im Dorf ergriffen nun auch Partei. Ich war entsetzt, als ich dies bemerkte und mehr als besorgt, weil die Vorteile wohl auf der Seite des Gemeindevorstehers liegen würden. Welche Chance hatte ein junger Mann von 26 Jahren, ein Außenseiter, gegen einen zeitlebens Dorfansässigen und obendrein einen so mächtigen? Ein Kopf-an-Kopf-Rennen, genau das, wovor ich Angst hatte, schien unvermeidlich.

Die Konfrontation kam an einem frühen Herbstmorgen, achtzehn Monate nach meiner Ankunft.

Auf ein ungeduldiges Hämmern öffnete ich meine Tür. Der Vorsteher und ein halbes Dutzend anderer Männer starrten mich finster an. »Kommen Sie mit uns mit«, befahl der Vorsteher ohne nähere Erklärung. Gehorsam schritt ich nach draußen und folgte ihnen.

Sie gingen mir voran zum Pfarrhausgarten, wo der Vorsteher anklagend auf einen jungen Weinstock wies, der sich um einige Pfosten rankte.

»Was ist das?« fragte er streitlustig.

»Das ist ein Weinstock«, antwortete ich.

»Wer hat ihn hier gepflanzt?«

Ich hatte eine böse Ahnung. »Mein Nachbar, Habib«, entgegnete ich. Im letzten Frühling hatte ich Habib von meinen Kindheitserinnerungen erzählt. Ich schwärmte von dem weinumrankten Baum, der mir als Versteck gedient hatte. Wenige Tage später überraschte er mich mit diesem Geschenk, einer Weinstockkreuzung. Er sollte den braunen, kahlen Garten schmücken. »Wenn ihn Habib gepflanzt hat, dann muß er weg«, tobte der Vorsteher. »Er hat hier kein Recht, und er soll mir mit keiner Ausrede kommen, seinen Fuß hier auf dieses Grundstück setzen zu dürfen. Reißen Sie ihn heraus!«

Ich biß auf die Zähne. Wut und Erbitterung stiegen in mir hoch. In Gedanken schimpfte ich auf seinen Stumpfsinn und seine Engstirnigkeit. Erstaunlicherweise aber betete im selben Moment eine unhörbare Stimme irgendwo in meinem Inneren: Vater, laß mich mit deinen Worten sprechen, nicht mit den meinen.

Und bevor ich wußte, was ich eigentlich sagte, entgegnete ich geradeheraus: »Bringt mir einen Eimer Wasser.«

Triumphierend schickte der Vorsteher einen von seinen Männern nach einem Eimer Wasser in der Annahme, ich würde damit die Erde lockern und den Weinstock herausreißen. Als der Mann zurückkehrte, hatte ich mich gerade entschieden, was ich damit nun tun würde.

Er drückte ihn mir in die Hand, ich bückte mich und goß langsam und feierlich Wasser über die Blätter. Dann stellte ich den leeren Eimer beiseite und hob meine rechte Hand über den Weinstock. In ernstem Ton sagte ich: »Ich taufe dich im Namen des Vaters und des Sohnes und des Heiligen Geistes. Amen.«

Die Männer starrten mich an, als ob ich geisteskrank sei. »So«, wandte ich mich in herzlicher Weise an sie, »nun ist das ein christlicher Weinstock. Ihr könnt nicht euren eigenen Bruder ausreißen. Und deshalb bleibt er stehen.«

Entrüstet machten sie auf dem Absatz kehrt und stampften davon. Für eine Weile waren sie damit außer Gefecht gesetzt. Trotzdem wußte ich, daß die Feindseligkeiten innerhalb der Gemeinde und Ibillins nicht bloß durch Klugheit zu lösen waren. Während ich mich über die nächsten Tage hinwegbrachte, wurde mir klar, daß die Geschicklichkeit eines Chirurgen notwendig war, um das Kranke wegzuschneiden, das an diesem Dorf fraß – zweifelte aber nicht daran, daß ich wohl der erste sein würde, der unter das Messer des Chirurgen käme.

Anfang 1967 überraschten mich die Schwestern mit einer Nachricht. »Wir würden gern nach Ibillin kommen und dort leben«, erklärte Mutter Macaire an einem Sonntag, als wir von Nazaret losfuhren. Ghislaine und Nazarena nickten. »Natürlich nur«, fügte Mutter Macaire hinzu, »wenn Sie uns haben wollen.«

Ich hätte sie dafür küssen mögen. Ich reagierte aber etwas angemessener, um nicht übereifrig zu wirken: »Natürlich. Wann?«

Ich weiß nicht, wie Mutter Josephate ihren Superior überzeugt hat, aber die drei Schwestern zogen gleich in der nächsten Woche nach Ibillin. Ich wußte, daß es für sie nicht leicht werden würde, da Mutter Macaire alt und gesundheitlich nicht auf der Höhe und auch Nazarena etwas gebrechlich war.

Überdies war die Einrichtung ein Problem. Wir konnten zwar drei metallgerahmte Betten für die Schwestern finden, aber wir konnten nicht alle das Pfarrhaus miteinander teilen. Da keine anderen Unterkünfte angeboten wurden, war ich gezwungen, im Auto zu schlafen. In einem Brief an Lony und Franz bedankte ich mich scherzhaft dafür, daß sie mir ein »Bett auf Rädern« geschenkt hatten.

Trotz der beißend kalten Temperaturen war ich glücklich, daß die Schwestern nun bereitwillig die ganze Woche hindurch Besucher empfingen. Heiter ging ich meiner Wege und besuchte die Häuser christlicher wie moslemischer Familien. In dieser Zeit passierte es, daß mein Geist sich besagtem schmerzhaften Eingriff unterziehen mußte. Eines Nachts gegen Ende des Winters kam die Nachricht, daß eine Frau aus der Gemeinde im Sterben lag. Sie war hochbetagt und krank gewesen, so daß ich nicht überrascht war. Trotzdem beunruhigten mich zwei Dinge. Zum einen hatte ich noch nie jemandem an der Schwelle des Todes beigestanden. Zum zweiten war diese Frau die Mutter der vier verfeindeten Brüder; es war das Haus des Ältesten – des Dorfpolizisten namens Abu Mouhib –, in das ich gerufen wurde.

Nervös eilte ich in die finstere Nacht hinaus. Ich tastete mich durch das Dorf, voller Angst, ich würde die Frau nicht mehr lebend antreffen. Oder vielleicht hatte ich gerade davor Angst, sie noch am Leben zu finden.

Als ich schließlich das Haus von Abu Mouhib erreichte, zitterte ich am ganzen Körper. Der Mann zögerte einen Augenblick, bevor er mich einließ. Ich wußte, daß er mich nicht leiden konnte, obwohl er bei seltenen Anlässen doch zur Kirche kam. Jetzt war aber nicht die Zeit, um persönliche Abneigungen auszudrücken, er führte mich sofort in das Krankenzimmer seiner Mutter.

Bis in die frühen Morgenstunden saß ich bei der sterbenden

Frau und versuchte ihr mit zaghaften Worten Trost zu spenden. Die Jahre im Seminar hatten mich auf so etwas nicht vorbereitet. Ihre zitternde, blaugeäderte Hand hielt ich in meinen schweißnassen Fingern. Sie fühlte sich kalt an und war gekräuselt wie ein alabasterfarbenes Blatt. Ihr Atem ging röchelnd, ungefähr eine Stunde lang – dann hörte er auf. Mit eiskalten Fingern drückte ich ihr die Augen zu.

Meine Beine waren wie Gummi, als ich Abu Mouhib die Nachricht brachte, daß seine Mutter gestorben sei. Ich versuchte mein Bestes, ihn zu trösten, und bot mich an, es seinen Brüdern mitzuteilen. »Sie möchten bestimmt gern kommen, um sie zu sehen, ich bin sicher.«

Abu Mouhibs trauriges Gesicht wurde hart und finster.

»Nein!« schrie er. »Meine Brüder werden keinen Fuß in mein Haus setzen. Wenn sie es dennoch wagen, dann werden Sie fünf Beerdigungen haben, denn wir werden einander umbringen.«

Mir lief es kalt über den Rücken. Nicht einmal der Tod ihrer Mutter brachte diese Brüder zusammen. Als ich half, den zerbrechlichen Körper der Frau einzuwickeln, trauerte ich um sie, ihre Söhne und um das ganze Dorf.

Ein graues, schwaches Licht erhellte die Gassen, als ich mich auf den Weg nach Hause machte. Eine stumpfe Erschöpfung lag auf meinen Schultern. Ich wollte nur noch in meinen Volkswagen kriechen und Stunde um Stunde schlafen. Als ich mich auf den Rücksitz zwängte, übermannte mich jedoch der Kummer – Kummer ja, aber auch Zorn. Der Schlaf blieb aus.

Ich lag da und kämpfte gegen eine Welt von Konflikten, die sich um mich aufgebaut hatte. In Gedanken stürzte ich wütend auf die vier Brüder los und sagte ihnen, wie angewidert ich von ihrem Verhalten sei. Konnten sie einander nicht vergeben, jetzt, wo sie ihrer Mutter die letzte Ehre erweisen sollten?

Sie waren nicht die einzigen, auf die ich losging. Das Bild des Vorstehers grinste mich im Morgengrauen an, und ich schleuderte ihm harte Worte ins Gesicht. Ich beschimpfte den Priester, der die Gemeinde bestohlen hatte; die Mitseminaristen, die alle Palästinenser geschmäht und uns »Terroristen« genannt hatten; Professoren vom Seminar; den Direktor, der mich in der Schule in Nazaret bestraft hatte.

Ein anderes Bild wurde lebendig ... ein Militärpolizist, der sich vor einem kleinen Jungen aufbaute und mit dem Stock auf ihn einschlug ... ich hörte Schreie ... meine eigenen Schreie ... ich hob einen Stock auf, schlug und drosch auf den Kopf des Mannes ein, bis er ohnmächtig wurde ... blutete ... Da waren Panzerwagen auf den Hügeln von Biram ... Explosionen ... unsere Häuser standen fest, während die Panzerwagen in die Luft flogen ... und die gemarterten Körper von Soldaten ...

Dann wußte ich Bescheid.

Ruhig, schweigend lag ich da. Zum ersten Mal wurde mir bewußt, daß ich zu einem verderblichen, tödlichen Haß fähig war. Ich begriff, daß alle Menschen überall – trotz des dünnen, artigen Anstrichs von gesellschaftlichem Umgang – zu abscheulichen Gewalttätigkeiten gegen andere fähig sind. Nicht nur die Nazis oder die Zionisten oder die palästinensischen Kommandotruppen, sondern auch ich. Ich hatte meine Wunden mit christlichen Weisheiten zugedeckt, aber die Wut hatte im Inneren genagt. Bei dieser plötzlichen, bestürzenden Erkenntnis über mich selbst sagte eine vertraute, innere Stimme eindeutig und kompromißlos: *Wenn du deinen Bruder haßt, bist du des Mordes schuldig*. Jetzt verstand ich.

Ich begriff mit einem Mal den Sinn eines ganz anderen Wortes. Ein Mensch war in den Händen derer, die ihn gefangennahmen, einen schrecklichen Tod gestorben – ein Mann des Friedens, der unschuldig gelitten hat, an einem Kreuz aufgehängt. *Vater, vergib ihnen*, wiederholte ich, und vergib auch mir.

In diesem Augenblick schloß Vergebung die lange offene Wunde des Zorns und der Verbitterung in meinem Inneren. Seit der Zeit, als ich als Kind geschlagen worden war, hatte ich den Hang zur Gewalttätigkeit in meinem Inneren verdrängt. Jetzt hatte die zähmende Hand, die mich an der Grenze zu Westdeutschland Mitleid gelehrt hatte, mich endgültig so beschwichtigt, daß ich den tiefen Haß in meiner eigenen Seele wahrnehmen konnte.

Körperlich und seelisch total erschöpft, schlief ich ein. Erst spät am Morgen wachte ich mit einer neuen, reinen Gemütsruhe auf. Die Wandlung, die bei meinem Besuch auf dem Berg der Seligpreisungen begonnen hatte, war nun vollendet. Ich wußte, was ich in Ibillin zu tun hatte.

Meine eineinhalb Hausbesuchsjahre und die Monate, seit denen die Schwestern ihren Dienst taten, setzten einen Markstein, einen ganz kleinen Markstein, auf dem Weg der Wiedervereinigung der Gläubigen von Ibillin. Einige besuchten regelmäßig den Gottesdienst, aber die Mauern des feindseligen Schweigens blieben bestehen. Allerdings wären die meisten von ihnen nicht auf den Gedanken verfallen, die Liturgie zur Weihnachts- und Osterzeit zu versäumen. Sie kamen jedoch nur, um sich an vertrauten Bräuchen zu erfreuen, nicht etwa aus dem Verlangen nach echter, geistiger Erneuerung. Getreu dieser Gewohnheit nahm der Gottesdienstbesuch am ersten Sonntag der Fastenzeit merklich zu und steigerte sich jede Woche, eben weil es auf Ostern zuging.

Am Palmsonntag war jede Bank vollbesetzt. Fast die gesamte Kirchengemeinde war gekommen, dazu einige andere Dorfbewohner, die ich eingeladen hatte. Das Wetter an diesem Morgen war mild, ein warmer, leichter Wind wehte durch die Gassen; so ließ ich die Türen weit offen und hoffte, daß Vorbeikommende von unserem Gesang angezogen würden. Als ich aufstand und meine Hände zum Zeichen des Beginns erhob, erschrak ich über die starrblickenden Gesichter.

Augen voll offener Feindseligkeit grüßten mich. Die Clique des Vorstehers hatte sich auf einer Seite der Kirche zusammengedrängt und forderte mich mit ihren eisigen Blicken geradezu heraus. Teilnahmslos saßen die anderen, die der

Vorsteher ausgestoßen hatte, auf der gegenüberliegenden Seite. Ich war überrascht, Abu Mouhib, den Polizisten, mit seiner Frau und seinen Kindern in der ersten Reihe sitzen zu sehen. In jedem der drei anderen Quadranten der Kirche, so weit wie möglich von dem anderen entfernt, waren auch seine drei Brüder. Die Schwestern, so stellte ich fest, fühlten die Spannung auch; denn ihre Gesichter waren bleich. Ich erhob mich, begann den ersten Hymnus und war mir sicher, daß wohl niemand von unserem kläglichen, trostlosen Gesang angelockt würde. Betrübt dachte ich an die Kampflinien, die sich durch das Schiff dieses Heiligtums zogen. Und ängstlich hoffte ich, daß niemand die seltsame Ausbeulung unter meinem Meßgewand bemerken würde.

Was folgte, war zweifellos der mühsamste Gottesdienst und die leidenschaftsloseste Predigt meines Lebens. Die Gemeinde ertrug mich gleichgültig. Sie erfüllte ihre Feiertagspflicht, indem sie die Bänke wärmte. Freilich war sie nicht auf das gefaßt, was nun kam. Am Ende der Liturgie erhoben sich alle zum Segen. Ich erhob meine Hand, mein Magen flatterte, ich hielt inne. Jetzt oder nie.

Schnell ließ ich meine Hand sinken und schritt in Richtung der offenen Türen am Ausgang der Kirche. Alle Augen folgten mir neugierig. Ich zog die riesige Doppeltüre zu, die die Arbeiter für mich wieder eingehängt hatten. Aus meiner Tasche zog ich eine dicke Kette, wickelte sie um die Klinken und zurrte sie mit einem Vorhängeschloß fest.

Als ich nach vorn zurückkehrte, konnte ich spüren, wie die Temperatur anstieg. Oder war es nur meine eigene? Als ich mich mit dem Gesicht zur Gemeinde wandte, holte ich tief Luft.

»Hier in diesem Gebäude zu sitzen, macht aus euch noch keine Christen«, begann ich unbeholfen. Meine Stimme schien in der erschrockenen Stille des Raums zu laut zu hallen. Die Schwestern hatten die Augen geschlossen, ihre Lippen bewegten sich heftig im Gebet.

»Ihr seid ein geteiltes Volk. Ihr streitet und haßt euch gegenseitig – verbreitet Klatsch und gehässige Lügen. Was denken die Moslems und die Ungläubigen, wenn sie euch sehen? Nichts anderes, als daß eure Religion falsch ist. Wenn ihr nicht einmal euren Bruder, den ihr sehen könnt, liebt, wie könnt ihr dann behaupten, daß ihr den unsichtbaren Gott liebt? Ihr habt es zugelassen, daß der Leib Christi geschändet worden ist.«

Aus dem Erschrecken war Zorn geworden. Der Vorsteher zitterte und schien dem Ersticken nahe zu sein. Abu Mouhib stampfte finster mit dem Fuß und wurde um den Kragen herum rot. Obgleich ich in seinen Augen noch etwas anderes als Zorn zu entdecken glaubte.

Ich redete weiter und erhob meine Stimme: »Viele Monate lang habe ich versucht, euch zu vereinen. Ich habe versagt, denn ich bin nur ein Mensch. Aber es gibt einen anderen, der euch zusammenführen wird zu einer wahren Einheit. Sein Name ist Jesus Christus. Er ist derjenige, der euch die Kraft zum Vergeben verleihen wird. So werde ich jetzt nichts mehr sagen und ihn allein wirken lassen, damit er euch diese Kraft gebe. Wenn ihr einander nicht vergebt, werden wir hier eingeschlossen bleiben. Ihr könnt euch gegenseitig umbringen. Ich werde eure Beerdigungen gratis besorgen.«

Schweigen. Verkniffen, die Fäuste geballt, starrte mich jeder wie aus Stein gemeißelt an. Ich wartete. Mit quälender Langsamkeit vergingen die Minuten. Drei Minuten... fünf... zehn... Ich hörte, wie draußen ein Junge seinem Esel gut zuredete, das langsame Klopf-Klopf der Hufe. Noch immer rührte sich keiner. Mein Atem wurde immer flacher, und ich schluckte schwer. Sicher habe ich alles verspielt, klagte ich mich an, die harte Arbeit in all diesen Monaten vertan... Plötzlich zog eine Bewegung meinen Blick auf sich.

Jemand war aufgestanden. Abu Mouhib hatte sich erhoben und der Gemeinde zugewandt, sein Kopf war geneigt, seine Augen zeigten Reue. Bei seinen ersten Worten konnte ich kaum glauben, daß dies derselbe tief verbitterte Polizist war, der mich so schroff behandelt hatte.

»Es tut mir leid«, stammelte er. Alle Augen waren auf ihn gerichtet. »Ich bin der Schlechteste von allen. Ich habe meine eigenen Brüder gehaßt. So sehr gehaßt, daß ich sie umbringen wollte. Mehr als jeder von euch brauche ich Vergebung.«

Und er wandte sich an mich: »Können auch Sie mir verzeihen, Abuna?« Ich war verblüfft! Abuna bedeutet »unser Vater«, ein Ausdruck der Zuneigung und Verehrung. Seit ich in Ibillin war, hatte man mich alles mögliche geheißen, doch nichts von solcher Innigkeit.

»Kommen Sie her«, entgegnete ich und winkte ihn an meine Seite. Er kam, und wir grüßten einander mit dem Friedenskuß. »Natürlich vergebe ich Ihnen«, sagte ich. »Jetzt gehen Sie und grüßen Sie Ihre Brüder.«

Auf halbem Weg durch das Kirchenschiff eilten ihm seine drei Brüder schon entgegen. Sie hielten sich lange umarmt und baten einander um Verzeihung.

Im Nu war in der Kirche ein Durcheinander von sich umarmenden und reuigen Menschen. Cousins, die jahrelang nicht mehr miteinander gesprochen hatten, schämten sich ihrer Tränen nicht, Frauen baten um Verzeihung für ihr gehässiges Geschwätz, Männer bekannten, Lügen verbreitet und damit Schaden angerichtet zu haben. Leute, die den Schwestern und mir auf der Straße ausgewichen waren, baten uns, sie in ihren Häusern zu besuchen. Nur der Vorsteher stand schweigend abseits und nahm nur steif meine Umarmung entgegen. Dieser zweite Gottesdienst – eine Feier der Liebe und der Versöhnung – dauerte fast eine ganze Stunde.

Inmitten dieses freudigen Versöhnens rief ich mir Vaters Worte ins Gedächtnis, als er uns erzählte, daß wir die Juden aus Europa in unserem Haus empfangen sollten. Und laut verkündete ich: »Wir werden nicht bis nächste Woche warten, um die Auferstehung zu feiern. Laßt sie uns jetzt feiern. Wir waren für einander tot. Nun sind wir wieder zum Leben erwacht.« Ich begann zu singen. Diesmal vereinten sich unsere Stimmen zu einer einzigen, die Worte verbanden uns in einem Triumphgesang: »Christus ist vom Tod erstanden. Durch seinen Tod hat er den Tod zunichte gemacht und denen in den Gräbern das Leben gegeben.«

Und auch dann fanden wir noch kein Ende. Das Überwältigende dieser Feier trug uns in die Straßen hinaus, wo wahres Christentum auch hingehört. Den restlichen Tag und bis weit in die Nacht hinein schloß ich mich Gläubigen an, die durch ganz Ibillin von Haus zu Haus gingen. An jeder Türe hatte jemand für irgend etwas um Verzeihung zu bitten. Und nie wurde Vergebung versagt. Jetzt wußte ich, daß innerer Friede von Mann zu Mann und von Frau zu Frau gestiftet werden kann.

Als ich das erkannte, rief ich mir ein Bild in Erinnerung, das mich als Kind in Haifa tief ergriffen hatte. Vor meinen Augen sah ich eine eingestürzte Kirche, die endlich wieder aufgebaut worden war – nicht aus Mörtel und Gestein, sondern aus lebendigen Steinen.

BRÜCKEN ODER MAUERN?

Mit der Kirche in Ibillin war es wirklich wie mit einem leblosen Körper, der aus dem Tod ins Leben zurückkehrte. In den jubilierenden Gesängen und Gebeten an Ostern spürte ich den begierigen Atem neuen Lebens. Ich sah, wie Brüder und Schwestern unter strömenden Tränen, wie in der Geschichte von Lazarus, aufeinander zuliefen, um sich zu umarmen. Täglich kamen Geschenke in Form von Lebensmitteln an, und überraschenderweise mußten wir von da an niemals mehr Lebensmittel kaufen, denn die Großzügigkeit dieser bescheidenen Leute erwies sich als unerschöpflich. Gleich nach den Feiertagen erklärten einige aus der Gemeinde, daß auch das Kirchengebäude selbst eine vollkommene Wiederherstellung benötige, und bald wimmelte das Heiligtum von Arbeitern, die eifrig mit Reparaturen beschäftigt waren.

Morgens suchte ich mir meinen Weg im Inneren der Kirche durch einen Irrgarten von Leitern und ausgezogenen Hemden und leitete die Renovierungsarbeiten. Maurer besserten den abgebröckelten Verputz aus; Maler strichen die Wände und aus Holz gefertigten Teile wieder an; Elektriker bohrten in den Wänden, um verrottete Kabel in Ordnung zu bringen. Zu meiner großen Freude wurden auch Pläne gemacht, das Pfarrhaus zu erweitern, so daß ich eine kleine Wohnung haben würde.

Ich war mir darüber im klaren, daß es sich bei diesen Aktivitäten jedoch nur um die äußere Fassade handelte. Ich wußte, daß ein Körper ernährt werden muß, um am Leben zu bleiben. An den Nachmittagen fuhr ich fleißig mit den Hausbesuchen fort und brach das Brot der Freundschaft, um diese zarten, neuen Bindungen zu stärken. Ich wußte außerdem, daß noch ein anderer Schritt lebensnotwendig war, wenn Ibillin ein mit sich selbst ausgesöhntes Dorf werden sollte.

Eines Abends, wenige Wochen nach Ostern, saßen die Schwestern und ich am Tisch in unserer kleinen, behelfsmäßigen Küche. Mutter Macaire stellte einen dampfenden Teller mit heißem Brot, Eiern, Kartoffeln und Minze vor mich hin. In den achtzehn Monaten, seit sie nach Ibillin gekommen waren, sorgten sich diese drei Frauen um mich wie Mütter. Wie üblich wollten wir vor dem Essen ein Gebet sprechen, und die Schwestern neigten die Köpfe.

»Schwestern«, begann ich und schreckte sie aus ihrem routinemäßigen Ablauf hoch, »ich habe eine Frage an Sie. Wenn Jesus Christus selber irgendwo in den Gassen von Ibillin wäre und unsere Hilfe bräuchte, was würden Sie tun?«

Sie starrten mich an. Die Antwort war klar: Sie würden eilen, um ihn zu finden.

»Nun, ich habe große Neuigkeiten für Sie«, strahlte ich sie an. »Jesus selbst ist zwar nicht in Ibillin – aber er hat andere geschickt, und er möchte sehen, ob wir ihnen helfen. Was wir den Geringsten unserer Brüder und Schwestern tun, das tun wir ihm. Und die Menschen, die er schickt, müssen nicht Christen, sondern können durchaus auch Moslems sein. Jesus fordert uns nicht dazu auf, den Moslems nur zu predigen, sondern ihnen zuerst seine Liebe zu zeigen. Würden Sie auch zu ihnen gehen?

Wir dürfen nicht darauf warten, daß die Menschen die Dinge mit unseren Augen sehen, daß sie glauben und sprechen und handeln wie wir. Ist es nicht viel wichtiger, den *Geist* des Evangeliums spürbar zu leben, als den Menschen Worte an den Kopf zu werfen? Wenn wir unseren Gott vor den Moslems vertreten wollen, müssen wir die Wahl treffen: Bauen wir Brücken ... oder Mauern?«

So wie ich dies den Schwestern jetzt vortrug, sollte auch ich bald vor eine ähnliche Entscheidung gestellt werden – Brükken oder Mauern bauen –, und es würde nicht so einfach werden, wie ich es jetzt klingen ließ.

Die Schwestern brauchten keinen weiteren Anstoß. Sie begannen gleich am nächsten Tag, die islamischen Frauen in ihren Häusern zu besuchen. Sie waren höchst willkommen, und schließlich war es die gemeinsame Liebe zu Kindern, die den Graben zwischen unseren Religionen überbrückte. Bald unterrichteten die Schwestern die jungen Frauen im Nähen, Schneidern und Backen, und sie luden diese Mädchen zu Bibelstunden ein, die sie für die jungen Leute aus unserer Gemeinde hielten. Kurze Zeit später baten sie um meine Einwilligung, einen Kindergarten im Pfarrhaus aufzumachen – eine Schule für ihre »Babys«.

Die Nachricht von der zärtlichen Fürsorge der Schwestern gleichermaßen für Moslems und Christen verbreitete sich sofort über das Hügelland. Nahezu über Nacht nahmen andere Dörfer mit mir Verbindung auf und baten mich, christliche Frauen zu schicken, die mit ihnen leben, arbeiten und sie unterrichten sollten. Das hatte ich nicht erwartet. Darüber hinaus war ich erstaunt, daß ein so winziger Funken Liebe wie ein Leuchtfeuer scheinen konnte. Noch bevor ich damit beginnen konnte, Vorkehrungen zu treffen, wurde ich jedoch kurzerhand daran gehindert. Im Mai wurde ich zum Bischof vorgeladen.

Mit einem breiten, freundlichen Grinsen verblüffte er mich mit der folgenden, mir gar nicht willkommenen Ankündigung: »Elias, Sie werden an der Hebräischen Universität in Jerusalem studieren. Ich habe dort Kontakte aufgenommen, und Sie werden der allererste palästinensische Priester sein, den sie jemals dort aufgenommen haben. Eine Ehre – eine wirkliche Ehre. Alle Vorkehrungen sind getroffen. Sie werden in zwei Wochen abreisen.«

»Um zu studieren? Warum?« schrie ich fast. »Ich habe meine Aufgabe in Ibillin – wohin Sie mich geschickt haben. Es entwickeln sich dort gute Dinge.«

»Elias«, sagte er kurz angebunden, »wissen Sie, wie unangenehm es mir ist, mit Rabbinern ins Gespräch zu kommen? Deren Wissen über das Neue Testament überrascht mich – und wir wissen nicht halb so viel über das Alte Testament. Ich schicke Sie dorthin, weil Sie ein ausgezeichneter Student am

Seminar gewesen sind. Außerdem können Sie ja bereits Hebräisch und Aramäisch.«

Ich bäumte mich innerlich auf. Die Gemeinde hatte sich in den wenigen Monaten seit unserer Palmsonntag-Erneuerung so sehr gewandelt. Der Gottesdienstbesuch nahm von Woche zu Woche zu. Jung und alt vereinten sich zu Gebeten und Hymnen. Einige Leute, wie Habib, der so schwer verleumdet worden war, würden jedoch noch einige Zeit brauchen, bis sie wieder gern zur Kirche kämen. Nur wenige, wie der Vorsteher, weigerten sich wiederzukommen.

»So. Damit wäre alles geklärt. Sie werden reisen«, schloß er und führte mich aus seinem Büro.

Als ich nach Ibillin zurückkehrte, konnte ich es nicht fassen: Ich hatte gerade eben den ersten Durchbruch zur Versöhnung der Menschen in diesem geteilten Land erlebt. Die Gläubigen waren im Begriff, der kirchlichen Hierarchie wieder zu vertrauen. Und nun wurde ich fortgeschickt.

Ganz zu schweigen von einer anderen wichtigen Entwicklung unter den Dörfern Galiläas. In den letzten Monaten hatte sich eine kleine Gruppe von jungen Männern aus Biram zusammengetan, um unsere zerstörte Kirche von Notre Dame als ein Zeichen der Hoffnung für das palästinensische Volk wiederaufzubauen. Junge Männer kamen aus all den Dörfern, in die wir zerstreut worden waren, und stellten ihre Zeit und ihre Muskelkraft zur Verfügung. Ich hatte mich ihnen angeschlossen und arbeitete mit.

Nun würden alle diese Dinge warten müssen – die Gemeinde von Ibillin, die anderen hilfsbedürftigen Dörfer und die Bemühungen des Wiederaufbaus. Ich hatte nur noch Zeit für einige hastige Vorbereitungen und setzte einen Kirchenrat ein für die Verwaltung in meiner Abwesenheit und als Hilfe für die Schwestern zum Aufbau des Kindergartens – alles mit einer gewissen Mutlosigkeit und einem deutlichen Unbehagen.

Weder der Bischof noch ich konnten die unglaubliche, weitreichende Wirkung meiner Jahre an der Hebräischen Universität vorausahnen.

Das Frühjahr 1967 konnte keine bessere – oder schlechtere – Zeit sein, einen Umzug nach Jerusalem, der »Stadt des Friedens«, zu planen, an einem Wendepunkt in der Geschichte des modernen Israel.

In wirtschaftlicher Hinsicht baute Israel rapide ab. So viel Geld wurde allein für die Verteidigung benötigt, daß die Inflation wie ein Krebsgeschwür zunahm und bald 100 Prozent jährlich überschritt. Gesellschaftlich gesehen war die Hoffnung auf ein wiedervereintes, brüderliches jüdisches Volk zerstoben. Die dunkelhäutigen Juden aus Afrika und Asien fanden sich auf getto-ähnliche, von der Regierung gestellte Unterkünfte beschränkt, die nur wenig besser waren als unsere palästinensischen Dörfer. Desgleichen bekamen sie nur die schlechtestbezahlten Arbeiten.

Ihr Zorn drohte Israel bis an die Grenzen seiner politischen Möglichkeiten zu treiben. Und was religiöse Fragen betraf, fielen die orthodoxen, die reformierten und die weltlichen Juden böse übereinander her. Die Konservativen sahen die zunehmenden Leiden des Landes als Strafe Gottes für die Gewalttätigkeit an; die Gemäßigten und Liberalen warfen den Religiösen »Rückständigkeit« vor. Es ist traurig, daß das Land, das einst als das messianische Heil gepriesen worden war, seine grundlegenden Probleme nicht heilen konnte.

Zum Zeitpunkt meiner Ankunft war die Eskalation eines anderen, empfindlicheren Problems gerade in vollem Gange, demzufolge meine Anwesenheit in Jerusalem unklug, ja ausgesprochen gefährlich war. Die seit langem bestehende Spannung zwischen Israel und seinen arabischen Nachbarn drohte offen auszubrechen.

Seit fast zwanzig Jahren lebten palästinensische Flüchtlinge in überfüllten, armseligen Lagern in Ägypten, Libanon, Syrien und Jordanien wie Gefangene. In nichts geschult außer in der Landwirtschaft, galten sie als Ärgernis, betrachtet wie Wundschorf, der nie verheilt war und daher nicht in das Erscheinungsbild ihrer neuen Gesellschaft paßte. Aus dieser andauernden Frustration waren die schlechtgeschulten Kommandogruppen entstanden, deren nächtliche Anschläge über die Grenzen hinweg lediglich heftige Vergeltungsmaßnahmen von seiten des israelischen Militärs provoziert hatten.

Die Vereinten Nationen drängten Israel energisch, seine Verantwortung für die Notlage der Flüchtlinge wahrzunehmen. Israel sollte dazu Vorschläge machen: den Flüchtlingen die Erlaubnis geben, in ihre Dörfer und Häuser zurückzukehren, oder ihnen das beschlagnahmte Land zu bezahlen, so wie Westdeutschland an Israel seit dem Zweiten Weltkrieg Millionen an Wiedergutmachung gezahlt hatte. Das Ersuchen schien fair zu sein. Der israelische Premierminister Levi Eshkol wollte Versöhnung. Seine Gegner innerhalb Israels aber – der alternde Ben Gurion eingeschlossen – tobten aufs heftigste über seine Rede von einer friedlichen Verständigung mit den arabischen Staaten. Verhandlungen schleppten sich ergebnislos über das Frühjahr 1967 hin. Die Drohungen verhärteten sich.

Am 22. Mai blockierte Ägypten plötzlich den Golf von Aqaba, Israels einzigen Seeweg zu den Öllieferungen aus dem Persischen Golf. Kriegsschiffe und Seeminen hielten Tanker auf, die in den Hafen von Eilat einlaufen wollten, und zerschnitten damit Israels lebenswichtige Energieversorgung. Die Straßen von Jerusalem, Tel Aviv, Haifa und Tiberias wimmelten von jungen Männern und Frauen in Khakiuniformen, mit automatischen Waffen ausgerüstet, die alle per Anhalter zu ihren Reserveeinheiten fuhren. Ein merkwürdiges Fieber – die Furcht vor dem Krieg und zugleich die Begierde danach – lag in der Luft.

Als der Krieg ausbrach, wurde er tatsächlich an einem einzigen Tag gewonnen. Frühmorgens am 5. Juni heulten Luftschutz-Sirenen über der Stadt. Stunden vorher waren israelische Kampfflugzeuge in den Luftraum über Ägypten, Jordanien, Syrien und dem Irak eingedrungen und hatten in einem Überraschungsangriff fast vierhundert arabische Düsenjäger, die Tragfläche an Tragfläche auf ihren Rollfeldern standen, zerstört. Der Sinai-Feldzug und der Kampf auf den Golan-

Höhen dauerte nur ein paar Tage länger, dann war es vorbei, und die Welt stand wie betäubt vor dem Ereignis eines »Sechs-Tage-Kriegs«. Noch wochenlang schwamm Israel auf einer Woge der Begeisterung und rief einen nationalen Festtag aus.

Am Morgen der Siegesfeier war ich noch dabei, mich in meinem Zimmer in Jerusalem einzurichten. Am Tag zuvor hatte ich in einem nahen Krankenhaus Blut gespendet, um den verwundeten israelischen Soldaten zu helfen. Ich fühlte mich immer noch etwas schwach, aber die Freudenrufe draußen trieben mich auf die Straße. Die Menschenmenge zog mich über die Gehsteige mit sich fort bis zur Jaffa-Road – zu einem Anblick, der mich betäubte. Kolonnen von Soldaten, Panzern, Geschützen und Granatwerfern marschierten in einer Parade von der fernen Vorstadt Ramallah in die Altstadt von Jerusalem, die den Jordaniern in blutigen Kämpfen entrissen worden war. Mein Blick überflog die Menschenmassen, und der Atem stockte mir schmerzhaft in der Kehle.

Hunderte christlicher Geistlicher, Priester und Ordensfrauen jubelten dem Aufmarsch zu. Eine Dreiergruppe schwenkte eine Fahne, auf der geschrieben stand: »Gesegnet sei, der da kommt im Namen des Herrn.« Auf einem anderen Transparent stand: »Die Prophezeiung hat sich erfüllt.« Alle waren fröhlich, applaudierten und jubelten der Maschinerie des Krieges zu, genauso wie fromme Menschen einst Palmwedel vor dem Fürst des Friedens ausgelegt hatten.

Die Szene verschwamm vor meinen Augen. Heiße Tränen rannen mir die Wangen herunter, und ich kämpfte mir einen Weg aus der Masse heraus. Ich floh durch die engen Gassen der Jerusalemer Altstadt auf der Suche nach einem ruhigen Zufluchtsort. Instinktiv nahm ich meinen Weg an dem Durcheinander der Geschäfte vorbei und schlüpfte durch die massiven Türen zum Heiligen Grab.

In der halbdunklen, hochragenden Kirche sank ich auf eine Bank. Ich fühlte mich verraten. Allein. Meine schwierigen Bemühungen um die Versöhnung der Christen von Ibillin schienen so nichtig, so bedeutungslos im Lichte dessen, was ich eben gesehen hatte. Ich konnte die Liebe der Christen zu den Juden verstehen – als meine Brüder liebte auch ich sie. Aber anstatt eine wirkliche Lösung für unseren Konflikt zu fordern, jubelten meine christlichen Brüder und Schwestern einer zerstörerischen Macht zu. Und wenn Israel wirklich im Mittelpunkt der Prophezeiungen und des Willens Gottes stand, warum hielt die Nation dann innerlich nicht zusammen? Das Problem der leidenden Flüchtlinge war vollkommen vergessen.

Wie betäubt starrte ich das reich geschmückte Grab im Herzen der weiten heiligen Stätte an. Umgeben von goldenen Rauchfässern und Leuchtern war es wie eine marmorne Schmuckkassette. Ich dachte an die Worte, die Jesus nach seiner Auferstehung gesprochen hatte. Dreimal hatte er zu seinen Jüngern gesagt: »Der Friede sei mit euch.« Und der auferstandene Herr, der die Versöhnung zwischen Gott und Mensch verkündigte, hatte ihnen auch gesagt: »Wie mich mein Vater gesandt hat, so sende ich euch.«

War es wichtiger, diese heiligen Steine zu hüten oder den Frieden zwischen den Menschen und die Menschenwürde zu bewahren? Darauf zu pochen und sich dafür einzusetzen und zu kämpfen, wenn es nötig ist? Wer sollte sich um den Frieden bemühen, wenn nicht die Christen?

Nach ungefähr einer Stunde erhob ich mich mit dem bohrenden Gefühl, daß alle meine Anstrengungen vergeblich, meine Hoffnungen und Träume erloschen waren. Finster dachte ich daran, daß man von mir verlangte, in zwei Tagen jüdischen Studenten und Professoren an der Hebräischen Universität gegenüberzutreten. Ich hätte mich am liebsten versteckt – mich wieder in Ibillin verloren. Einen Moment lang spielte ich mit dem Gedanken, ganz aus dem Land zu entfliehen. Vielleicht war der Jesus meiner Kindheit nicht stark genug, um nach alldem die verbitterten Feindseligkeiten in den Herzen der Menschen zu überbrücken. Vielleicht bezog sich seine Idee des Friedens nur auf diejenigen, die sich schweigend und kontemplativ in eine Kirchenbank setzten.

Als ich aus der Kirche nach draußen in die strahlende Sommersonne trat, bemerkte ich die Worte, die oben tief in Marmor eingraviert sind: »Er ist nicht hier. Er ist auferstanden.« Später sollte ich mich daran erinnern und mir bewußt werden, daß diese Worte, fest in mein Gedächtnis eingegraben, für mich eine seltsam prophetische Bedeutung hatten.

Meine Aufnahme an der Universität entwaffnete mich völlig.

Am ersten Morgen drängelte ich mich, die Unterlagen für die Kurseinschreibungen in Händen, nervös durch die überfüllten Gänge. Im ersten Büro nahm eine junge, jüdische Sekretärin meine Papiere in Empfang, studierte sie und schaute mich dann fragend an.

»Sie sind Elias Chacour?«

»Ja.«

»Sie sind Palästinenser?«

Sofort war ich alarmiert. Ich konnte die Erinnerung an das Verhör im Hafen von Haifa vor zwei Jahren nicht loswerden. Wenn sie mich beiseite in einen geschlossenen Raum gebeten hätte, wäre ich sofort bereit gewesen, hinunter in die Halle zu stürmen und Jerusalem zu verlassen. »Ja«, sagte ich entschlossen, »Palästinenser.«

Sie warf wieder einen Blick auf meine Papiere, schrieb ein paar Zeilen und händigte sie mir wieder aus. »Willkommen«, sagte sie mit einem freundlichen Lächeln.

Während meines ersten Semesters war ich durchweg überrascht über die Freundlichkeit der Professoren und Studenten in jedem meiner Kurse. Ich war willkommen und wurde ermutigt, meinen Standpunkt zu äußern. Ich erkannte, daß dies Männer und Frauen von intellektueller Redlichkeit, Moral und Aufrichtigkeit waren. Ich mußte zugeben, daß ich völlig verblüfft war, und ich hoffte, daß es sich um mehr als nur oberflächliche Höflichkeit handelte.

Einer, der mir sofort nahestand, war Professor David Flusser. Der Zufall wollte es, daß ich ein Semester lang sein einziger Student in griechischer Patrologie war. Flusser besaß auf diesem Gebiet ein glänzendes Wissen und war in allen Lehren und Schriften der Kirchenväter bewandert. Mehr als jeder andere, dem ich begegnete, schien er gegenüber der Tatsache, daß ich Palästinenser war, blind zu sein, vermutlich weil die Weisheit der Jahre ihm eine seelsorgliche Art von Liebe zu allen Menschen vermittelt hatte.

Es war diese Liebe, die uns in Diskussionen, die weit über den Lernstoff hinausgingen, einander näher brachte. Weil wir nur zu zweit waren, versammelte sich unser »Kurs« gewöhnlich in seiner bescheidenen Wohnung, wo Archäologie, Religion und Politik bei endlosem Kaffeetrinken miteinander vermischt wurden. Langsam, behutsam tauchte das palästinensische Thema auf, bis er eines Tages, gegen Ende des Semesters, auf den Tisch schlug und mich aufschreckte.

»Gott hat das Land Israel dazu bestimmt, ein Segen zu sein für alle Völker, für alle Menschen. Nicht nur für einige von ihnen.«

Vorsichtig hakte ich nach: »Sehen Sie das so? Wirklich? Auch in bezug auf Palästinenser?«

»In bezug auf jeden«, beharrte er. »Die Geschichte gebietet es so. Und nicht nur unsere Vergangenheit, sondern auch die Notwendigkeit einer friedlichen Zukunft.«

Auf dem Heimweg nach unserer Sitzung blieben Flussers Worte in mir haften. Ganz praktisch gesehen, konnte sich Israels Wirtschaft nicht mehr lange mit den enormen Ausgaben allein für militärische Zwecke halten. Und seine Bemerkung über die Geschichte weckte Erinnerungen an meine Nachforschungen in Paris. Damals war ich zu dem Schluß gekommen, daß nicht alle Juden Palästinenser haßten. Viele waren über die hartnäckige Haltung der Regierung erbost. Diese Tatsache schien zu einem wichtigen Schlüssel für mich geworden zu sein, und ich wußte jetzt aus meiner Freundschaft mit Flusser und anderen ihm Gleichgesinnten, daß es stimmte. Wenn nur das ganze israelische Volk – und die ganze Welt – verstehen könnten, daß Juden und Palästinenser miteinander leben könnten, wenn sie begännen, einander mit Würde zu behandeln.

Ich ahnte es noch nicht, aber meine Bitte sollte schon bald auf eine ungewöhnliche Weise beantwortet werden. Da ich als palästinensischer Student eine Attraktion war, wurde ich bald auf Empfänge und Gesellschaften der feineren Kreise eingeladen, zu denen führende Persönlichkeiten von Kirche und Staat aus Europa, Asien und Amerika gehörten. Hier wurde ich Botschaftern, Diplomaten und einflußreichen Geistlichen vorgestellt. Ich machte auch die Bekanntschaft vieler führender Rabbiner aus Jerusalem und dem Ausland, die mich mit offener Herzlichkeit empfingen. Ganz besonders freute es mich, daß diese mächtigen Männer bereit waren, die palästinensische Frage zu diskutieren. Während ich mich mit ihnen unterhielt, mußte ich mich allerdings fragen, ob ihr Interesse nicht doch nur oberflächlich war. Sie schienen wohlwollend und mitfühlend. Es sollte noch einige Zeit dauern, bis ich die volle Wirkung dieser freimütigen Diskussionen spürte.

Allerdings kann ich nicht behaupten, daß jeder in Jerusalem meine Anwesenheit freundlich akzeptierte. Gerade als ich das Gefühl hatte, daß das Band des Friedens mich mit meinen jüdischen Brüdern, wie etwa mit Professor Flusser, zu verbinden begann, wurde es wieder bis zum Zerreißen gespannt.

Als mein zweites Studienjahr 1968 seinen Fortgang nahm, organisierte Flusser ein besonderes Symposium für die Studenten in den biblischen Fächern, um die Auffassungen von Liebe im Judentum, Islam und Christentum zu vergleichen. Sein wirkliches Ziel war es, wie er mir anvertraute, das Verständnis dieser Gruppen füreinander zu fördern, da sie sich aufgrund ihrer religiösen Ansprüche auf das Land Israel andauernd gegenseitig an die Gurgel gingen wie eine Meute von Hunden. Flussers freimütige Stellungnahmen auf dem Symposium legten einige verborgene Gefühle bloß.

Vor versammeltem Auditorium begann Flusser: »Die jüdische Auffassung von Liebe kommt in der Eroberung Jerichos zum Ausdruck. Josua vernichtete die Bewohner von Jericho im Namen Gottes, denn er liebte sein eigenes Volk.«

Er äußerte sich kurz über den Islam und überraschte uns dann alle mit der folgenden Stellungnahme: »Die christliche Liebe ist die scheinbar unmögliche Liebe. Etwas Unglaubliches. Es ist die Liebe des Gekreuzigten, der gesagt hat: ›Vater, vergib ihnen, denn sie wissen nicht, was sie tun.‹«

Sofort sprang ein junger Student namens Greenberg auf.

»Flusser«, schrie er, »Sie sind ein abtrünniger Jude. Sie vermitteln den Eindruck, das Christentum sei besser als das Judentum.«

Es folgte betretenes Schweigen. Flusser antwortete freundlich: »Nicht im geringsten, Moshe. Ich versuche Ihnen nur begreiflich zu machen, was ich aus meinen Studien verstanden habe.«

Greenberg blieb hartnäckig: »Meiner Meinung nach ist die Liebe Josuas die einzig wahre Liebe, weil er Vergeltung geübt hat.« Ein Stimmengewirr erhob sich, Gemurmel und wütende Zwischenrufe. Ich fühlte, wie mir heiß wurde, und umklammerte die Armlehnen meines Stuhles.

In dem Lärm erhob sich ein anderer Student. »Moshe«, sagte er mit eindringlicher Stimme, »es scheint, daß deine Auffassung immer zu Gewalt führen wird. Du würdest den Gegner immer vernichten. Was würdest du im Sinne dieser Logik mit unseren israelischen Arabern machen?«

Mit eiskaltem Blick schaute Greenberg ihn an – und dann mich. »Ich würde dementsprechend handeln.« Rundherum im Saal murmelten ein Dutzend andere zustimmend.

Das war mehr, als ich ertragen konnte. Ich floh aus dem Saal, einer der Dekane mir auf den Fersen. »Gehen Sie nicht, Elias – bitte«, sagte er und ergriff meinen Arm, »wir werden unsere Diskussion ändern.«

»Ich lege keinen Wert auf die Diskussion«, brauste ich auf. »Ich möchte, daß Sie die Mentalität ändern.« Ich versuchte meinen Arm wegzuziehen, aber er griff fester zu.

»Elias«, seine Stimme war beschwörend, »wir *können* die Mentalität ändern. Geben Sie uns so schnell auf?«

Später machten mich seine Worte sehr betroffen. Ich war nicht der Mensch, der aufgab. Ich hatte meine Ansichten immer, so offen ich es wagen konnte, geäußert. Ich hatte hart unter meinem eigenen Volk gearbeitet und betete täglich für die Versöhnung zwischen Juden und Palästinensern. War hier mehr gefordert?

Als das Wintersemester 1968 begann, nahm meine Besorgnis über die palästinensisch-jüdischen Spannungen immer mehr zu. Nach dem Krieg 1967 hatten die Fedajin, die einige Jahre gegen Israel gekämpft hatten, sich unter dem Namen PLO (Palestinian Liberation Organization) zusammengeschlossen. Ein Mann stand auf, um sie zu führen – Yassir Arafat.

Ich war betrübt. Warum war kein christlicher Führer aufgestanden, um für mein Volk zu sprechen?

Dann machte ich die Bekanntschaft von Joseph Raya.

Im Oktober wurde ich vorgeladen, um den neugewählten Bischof von Galiläa kennenzulernen. Vor einigen Monaten war unser Patriarch verstorben, und mein Bischof war auserwählt worden, seinen leeren Platz einzunehmen. Ich war mehr als enttäuscht, daß dieser Raya, ein amerikanischer Libanese irgendwo aus dem Süden der Vereinigten Staaten, zu meinem neuen Bischof berufen worden war.

Als ich in sein Büro gebeten wurde, wollte ich mich zum Gruß beugen, so wie es von vielen Bischöfen erwartet wurde. Aber er ließ mich innehalten. »Dazu bin ich nicht da«, lächelte er. »Setzen Sie sich bitte, und erzählen Sie mir über alle Menschen in Galiläa.«

Und er meinte tatsächlich *alle* Menschen – nicht nur die melkitischen Christen. Ich begann natürlich von meiner Arbeit in Ibillin zu erzählen. Er schritt im Zimmer auf und ab, während ich redete, und beobachtete mich. Die gespannte Lebendigkeit in seinen kleinsten Bewegungen ließ ihn viel jünger erscheinen, als sein graues Haar und seine Gesichtszüge andeuteten. Wenn ich innehielt, spornte er mich mit eindringlichen Fragen an: Wie stand es um mein Verhältnis zu den Juden? Was tat sich unter den Moslems? Den Drusen? Half unsere Kirche den Arbeitslosen? Welche Lebensbedingungen herrschten in den palästinensischen Dörfern?

Nachdem ich alles, was ich wußte, berichtet hatte, war ich außer Atem. Bischof Raya lief immer noch lebhaft auf und ab. »Und was ist Ihrer Meinung nach am dringendsten nötig?«

»Hoffnung«, entgegnete ich. »Die Palästinenser brauchen die Hoffnung auf eine Zukunft. Hoffnung, daß wir uns eines Tages mit den Juden versöhnen und wieder in Würde leben können.«

Er dachte über diesen Gedanken nach. Das veranlaßte mich, kurz die Geschichte von Biram und Ikrit und unseren Bemühungen, die Kirche wieder aufzubauen, zu erwähnen.

»Genau das ist es«, funkte es bei ihm. »Wir inszenieren eine Demonstration unseres guten Willens. Wir werden ganz Biram wieder aufbauen.«

Ich zuckte zusammen angesichts seiner Naivität. Höflich erklärte ich ihm, daß der einzige Grund, warum wir die Erlaubnis hätten, die Kirche überhaupt anzurühren, der sei, daß die Regierung die Restaurierung jeder religiösen Stätte genehmige. Ich schüttelte den Kopf: »Ich fürchte, sie werden uns nicht einen Stein aufheben lassen, um die Häuser wieder aufzubauen.«

Seine Antwort schlug mich fast vom Stuhl. »Sie werden uns nicht aufhalten«, sagte er glühend, »wenn wir mit lebendigen Steinen bauen.«

Wenn ich Bischof Raya für naiv gehalten hatte, so war ich sehr im Irrtum. Noch bevor unsere Unterredung beendet war, erfuhr ich die wahre Geschichte dieses Brandfeuers von einem Menschen. Seine erste Ernennung hatte ihn 1950 nach Birmingham in Alabama gebracht. Die Lebensbedingungen der schwarzen Amerikaner hatten sich seit der Sklaverei kaum gewandelt. Es gab immer noch heimliche Lynchjustiz und offenen Haß. Trotz Drohungen und Wasserwerfern begann ein junger schwarzer Geistlicher namens Martin Luther King von seinem Traum von Gleichberechtigung und Gerechtigkeit zu predigen. Raya wurde einer der ersten Freunde Kings, er betete und schritt an seiner Seite von Birmingham nach Selma und Washington.

Nun wurde derselbe Eifer, dieselbe aufopfernde Liebe für die Ausgestoßenen auf galiläischen Boden übertragen. Ich war freudig erregt. Meine Hoffnungen, die wie ausgedörrt waren, entzündeten sich an seinem Feuer wie trockenes Brennholz. Bald nach unserem Gespräch arbeiteten wir einen Plan aus: Wir würden 1500 Leute, die die Einwohnerzahl des Dorfes zur Zeit der Zerstörung repräsentieren sollten, zu einer Friedensversammlung nach Biram zusammenrufen. Unser Ziel war ganz einfach, der israelischen Regierung zu demonstrieren, daß die Palästinenser nichts anderes wollten, als in ihre Häuser zurückzukehren, um dort in Frieden zu leben. Bischof Raya begann, diese Losung durch die Priester und Dorfbeamten zu verbreiten. Ich nahm noch während der letzten eineinhalb Jahre meines Studiums in Jerusalem Kontakt zu meinen Onkel, Cousins und anderen früheren Bewohnern von Biram auf.

Als ich 1970 meine Studien in Jerusalem beendete, hatten wir unseren Plan näher konkretisiert: Wir würden im August damit beginnen, sechs Monate lang auf den Trümmern von Biram zu kampieren. Ich war inzwischen nach Ibillin zurückgekehrt, hatte meine pastoralen Aufgaben wiederaufgenommen und war von dem Trubel der abschließenden Vorbereitungen für das »camp-in« vollkommen in Anspruch genommen. Viele junge Menschen hatten darum gebeten, sich unseren 1500 enthusiastischen Helfern anschließen zu dürfen. Neben dem Organisieren von Lebensmitteln und Wasser, medizinischer Versorgung und Zelten, hatte ich dafür zu sorgen, daß sich uns auch einige Lehrer anschlossen, da sich die Demonstration über den Schuljahresbeginn hinauszog.

Als der August kam, war ich erschöpft. Monatelanges Planen, Besprechen, Telefonieren und Briefeschreiben hatten mich aufgezehrt. Wochenlang hatte ich mich mit drei bis vier Stunden Schlaf pro Nacht begnügt, obwohl die Schwestern viel Aufhebens darum machten, daß ich zu wenig Ruhe hätte. Ich war jedoch wie elektrisiert vor Aufregung, als ich endlich mit einem Bus Freiwilliger von Ibillin nach Biram fuhr.

Bischof Raya war vor uns angekommen und dirigierte die ersten Gruppen von Freiwilligen von dem offenen Platz. Als ich aus dem Bus ausstieg, mußte ich auf ihn wie der Apostel Johannes gewirkt haben, der eben erst von seinen himmlischen Offenbarungen erwachte. »Elias«, lachte er herzlich in sich hinein, »kommen Sie wieder zurück auf die Erde. Ihre Füße berühren ja nicht einmal mehr den Boden.«

Er hatte recht. Ich fühlte mich so überirdisch, als ob ich in einer Vision lebte. Der heiße Sommertag zog sich zu einem kühlen Abend hin, und ich eilte umher und half den Freiwilligen, sich zwischen den umgestürzten Steinen und Ziegeln niederzulassen. Es dämmerte bereits, und noch immer trieb mich eine Unruhe: Stimmen mischten sich mit Lachen, Frauen kochten über lodernden Holzfeuern, Jungen und Mädchen spielten wieder unter den Olivenbäumen. Und noch immer kamen Busse an, Hunderte von Palästinensern, eine Woge nach der anderen ... und die Erinnerung packte mich ...

... Ich war wieder ein kleiner Junge, allein am Strand des Mittelmeeres, Salzwasser bespritzte mein Gesicht, und Wellen klatschten um meine Füße. Damals hatte ich in einem lebhaften Tagtraum gesehen, wie Biram wieder zum Leben erwachte – überflutet mit Wogen von Menschen ...

Und jetzt, als der schmale Mond über den dunklen Hügeln im Osten aufstieg, schaute ich zu, wie mein Traum Wirklichkeit wurde.

Sechs Monate lang, während der Herbst das Hügelland langsam abkühlte, beteten, spielten, aßen und schliefen wir im Freien. Die frischen Regenfälle durchnäßten uns, gefolgt von kalten Winden, die durch die Zedern ächzten. Von Anfang an schickten die Medien ihre Fotografen und Reporter und hielten ganz Israel auf dem Laufenden mit Nachrichten über unsere Demonstration.

Obwohl ich es mir zu dieser Zeit noch nicht vorstellen konnte, hatten gewisse Augen begonnen, uns im Geheimen zu beobachten – und warteten nur darauf, daß wir einen falschen Schritt tun würden.

An einem frostigen Morgen während des Kampierens nahm mich Bischof Raya beiseite. Während er seine Hände über der Glut eines Feuers rieb, sagte er: »Elias, seit Gott uns erschaffen hat, haben wir uns zum Gebet niedergekniet. So lange Zeit dachten wir, daß wir uns beim Beten verbergen müßten, um mit Gott ganz im Privaten über unsere Probleme zu sprechen. Aber es ist an der Zeit, unsere frommen Worte beiseite zu lassen und uns zu unserem Bruder, der etwas gegen uns hat, aufzumachen. Auch das ist eine Form des Gebets – wahre Fürbitte. Sie verlangt Verzeihen und Gottes starke Liebe.«

Ich wußte, daß sich hinter seinen Worten ein Plan verbarg. Mißtrauisch fragte ich: »Worauf wollen Sie hinaus?«

»Es ist gut, daß wir diese Leute hier versammelt haben«, sagte er und wies auf all die Demonstrierenden ringsum. »Es ist ein erster Schritt der Hoffnung für sie. Aber auch die Juden brauchen die Hoffnung auf Frieden. Es ist an der Zeit, nach Jerusalem zu marschieren und unseren jüdischen Brüdern die Möglichkeit zu geben, Seite an Seite mit uns zu gehen, und gemeinsam der Welt zu zeigen, daß wir alle gegen Gewalt sind, daß wir alle nach der Würde des Menschen verlangen.«

Etwas ließ mich vor seinen Worten zurückschrecken. War er verrückt geworden? Sicher, sein Büro war mit Hunderten von Briefen, Anrufen und Telegrammen von jüdischen Rabbinern und anderen Bürgern Israels überflutet worden. Man erzählte uns, daß jeden Tag immer noch viele Postsäcke ankamen und die Sekretariate belagerten und daß sich die große Mehrheit für eine friedliche Koexistenz von Juden und Palästinensern aussprach. Es hatte den Anschein, daß die Herzen vieler Juden tatsächlich auf unserer Seite waren. Aber ich konnte nicht glauben, daß Juden uns öffentlich bei einem Friedensmarsch unterstützen würden.

Er mußte meine Gedanken gelesen oder zumindest meinen Gesichtsausdruck gedeutet haben. Er starrte in die Flammen und sagte: »Ich will Sie nicht belügen. Diese Art von Fürbitte ist immer mit einem Risiko verbunden.«

Ich zog die kalte Luft tief ein und seufzte: »In Ordnung. Wir werden zusammen marschieren. Sie führen, und ich werde folgen. Zumindest haben sie dann zwei, die sie verhaften können«, entgegnete ich leichthin.

»O nein«, sagte Bischof Raya mit einem unvermittelten Lachen, »Sie haben die Sache nicht richtig verstanden. Ich habe nicht gesagt, daß ich führen werde. Ich werde bei der Organisation helfen, und ich werde mitmarschieren, aber«, er klopfte mir auf die Schulter, »ein Palästinenser muß die Führung übernehmen.«

Die organisatorischen Vorbereitungen für den Marsch benötigten fast achtzehn Monate. Als die Demonstration in Biram zu Ende war, kehrte ich nach Ibillin zurück und begann Briefe an Freunde von der Hebräischen Universität zu schreiben. Ihre Antwortbriefe waren eindeutig solidarisch, hinterließen aber doch in mir eine dumpfe Vorahnung – so wie der Brief, den ich von einem führenden Rabbi bekommen hatte.

Er sei ungeheuer bestürzt, schrieb er, über Golda Meirs offenkundige hartnäckige Haltung gegenüber den Palästinensern in Israel. Mit ihren »Landreformen« beschlagnahmte sie mehr und mehr Ackerland von unseren Dörfern. Kurz nachdem sie an die Macht gekommen war, war sie von Reportern gefragt worden, wie sie den Schrei der Palästinenser nach Gerechtigkeit zu beantworten gedenke. Sie hatte geantwortet: *»Was ist ein Palästinenser? Solch ein Ding existiert nicht.«**

* Vgl. Sunday Times, London, 15. Juni 1969; zitiert in: Jonathan Dimbleby, The Palestinians, Quartet Books, New York 1979, S. 10: *What is a Palestinian? Such a thing does not exist.*

Mein rabbinischer Freund schrieb dann diese erstaunlichen Worte: »Wir, die wir Gott suchen, sind entsetzt, denn Eure Geschichte ist wie die von Nabot und Isebel. Unter den Rabbinern kenne ich viele, die fürchten, daß Golda Meir sich wie Isebel verkauft hat, um Eurem Volk Böses anzutun.«

Mein Herz hüpfte. Weiter las ich: »Wenn Sie marschieren, dann schreiben Sie doch auf Ihre Plakate: ›Golda Meir tötet die Gerechtigkeit – sie ist die heutige Isebel.‹ Jedoch«, fügte er hastig hinzu, »wäre ich Ihnen sehr verbunden, wenn Sie meinen Namen nicht mit dieser Aussage in Verbindung bringen würden.«

Mit einem schmerzlichen Unbehagen ließ ich den Brief auf den Stapel von Post sinken, der meinen Schreibtisch bedeckte. Alle diese Briefe und Geldgeschenke waren wundervoll. Aber welche Art von Unterstützung konnten wir wirklich von unseren jüdischen Brüdern erhoffen, wenn es dann konkret um den Marsch durch die Straßen Jerusalems ging?

Meine Stimmung war gesunken. Einige tausend palästinensische Freunde hatten versichert, mit uns zu marschieren. Sogar Mutter und Vater hatten vor, mit einem Bus aus Gish zu kommen. Wenn ich an meine Eltern dachte, die inzwischen über siebzig waren und das erste gebrechliche Zittern bekommen hatten, und an die anderen hoffnungsvollen Mitmarschierenden, schauderte ich bei dem Gedanken an die Wasserwerfer von Alabama, die Polizeihunde und Knüppel ... Was wäre, wenn Bischof Raya und ich unsere Leute in eine Falle führten?

Am frühen Morgen des 13. August 1972 kroch unsere Buskolonne schwerfällig die steile Straße nach Jerusalem hinauf. Nahe der Stadtgrenze parkten wir am verabredeten Platz an der Jaffa-Road. Wir hatten für unseren Marsch dieselbe Route gewählt, die die Siegesparade von 1967 genommen hatte. Als ich aus dem Bus stieg, hüllte mich die schwüle Sommerluft ein. Die Sonne brannte bereits durch den Dunst, aber nicht nur deshalb rann mir der Schweiß die Schläfen herab.

Weitere Busse aus verschiedenen Gegenden kamen an. Friedensmarschierer, bis jetzt lauter Palästinenser, stiegen aus, um sich die Beine zu vertreten und alte Freunde und Verwandte aus anderen Dörfern freudig zu begrüßen. Der Jeep und das Megaphon, die wir organisiert hatten, waren angekommen. Es war schon 9.20 Uhr – nur noch 40 Minuten bis zum Beginn des Marsches. Und noch immer spähte ich auf die Straße nach Jerusalem nach einem Anzeichen der jüdischen Freunde, die versprochen hatten, mit uns zu marschieren.

Bischof Raya tippte mir auf die Schulter. Als ich mich umdrehte, konnte er meinen Blick sofort deuten: »Vertrauen Sie, Elias«, sagte er mit einem ruhigen Lächeln. »Wir haben alles aufs Spiel gesetzt. Jetzt ist alles in Gottes Hand.«

Die Minuten vergingen. Während ich noch wartete, stiegen Mutter und Vater aus einem der später angekommenen Busse aus. Vater kam langsam die Stufen herunter, sein weißes Haar unter der vertrauten Kafiyeh verborgen. Mutter folgte ihm. Ihre Beine waren schwach geworden, aber noch immer hatte sie in ihren Schritten einen gewissen Schwung. Wir umarmten uns, und ich wünschte mir so sehr, daß sie doch zu Hause in Sicherheit geblieben wären.

»Du bist besorgt, Elias«, sagte Vater, und seine klaren blauen Augen blickten mich forschend an.

Mutter nahm mich am Arm. »Ich mache mir Sorgen um dich, aber nur weil du zu hart arbeitest.« Ich versuchte ihre Bemerkung zu überhören, obwohl es stimmte, daß ich zum Umfallen müde war, und sie fuhr unbeirrt fort. »Du arbeitest wirklich zu hart. Aber ich bin nicht diesen ganzen Weg gekommen, um dir das zu sagen.«

»Elias«, fuhr Vater fort, »es macht dir doch nichts aus, wenn wir nicht mitgehen, nicht wahr? Während du dort in den Straßen um Frieden betest, werden wir hier im Bus bleiben und uns mit jemandem unterhalten, der noch wichtiger ist als die ganze Regierung zusammen. Wir werden hier beten.«

Ich empfand in diesem Augenblick eine solche Liebe für sie – und ich war für ihre Entscheidung dankbar. Als sie zu ihrem Bus zurückgingen, plagten mich immer noch Zweifel, ob unsere Freunde aus Jerusalem kommen würden.

Nach einigen Minuten fuhren mehrere Autos vor und brachten ungefähr 15–20 Professoren von der Hebräischen Universität. Mit sinkender Hoffnung wollte ich sie eben begrüßen, als ich noch andere Autos um die Ecke auf die Jaffa-Road einbiegen sah. Es kamen noch mehr – in kleinen Gruppen. Kurze Zeit später kam ein ganzes Dutzend auf einmal zu Fuß. Inmitten der wachsenden Menschenmenge erschienen immer mehr Professoren der Universität, insgesamt siebzig. Gleichzeitig fanden sich Gruppen von Moslems und Drusen ein, die von der Demonstration gehört hatten. Mein Herz begann zu rasen.

Aufgeregt kletterte ich in den Jeep, das Megaphon in der Hand, und stellte eilig die Marschierer in Reihen auf. Als ich mich vor dieser ausgestreckten Menschenmenge erhob, fühlte ich einen Kloß im Hals. Neben dem Jeep stand Bischof Raya mit mehreren Priestern und Rabbinern. Ihre Köpfe waren gesenkt, sie beteten zu ein und demselben Gott. Ein junger Jude verteilte Plakate, auf denen geschrieben war: »Gerechtigkeit für Biram und Ikrit« und »Gerechtigkeit für die Palästinenser«. Weiter entfernt hatten sich die Marschierer schon vermischt – Christen, Juden, Moslems und Drusen. Wir waren in unserem Anliegen eins geworden, bereit, gemeinsam um Frieden zu bitten. Als der Fahrer den Motor des Jeeps anließ, fühlte ich, daß eine gewisse Gelassenheit über mich gekommen war. Meine Beine zitterten nicht mehr, als wir langsam auf die Jaffa-Road einschwenkten, hinter uns die vorwärtsdrängende Menge. Dennoch fragte ich mich, wenn ich an all die heiklen Probleme dachte, die unsere Anwesenheit repräsentierte, wie wir wohl empfangen werden würden.

Der Zug wuchs weiter an, als er sich Häuserblock um Häuserblock in Richtung Zentrum bewegte. Um 10.00 Uhr vormittags herrschte auf den Gehsteigen reger Betrieb. Obwohl sich die Polizei zu Sicherheitsabsperrungen entlang unserem Weg postiert hatte, strömten mehr und mehr Menschen in unsere Reihen. Mit der Zeit hatten wir unseren Bestimmungsort, die Knesset, erreicht. Ich spürte das Gefühl der Einigkeit, das wie eine magnetische Kraft durch die Mitmarschierenden ging. Wir waren nun fast 8000 Menschen. Die letzte Spur von Beunruhigung war verschwunden, denn es schien, daß ein großer Teil der Stadt hinter uns stand.

Umgeben von Reihen von Kameras und freundlichen Reportern versammelten wir uns auf den weiten Stufen der Knesset. Die Journalisten schienen überwältigt zu sein, schossen ein Bild nach dem anderen von jungen Juden mit Jarmulkes und älteren Palästinensern in Kafiyehs, die Seite an Seite saßen.

Hier verkündete Bischof Raya, daß er eine offizielle Zusammenkunft mit Golda Meir fordere, um die Versöhnung zwischen Israel und dem palästinensischen Volk zu erörtern. Wenn sie nicht bereit wäre, mit ihm zusammenzutreffen, würden wir warten – so viele nur konnten –, um zusammen zu fasten und zu beten.

Hunderte von uns warteten tatsächlich – vier Tage lang, während die glühende Augustsonne auf das Pflaster brannte, und hielten betend Nachtwache oder schliefen auf den Stufen. Viele, vor allem die Älteren wie Mutter und Vater, kehrten in die Dörfer zurück. Und während ich tief bewegt war, daß wir zusammen für den Frieden Jerusalems beten und fasten konnten, präsentierte sich uns die Knesset verschlossen und mit steinhartem Schweigen.

Bischof Rayas Ersuchen, mit Golda Meir zusammenzutreffen, wurde nie beantwortet. Obwohl der Polizeichef von Jerusalem in den Zeitungen zitiert wurde, daß unser Marsch die überwältigendste Demonstration der Einigkeit gewesen sei, die er in Israel jemals gesehen habe, ignorierte uns die Regierung. Nach vier Tagen setzten wir unserem Fasten ein Ende, und ich versuchte meine Enttäuschung niederzukämpfen.

Als die Menge schließlich aufbrach, ging ich niedergeschlagen zu unserem Bus. Ein Professor von der Universität hielt mich an: »Elias, was ist los? Sind Sie nicht zufrieden?« Bevor ich noch antworten konnte, deutete er zurück zur Knesset. »Sehen Sie, da.«

Auf den obersten Stufen stand eine große Gruppe junger Frauen und Männer. An ihrer unterschiedlichen Kleidung sahen wir, daß es Christen, Juden, Moslems und Drusen waren. Sie standen da und hielten einander mit den Armen umschlungen.

»Sehen Sie, Elias«, verkündete er, »die Wandlung ist hier. Sie ereignet sich in den Herzen der Menschen. Auch wenn es nur langsam geht. ›Rechtschaffenheit und Friede haben einander geküßt‹«, zitierte er einen Psalm. »Und Sie waren es, der uns zusammengebracht hat. Sie sind ein Sohn Gottes.«

Wir waren fast wieder daheim in Ibillin. Das Rütteln des Busses hielt mich wach, während ich aus dem Fenster in die Dunkelheit hinausstarrte. War irgend etwas erreicht worden? Es war die innere Stimme – oder war es nur die Erinnerung? –, die mich an die Worte des Professors zurückdenken ließ. Er, ein Jude, hatte mich einen »Sohn Gottes« genannt. Und die innere Stimme erinnerte mich an den einen Satz, der mir so vertraut war: *Selig, die Frieden stiften ...*

Mauern begannen einzustürzen.

LEBENDIGE STEINE

Ich hob meinen Kopf, horchte und vergaß für einen Augenblick die Stapel von Briefen vor mir auf meinem Schreibtisch. Gelächter drang aus dem Nebenzimmer des Pfarrhauses. Ghislaine unterrichtete einen quirligen Haufen von Kindergartenkindern. Es waren erst einige Wochen seit unserem Marsch in Jerusalem vergangen, und die Schule war gut angelaufen. Durch das Fenster neben meinem Schreibtisch im hinteren Raum des Hauses konnte ich auch schwach Nazarenas Chorprobe in der Kirche hören. Vor kurzem hatte ich meinen 32. Geburtstag gefeiert, und die Kinder hatten mir eifrig ein Ständchen gesungen. Normalerweise freute ich mich über diese Klänge – die fröhlichen Klänge dessen, was ich »meine Liebesgeschichte mit Ibillin« nannte. Aber an diesem Morgen konnten Gesang und Gelächter meine Stimmung nicht heben.

Ich schlüpfte in den Garten hinaus und ging auf und ab. Habibs Weinstock war stark und kräftig gewachsen und spannte seine grünen Blätter über ein Gitter aus Holzstäben. Ich langte nach einem der derben Blätter. Mutter Macaire konnte daraus ein würziges Weinblätter-Gericht machen – aber sie war nicht mehr hier. Das Alter, die harte Arbeit und unsere harten Lebensbedingungen hatten ihre ohnehin schon schlechte Gesundheit aufgezehrt. Sie hatte Ibillin sechs gute Jahre ihres Lebens geschenkt, und erst vor ein paar Wochen war sie von uns gegangen.

Ihr Tod war jedoch nicht das einzige, was mich bewegte, als ich zwischen den neu angelegten Blumenrabatten entlangging. Seit unserem Friedensmarsch zerrte ein bedrängendes Gefühl an mir. Ein Schreibtisch voll bestärkender Briefe von Juden wie Palästinensern zeigte mir, daß eine erste Brücke zur Versöhnung geschlagen worden war.

Dennoch hatte ich das Gefühl, daß die Steine ohne Mörtel aufeinandergelegt worden waren. Tausende und Abertausende Palästinenser kämpften immer noch ums bloße Überleben – in ärmlichen Unterkünften, mit schlechter medizinischer Versorgung, ohne Ausbildung, in unterbezahlten Stellen oder überhaupt arbeitslos. Kein Wunder, daß sie über ihre Stellung als Arbeiterklasse aufgebracht waren, ohne Hoffnung, sich aus der untersten Schicht der Gesellschaft zu erheben. Wenn sich ihre Lage nicht änderte, war es nutzlos, von Versöhnung zu reden. Wie konnte ich es anstellen, sie mit mir über die Brücke zu bringen?

Ein paar Wochen später, als ich Bischof Raya wegen einiger kirchlicher Angelegenheiten aufsuchte, schien auch er beunruhigt. Er ging zwar mit seiner üblichen Lebhaftigkeit im Büro auf und ab wie ein ergrauter Löwe, aber verhaltener Ärger verdüsterte sein Gesicht.

»Stimmt etwas nicht?« fragte ich.

Er sah mich nun direkt an, hielt inne und seufzte tief. »Ja. Unglücklicherweise hatte ich einen verärgerten Besucher – aus Rom.«

Unser Marsch hatte anscheinend durch die Medien internationale Aufmerksamkeit erregt. Sofort war einer unserer mächtigsten Kardinäle aus Rom nach Israel geflogen und hatte Bischof Raya ohne Vorwarnung überrascht.

»Der Kardinal war wütend – er tobte beinahe«, sagte der Bischof skeptisch. »Er verlangte von mir, daß ich von den Straßen bleiben und mich innerkirchlichen Angelegenheiten widmen soll. Was noch schlimmer war, er sagte: ›Was kümmern Sie sich um diese verdammten Palästinenser?‹«

Doch Bischof Raya fegte diese Beschimpfung mit einer Handbewegung beiseite. »Es ändert sich überhaupt nichts. Noch bin ich hier – und ich habe weder vor im Luxus noch wie eine Maus zu leben, während andere Menschen leiden. Aber«, damit wechselte er abrupt das Thema, »ich sollte Sie nicht mit meinen Problemen belasten, wenn Sie offensichtlich etwas auf dem Herzen haben. Sie schauen so stirnrunzelnd drein, seit Sie hereingekommen sind, Elias. Wo drückt der Schuh?«

Ich zuckte die Schultern. »Der Marsch ist vorbei. Wir hatten einige gute, brüderliche Gefühle. Was machen wir jetzt?«

Er spitzte nachdenklich seine Lippen. »Sie haben mir einmal gesagt, daß die Palästinenser Hoffnung brauchen. Sie haben gesehen, wie viele Juden auf Ihrer Seite sind. Aber Sie müssen ihre Bemühungen fortsetzen, die Palästinenser zu festigen. Sie sind wie Schafe, die keinen Hirten haben.«

»Ich weiß. Und sie brauchen jemanden, der sie eint. Sie müssen sich für gemeinsame Ziele einsetzen. Unsere jungen Leute brauchen die Hoffnung auf eine Zukunft. Sie müssen die Erfahrung machen, daß sie wertvolle und produktive Bürger sind. Wenn sie keine Selbstachtung erlangen, werden sie immer einen Groll gegen die Juden haben.«

Bischof Raya nickte. »So ist es. Wenn Sie die Menschenwürde aufbauen, beginnen Sie, Vorurteile abzubauen.«

»Das wäre einfach«, brummte ich, »wenn unsere Gemeinden schon einig wären. Oder wenn wir gute Schulen hätten. Aber unsere Kinder lernen mit veralteten Büchern in verfallenen Gebäuden.«

»Elias«, sagte er mit seinem unschuldigen Lächeln, »manchmal muß man im Schweiße seines Angesichts arbeiten, um ein Friedensstifter zu sein. Nicht nur darüber sprechen und schimpfen. *Sie* bauen die Gemeinden auf. *Sie* bauen die Schulen.«

Als ich nach Ibillin zurückfuhr, war ich verdrossen. Was hatte er mir vorgeschlagen – daß ich Gebäude, Bücher und Lehrer aus der Luft herbeizaubern sollte? Bei all den Aufgaben, die ich bereits am Halse hatte, ließ ich die Idee fest entschlossen fallen.

Es sollten volle zwei Jahre vergehen, bis sie mir wieder in den Sinn kam. Neben meiner Arbeit in Ibillin, die in meinen sieben Jahren dort inzwischen Früchte getragen hatte, hatte ich mich kurz nach meiner Rückkehr von Jerusalem in ein anderes Projekt gestürzt.

Andere Dörfer in ganz Galiläa hatten weiterhin darum gebeten, christliche Frauen zu ihnen zu schicken, die mit ihnen leben und arbeiten sollten.

Schließlich hatte ich sieben der ärmsten Dörfer ausgesucht und versprochen, alles, was in meiner Macht stand, für sie zu tun. Mit Bischof Rayas eifriger Zustimmung hatte ich mit Mutter Josephate arrangiert, 21 junge Frauen aus ihrer Gemeinschaft – drei in jedes Dorf – auf kurze »apostolische Ferien« zu schicken. Sie sollten in Hygiene und Haushaltsführung unterrichten, ihre geringen Kenntnisse in Krankenpflege anwenden und die jungen Leute in der Bibel unterweisen. Bei der Begeisterung, die Ghislaine und Nazarena bei ihren gelegentlichen Besuchen in Nazaret verbreitet hatten, war es keine Schwierigkeit, Freiwillige zu finden.

Die Liebe und der gute Wille, den diese jungen Frauen mitbrachten, war in den Dörfern ebenfalls ansteckend. Anfang 1973 lud mich das Dorf My'ilia doch tatsächlich zu einer Gala-Feier ein, um die drei Schwestern zu ehren, die von den Dorfbewohnern sofort hochgeschätzt worden waren. Ein kleines behelfsmäßiges Podium stand in der Mitte des Dorfes, und eine Menge Männer, Jungen und Frauen mit ihren Babys hatte sich schon darum herum versammelt, als ich ankam.

Ich saß neben den Schwestern und einer Reihe örtlicher Würdenträger, gefaßt auf die üblichen Freundlichkeiten und überlangen Reden. Um mich nicht zu enttäuschen, stand ein stämmiger, kleiner Mann auf, über dessen Bauch sich eine Weste spannte, an der beinahe die Knöpfe absprangen, und ließ eine weitschweifige Lobeshymne vom Stapel.

»Bevor die Schwestern gekommen sind, hatten wir niemanden, der sich um uns gekümmert hat. Nun wollen wir nicht, daß sie wieder gehen. Und deshalb«, strahlte er mich an, »haben wir eine große Geldsumme gesammelt, als ein Geschenk für Abuna Chacour und die Schwestern – wenn sie bleiben werden.«

Die anderen Würdenträger nickten zustimmend, aber eine warnende Stimme erhob sich in mir. Den Schwestern die Erlaubnis zum Bleiben zu geben, war kein Problem. Aus unseren Gesprächen wußte ich, daß ihre Herzen hier ein Zuhause gefunden hatten. Aber das Geld – es war wie ein Skorpion, den ich nicht anrühren konnte. Wie andere Dorfbewohner auch, hatten diese Leute schon lange bemerkt, daß die Kirche zu sehr in das Geld verliebt war. Andererseits würde es unsere Bräuche verletzen, ein Geschenk zurückzuweisen; es wäre eine Beleidigung.

Der Redner wollte mir einen prall gefüllten Umschlag in die Hand drücken. Statt dessen sprang ich auf und bestieg das Podium.

»Meine Freunde, ihr seid gütig –«, begann ich taktvoll, »– zu gütig. Wir können euer Geld nicht annehmen.«

Die Menge murmelte unbehaglich. Sofort widersprach der kleine Mann neben mir entschlossen: »Es ist ein Geschenk, Abuna. Sie können es nicht ablehnen –«

»Aber ich tue es«, betonte ich nachdrücklich. Etwas Entscheidendes stand hier auf dem Spiel – das Selbstbewußtsein dieses Dorfes. »Brot und Oliven sind genug für diese jungen Frauen. Sie sind hierhergekommen, um zu dienen. Sie sehen Gottes Angesicht in euch.«

»Und das hier«, sagte ich mit Nachdruck, packte den Umschlag und schwenkte ihn durch die Luft, »entschädigt sie nicht dafür. Indem ihr der Kirche Geld gebt, erfüllt ihr noch nicht das Gebot der Liebe. Ihr müßt mehr als das geben. Auch ihr müßt bereit sein zu dienen.«

Noch während ich sprach, fiel mir Bischof Rayas Idee vom Bauen wieder ein und brachte mich auf einen Plan. Ich fuhr eilig fort.

»Das Geschenk, das wir annehmen werden, ist eure Verpflichtung zu dienen. Ihr müßt eure Hände und Rücken zur Verfügung stellen, um zu arbeiten – nicht für uns, sondern für eure Kinder. Dieses Geld wird dazu benutzt werden, eine Bibliothek zu errichten, in der eure Kinder ihr Wissen erweitern können. Und es gibt noch viel mehr zu tun.«

Ich konnte an dem aufkommenden Lächeln sehen, daß die

Menge plötzlich auf meiner Seite war. »Wir werden zusammen ein Gemeindezentrum bauen – einen Ort der Bildung und Freundschaft für das ganze Dorf. Wollt ihr dabei mithelfen? Wollt ihr eure Zeit, eure Hände und Kraft zur Verfügung stellen? Ich bin bereit, das meinige zu geben, aber ich kann nicht alleine bauen.«

Diese Herausforderung zündete, und die Menge brach in Applaus aus.

Sofort erhoben sich alle Würdenträger und umarmten mich, ihre Ehre blieb gewahrt. »Wir wollen unsere Hände und unser Geld geben«, verkündete mein kleiner Freund stolz.

Die Schwestern blieben da und waren glücklich. Der vordere Raum ihres kleinen Hauses war bald vom Boden bis zur Decke mit Regalen voll neuer und gebrauchter Bücher vollgestopft.

Und in den nächsten zwei Jahren opferten Männer, Frauen und junge Leute gerne die Stunden ihrer Freizeit, um ihr Gemeindezentrum zu bauen. Drei oder vier Mal pro Woche kehrte ich nach My'ilia zurück, um zu helfen und zu koordinieren. Und mit jeder Lage von Steinen konnte ich spüren, wie das Selbstbewußtsein des Dorfes wuchs.

Ein störendes Ereignis allerdings beeinträchtigte die Begeisterung. Spät nachts im Sommer gingen einige Männer durch die dunklen Gassen nach Hause, als sie plötzlich lautes Krachen von dem fast fertiggestellten Gebäude her hörten. Schnell liefen sie zu dem offenen Zugang und sahen gerade noch zwei oder drei Gestalten in der Dunkelheit die Straße hinunter und aus My'ilia hinaus verschwinden – und sie fanden zerbrochene Fensterscheiben und ausgeschüttete Farbtöpfe vor.

Wir erwischten die Rowdies nicht, aber die Frage bohrte weiter: Wer waren sie? Um weitere Zwischenfälle zu verhindern, stellten wir in dem Gebäude nächtliche Wachen auf und bauten weiter.

Für mich fing die wirkliche Arbeit erst an. In diesen Zentren plante ich Vortragsreihen und Filme anzubieten, um die Einigkeit untereinander im Dorf zu fördern. Mehr noch als diese Gebäude selbst wollte ich eine Brücke des Verständnisses gegenüber unseren jüdischen Brüdern errichten.

Noch bevor ich diese Pläne weiter verfolgen konnte, stellte sich mir noch eine andere Herausforderung.

Offensichtlich hatten einige kirchliche Führer, die ich an der Hebräischen Universität getroffen hatte, in ihren Heimatländern von einem gewissen palästinensischen Christen berichtet, in dessen Worten einiger Zündstoff steckte. Während das Gebäude in My'ilia langsam emporwuchs, erhielt ich mehrere Einladungen von Gemeinden in Holland und Deutschland, die meine Ideen über den Frieden hören wollten. Noch während ich zum Flughafen fuhr, zerbrach ich mir den Kopf: Was konnte ich, ein unbekannter Priester aus den armen Gemeinden von Galiläa, den intellektuell anspruchsvollen Europäern zu sagen haben?

In dem geschäftigen Treiben am Flughafen in Deutschland schlossen mich Lony und Franz in ihre Arme. In den neun Jahren, seit ich sie zum letzten Mal gesehen hatte, war Wolfgang zu einem großen, vierzehn Jahre alten Jungen herangewachsen, der meine Hand fest drückte, und zwei reizende Töchter waren geboren worden, Rita Maria und Michaela.

Nach ein paar scherzhaften Bemerkungen überraschte mich Wolfgang. Mit einem Blick, der für einen jungen Heranwachsenden schon fast zu angespannt und forschend schien, fragte er mich: »Hast du schon vom nuklearen Wettrüsten gehört?«

Franz, der meine Tasche in den Kofferraum lud, schüttelte den Kopf. »Wer bringt die Welt bloß wieder zur Vernunft, Elias?« Als wir vom Flughafen heimwärts fuhren, erzählte er mir von der ansteckenden Angst, die wie die Pest im Mittelalter Europa überschattete: Ihr Name war *nuklearer Holocaust.*

Mir war natürlich bekannt, daß die Vereinigten Staaten und

ihre Verbündeten in ganz Europa Atomraketen stationierten, Todesgeschosse, die auf Rußland gerichtet waren. Und die Russen machten ihrerseits keinen Hehl aus der Tatsache, daß ihre eigenen Raketen sowohl auf die Vereinigten Staaten als auch auf Europa gerichtet waren. Lony und Franz informierten mich über die lähmende Hoffnungslosigkeit unter den europäischen Jugendlichen. »Viele von ihnen haben das Gefühl, daß es keine Lösung, keine Hoffnung mehr gibt.«

Als ich mit diesen Worten im Hinterkopf meine Vorträge hielt, war ich mir bewußt, daß ich mich an intellektuell gebildete Männer, Frauen und junge Leute wandte, die politische Phrasen, Opportunismus und nicht eingehaltene Versprechungen satt hatten. Doch vor jeder Menge, vor der ich stand, konnte ich nur mit diesen Worten beginnen, die mich schon so lange gepackt hatten: *»Selig, die Frieden stiften ...«*

Nicht, daß ich die Dinge vereinfachte, noch machte ich es meinen Zuhörern leicht. Ich erzählte ihnen, daß der Weg eines Friedensstifters schwierig sei. Er verlange tiefes Verzeihen, die Gefahr der Freundschaft deiner Feinde, das Bitten um Frieden auf den Knien und in den Straßen. Mein Publikum schien mit gefesselter Aufmerksamkeit meinen Erzählungen von den Schulen und Gemeindezentren zu folgen, die ich in ganz Galiläa mit der Absicht, das Selbstbewußtsein und die Würde meines Volkes wiederherzustellen, zu errichten hoffte.

Die Resonanz übertraf meine kühnsten Erwartungen. Kirchenführer überraschten mich mit der Zusage finanzieller Unterstützung für die Bauvorhaben. Die jungen Leute versetzten mich noch viel mehr in Erstaunen: Spontan boten sich viele von ihnen an, ihre Zeit und Arbeitskraft als Freiwillige in den galiläischen Dörfern zur Verfügung zu stellen. Ich war sprachlos vor Dankbarkeit. Noch bevor ich Deutschland verließ, begann die Kirche zu planen und zu organisieren, um diese freiwilligen Helfer so bald wie möglich zu schicken.

In Holland war die Reaktion noch überwältigender. Wohin ich auch immer durch das grüne, von Kanälen durchzogene Land reiste, traf ich einfache, freimütige Menschen an, die ebenfalls nach Worten des Friedens verlangten. Und sie waren begierig, einen wahren Bericht über das palästinensische Volk zu hören.

Durch einen Freund wurde ich Kardinal Alfrink vorgestellt, einem Führer der wachsenden Internationalen Friedensbewegung *Pax Christi.* Der Kardinal seinerseits überraschte mich, indem er ein Treffen mit Prinzessin Beatrix, die bald Königin der Niederlande werden sollte, in ihrer stattlichen, blumengeschmückten Residenz in Den Haag arrangierte. Bei diesem überwältigenden Empfang war ich wirklich den Tränen nahe, als der Premierminister mich mit einem riesigen Rosen-Bouquet beschenkte – eine Rose für jedes Jahr des palästinensischen Exils.

Als ich nach Ibillin zurückkehrte, schwebte ich vor Begeisterung wie auf Wolken. Die deutsche Kirche hatte Geld und junge Arbeiter versprochen; auch die holländische Kirche hatte mir die Hilfe von Freiwilligen zugesagt. Die reformierte Kirche von Holland und das einflußreiche Interkonfessionelle Koordinationskommittee hatten großzügige finanzielle Unterstützung versprochen. Ein Fernsehproduzent hatte mich sogar in die Verlegenheit gebracht, einen Dokumentarfilm für das holländische Fernsehen drehen zu wollen – »Ein Tag aus meinem Leben in Galiläa«.

Als Nazarena und Ghislaine mich begrüßten, mit besorgten Mienen ob meines von der Reise erschöpften Aussehens, merkte ich, daß meine Aufregung etwas anderem galt: Dieser enormen und ständig wachsenden Gruppe von Menschen, die anfingen, sich wirklich für den Frieden einzusetzen – nicht nur zum Schutz ihrer eigenen Länder, sondern für die Zukunft der ganzen Welt. Ich war nicht allein!

Die Reise nach Europa war ein Lichtblick inmitten der zunehmenden Spannungen in und um Israel. Über mehrere Jahre hinweg hatte der Nahe Osten viele rasche Schläge gegen jegliche Friedensbemühungen erleiden müssen. Die schrecklichsten waren die Ermordung von elf israelischen Sportlern bei den Olympischen Spielen in München durch eine radikale Gruppe der Fedajin und 1973 der Yom-Kippur-Krieg – der dritte große Krieg im Nahen Osten innerhalb von 25 Jahren. Die PLO, die von König Hussein aus Jordanien vertrieben worden war, hatte sich im friedlichen Libanon niedergelassen, von wo aus sie Überfälle und Flugzeugentführungen lenkte. Die israelische Regierung, die nach wie vor die Symptome bekämpfte, ohne die wirklichen Probleme zu behandeln, setzte in aller Stille einen aggressiven Vergeltungsplan in Gang: Zuerst sollte die PLO, koste es, was es wolle, aus dem Libanon vertrieben werden; und dann sollten ihre Verbindungen zu den Palästinensern innerhalb Israels unterbunden werden.

Ich versuchte trotz allem, die Sanktionen der Regierung gegen uns zu ignorieren – die »Landreformen«, die mehr und mehr Ackerland palästinensischer Dörfer enteigneten, die unberechtigten, wochenlangen Ausgangssperren, hauptsächlich in der West-Bank und dem Gaza-Streifen, zu den entscheidenden Zeiten der Aussaat oder Ernte der Feldfrüchte. Bei einer persönlichen Meditation ergriff mich sehr stark ein Wort Jesu: *Arbeitet ... denn die Nacht bricht herein ...* Und ich würde arbeiten.

Im Sommer 1974 steckte ich meine Energien in die Errichtung eines anderen Gemeindezentrums in dem Dorf Fassutah. Einige der ersten jungen Europäer waren angekommen, um den Sommer über ihren freiwilligen Arbeitseinsatz zu leisten, und mit ihnen die versprochenen Finanzmittel. So begannen wir sofort zu bauen.

Eines Morgens war ich nach Fassutah gefahren, um den Freiwilligen Briefe aus Europa zu überbringen, als eine Reihe von Jungen aus dem Dorf mein Auto umschwärmte. »Wir haben uns gestern mit Freunden von Ihnen unterhalten, Abuna«, rief einer von ihnen und lehnte sich zum Autofenster herein. »Sie waren zu zweit da und haben eine Menge Fragen gestellt – über Sie und das Zentrum. Sie wollten wissen, wozu es gebaut werden würde ...«

Er plapperte weiter; beunruhigt wollte ich noch mehr über diese Männer wissen, die sich selber »Freunde« nannten. Die einzige Beschreibung, die die Jungen mir geben konnten, war so vage, daß es jeder zweite Mann im Land hätte sein können.

Da diese geisterhaften Freunde nicht wieder auftauchten, schob ich den Vorfall beiseite. Die erstaunliche Wandlung der Menschen von Fassutah zog meine ganze Aufmerksamkeit auf sich. Es war wie in My'ilia. Als das Zentrum in die Höhe wuchs, planten die Bauleiter schon größere Dinge: eine Bibliothek und eventuell eine Schule. Bischof Rayas Instinkt war also richtig gewesen. Mit ein wenig Unterstützung und einem gemeinsamen Ziel wurden die gebeugten Rücken dieser Leute wieder aufgerichtet. Durch die gemeinsame Arbeit bauten sie mehr als nur Mauern und Fenster, sie stellten ihr Selbstbewußtsein wieder her, und das war der erste Schritt, nun wieder Bürger erster Klasse zu werden.

Das Jahr darauf begann mit derselben dauernden Aufregung, die mich seit meiner Reise nach Europa gepackt hatte. Da sich mein Einsatz verstärkt hatte und die Ankunft von noch mehr Freiwilligen bevorstand, war ich froh, daß mehrere Männer nun treu in der Gemeinde von Ibillin standen. Abu Mouhib, zum Beispiel, war nicht mehr der mürrische Polizist, der auf den Straßen herumstolzierte, sondern ein Bruder geworden, dem man vertrauen konnte. Und obwohl ich immer noch die Gottesdienste leitete und in die Entscheidungen der Gemeinde miteinbezogen war, konnte ich mich auf ihr umsichtiges Urteil in bestimmten Dingen verlassen, wenn ich in den anderen Dörfern beschäftigt war. Denn 1975 kam der Hilferuf aus Gish.

Gish war so abgelegen, daß es im Gegensatz zu den südlicher gelegenen Dörfern, in denen es einige begrenzte Schuleinrichtungen gab, so gut wie keinen Lehrer hatte, auf den man zählen konnte, und nichts als uralte Lehrbücher besaß.

Sie hatten eine Schule bitter notwendig. Da Mutter und Vater nun volle 28 Jahre seit unserem Exil von Biram in Gish lebten und für viele Kinder wie liebende Großeltern geworden waren, erwartete ich große Unterstützung und wenig Komplikationen.

Aber dem war nicht so. Das erste Problem tat sich auf, als Bischof Raya mich anrief und sagte, daß er mich dringend sehen müsse. Als ich in seinem Büro ankam, war sein Gesicht aschfahl.

»Ich sage es Ihnen geradeheraus, Elias. Die Kirche hat mich zurückbeordert. Ich werde in Kürze nach Kanada fliegen.«

Das schmerzte. Versetzt zu werden ist für Geistliche in vielen Kirchen nichts Ungewöhnliches. Aber in Bischof Rayas Fall hatte ich das Gefühl, daß die Gründe dafür alle unrecht waren. Kürzlich hatte er etwas von dem kirchlichen Landbesitz zu sehr niedrigen Preisen an arme Bauern verkauft. Es war für mich offensichtlich, daß die Hierarchie über den Verlust ihrer terra sancta entsetzt war, genauso wie über Rayas Unverblümtheit. Und deshalb wurde er wieder versetzt.

»Seien Sie nicht so bestürzt«, sagte er und sein Tonfall wurde heiter. »Es ist nicht der Herr, den Sie verlieren. Und andere stehen immer noch hinter Ihnen – andere, die unsere Ziele erkennen.«

Wenige Wochen später war er schon fort. Trotz seiner Beteuerungen begann die Lage bitter zu werden.

Der neue Bischof kümmerte sich nicht um Projekte und Baupläne, über die er keinen Überblick hatte. Und irgendwie ergaben sich Streitigkeiten darüber, daß Moslems beim Bau der Schule in Gish mithalfen und auch islamischen Kindern erlaubt werden sollte, sie zu besuchen. Obwohl ich beunruhigt war, bot ich an, völlig aus dem Projekt auszusteigen, im Vertrauen darauf, daß die Leute von Gish die richtigen Entscheidungen selber treffen würden. Sicher konnte ich auch mal etwas Ruhe brauchen. Davon wollten die Leute jedoch nichts hören, und auf ihre Hartnäckigkeit hin gab der Bischof schließlich seinen Segen dazu.

Was mich am meisten schockierte, war ein fast tödlicher »Unfall«.

In diesem Sommer waren sieben junge deutsche Männer nach Gish gekommen, um an der St. Chrysostomus Akademie zu arbeiten, wie wir unsere erste neue Schule getauft hatten. Der Bau ging rasend schnell voran – und dann machten sich unsere geisterhaften »Freunde« wieder bemerkbar.

Da Gish von Ibillin so weit entfernt war, fuhr ich von Woche zu Woche seltener dorthin. An einem frühen Morgen im August wurde ich durch einen dringenden Anruf gebeten zu kommen – irgendwelche Schwierigkeiten mit der Schule. Unwillig hängte ich ein, denn ich hatte an diesem Tag in Ibillin dringende Angelegenheiten zu erledigen, und raste los – etwas zu leichtsinnig – in Richtung Ober-Galiläa.

Eine Gruppe junger Männer, Deutsche und Palästinenser, war um das Gerüst der Schule versammelt, als ich angebraust kam. In ihren farbverspritzten Arbeitskleidern und -stiefeln zerrten sie mich fast aus dem Auto.

»Abuna«, sagte einer der deutschen Jungen, »letzte Nacht waren Herumtreiber da. Wir hörten einige Geräusche, aber als wir herkamen, sahen wir niemanden mehr. Heute morgen haben wir dann das entdeckt«, er zeigte auf den Boden.

Es hatte die Nacht hindurch geregnet, und die aufgewühlte, schlammige Erde war um das ganze Gebäude herum voll von frischen Fußspuren, die nach innen führten.

»Wir haben noch nicht überprüft, ob etwas gestohlen oder zerstört worden ist, sondern hatten beschlossen, Sie zuerst zu rufen –«

Ich hörte nicht mehr zu. Ich war wütend. Wütend über ähnliche lästige Zwischenfälle schon auf unseren vorigen Bauplätzen. Alles schien darauf abzuzielen, Angst zu erzeugen. Was wollten diese Herumtreiber? Waren es tatsächlich immer dieselben Männer, die mir anscheinend von Dorf zu Dorf hinterherschlichen? Wer waren sie? Und ich ärgerte mich über mich selber, weil ich vergessen hatte, Wachtposten aufzustellen.

Wie ein angreifender Stier stampfte ich durch den Schlamm, um irgendwelche Zerstörungen zu inspizieren. Ich hielt mich an einem der Hauptträger des großen Gerüstes und schwang mich unten durch, um in das Innere des Gebäudes zu kommen.

»Abuna! Nein!«

Ich fuhr zu den Jungen herum, die – zu spät – gesehen hatten, daß der Träger aus seinen Verankerungen herausgerissen worden war. Und in dieser Sekunde donnerten große Bretter, beladen mit Steinen und Kübeln voll Mörtel, auf mich herunter. Ein fürchterliches Krachen schmerzte meinen Kopf, und ich wurde in den Schlamm geworfen – von dem zusammenbrechenden Gerüst weg.

Benommen lag ich da und rang nach Luft. Die jungen Männer standen um mich herum – und weit entfernt hörte ich sie meinen Namen rufen. Als meine Augen immer klarer wurden, faßte ich mit meinen schlammbeschmierten Fingern behutsam an meinen hämmernden Kopf. Als ich meine Hand zurückzog, war sie voller Blut, und plötzlich brannten meine Augen. Ich war der Ohnmacht nahe.

Die Jungen halfen mir auf die Beine. Nachdem ich wieder festen Fuß gefaßt hatte, schlug ich ihr Angebot, ärztliche Hilfe zu holen, aus. Statt dessen preßte ich mit einer Hand ein Tuch auf meine Verletzung und fuhr selbst zu einem Arzt in der Nähe, wo die klaffende Wunde mit mehr als zwei Dutzend Stichen genäht wurde. Ich kam mir dumm vor angesichts meiner eigenen leichtsinnigen Unvorsichtigkeit und war wütend auf die Männer, wer immer sie auch waren, die versuchten, mich in Angst und Schrecken zu versetzen. Trotzdem würde ich nicht aufgeben.

Vielleicht hätte ich in all dem die zähmende Hand erkennen sollen, die anscheinend versuchte, mich zu bremsen. Doch ich wollte mit verbissener Entschlossenheit meinen eigenen Weg gehen. Ich bemerkte kaum, daß meine innere Natur, die mir Standfestigkeit verlieh – genau diese Natur, die ich meinem Volk beizubringen versuchte –, gefährlich angespannt war. Auch die Fertigstellung einer bequemen Wohnung für mich über dem alten Pfarrhaus veranlaßte mich nicht, auszuspannen. Nazarena schaute mich nur an mit ihren dunklen, besorgten Augen, und Ghislaine schüttelte den Kopf auf ihre großmütterliche Art, denn sie beobachteten, wie ich zu einem schroffen, bissigen, gehetzten Mann wurde.

Als die Schule in Gish zwei Jahre später fertig wurde, war ich ganz und gar von drei größeren Aktivitäten in Beschlag genommen.

Die erste war der Bau des Friedenszentrums in Ibillin.

Als wir den Grundstein 1977 legten, war die Welt in gespannter Erwartung angesichts der Möglichkeit für Frieden im Nahen Osten, als Ägyptens Präsident Anwar Sadat seine berühmte Wallfahrt nach Jerusalem machte. Massen von Israelis begrüßten ihn, jauchzten, weinten und hungerten nach jahrelangen Kämpfen nach Frieden. Aber Friede war noch weit entfernt. Vor Sadats Ankunft erklärte Premierminister Begin vor der Presse, daß Sadat eine Lösung des Palästinenserproblems verlangen würde und daß alles außer der momentanen Regelung unmöglich sei. Zwei Jahre später, als die beiden Politiker den vielumjubelten Friedensvertrag von Camp David unterzeichneten, war ihre »Lösung« für die Palästinenser so zweideutig, daß sie sich als unnütz herausstellte.

Als Jerusalem sich anschickte, ägyptische Flaggen zur Begrüßung Sadats zu hissen, war ich mir bewußt, daß politische Vereinbarungen nicht die Herzen ändern würden. Um so dringender war meine Arbeit in den Gemeindezentren, wenn es jemals Versöhnung geben sollte. So zeigte ich bei der Einweihung jedes Zentrums den Film »Das Tagebuch der Anne Frank«, damit die jungen Palästinenser den Horror verstehen konnten, den die Juden unter den Nazis erlitten hatten, und Verzeihen lernten. Es war eine Warnung, zu gewalttätigen Mitteln zu greifen. Es gab immer Tränen, denn diese Geschichte hätte genausogut diejenige von so vielen palästinensischen Mädchen sein können.

Das zweite Projekt war ein Jugendlager. Seit meiner Zeit in Paris war ich oft erschrocken angesichts der Entbehrungen der palästinensischen Jugend. Für die Jungen gab es nur das endlose Fußballspiel. Und für Mädchen, die im Haushalt helfen mußten, gab es nur wenig Gelegenheit zur Erholung. Deshalb hatte ich junge Leute aus mehreren Dörfern eingeladen, drei Wochen lang unter den Olivenbäumen von Ibillin zu kampieren, mit sportlichen Aktivitäten, Ausflügen ans Mittelmeer und Unterweisungen in der Bibel. Zu meiner großen Freude wurde aus den fünfhundert jungen Leuten, mit denen wir gerechnet hatten, ein Schwarm von elfhundert Mädchen und Jungen. Jeder war für mich ein neuer lebendiger Stein in der großen Brücke des Verstehens, die ich bauen wollte.

Drittens waren erneut Einladungen seit meiner ersten Vortragsreise in Europa eingetroffen. Ich sah jede als eine entscheidende Gelegenheit an, die Seligpreisungen zu lehren, die Botschaft des Friedens zu verkünden und den Menschen in der Welt von unserem Leben in Galiläa zu erzählen. Ich machte mehrere Reisen durch ganz Europa, wo ich besonders durch eine Sendung im holländischen Fernsehen und durch einige Zeitschriftenartikel sehr positive Aufmerksamkeit erregte. In einigen Ländern auf dem Kontinent und später auch in Irland marschierte ich mit Gruppen für die Pax Christi Bewegung und erhob mit ihnen meine Stimme gegen die Gefahr der atomaren Vernichtung und den Militarismus. Bei einer anderen Gelegenheit war ich nach Indien eingeladen worden, wo ich Jesu Worte nicht nur den Christen, sondern einigen tausend Hindus vortrug.

Meine Reisen führten mich schließlich auch nach Amerika und Kanada. Obwohl ich das Privileg haben sollte, an der Harvard Universität zu sprechen, kam in meinen Augen die größte Unterstützung in diesen Ländern von den Rabbinern, die mich einluden, vor ihren Versammlungen zu sprechen. In Washington war ich zum Beispiel zu Gast im Haus von Rabbi Eugene Lipman vom Tempel Sinai, und in Chicago sprach ich zu einer großen Gruppe vor der K.A.M. Isaiah Israel Congregation, die von Rabbi Arnold Jacob Wolf geleitet wurde. Ich war froh und dankbar, als mich viele dieser Rabbiner nicht nur mit ihren Gebeten, sondern sogar mit Geldgeschenken für meine Arbeit verabschiedeten.

Wie ein verdurstender Mann Tropfen aus einem Wasserschlauch preßt, so schöpfte ich Mut aus dieser Unterstützung von außen. Im ganzen Nahen Osten war die politische Lage labil, und ich fühlte, daß ich zwischen Hoffnung und Angst hin- und hergerissen war.

Wirkliche Unruhen schwelten über der Grenze im Libanon. 1978 kämpfte im Verlauf eines zweijährigen Bürgerkrieges die sogenannte Christliche Miliz immer noch gegen die Moslems. Die PLO hatte die Gelegenheit während der Unruhen ergriffen, ihre Stellung weiter zu festigen, und jetzt intervenierten die Syrer gegen die PLO. Außerdem ahnte ich ein noch tieferes Problem, denn Israel plante, »friedenserhaltende Kräfte« dorthin zu entsenden, was mich alarmierte. Es alarmierte auch viele jüdische Israelis, denn der Friede schien jetzt greifbar nahe, und bekannte Gruppen von Kriegsgegnern wie »Peace Now«, »Courage«, »Peace« und andere protestierten gegen eine militärische Intervention.

Während die Welt unsere zwischen Krieg und Frieden schwankende Waage beobachtete, nahm mein Leben eine drastische Wende.

Im Januar 1980 plante ich wieder ein besonderes Projekt für unsere Jugend. In den letzten drei Jahren waren die Sommerlager immer größer geworden, und es kamen nun fast viertausend von Akko an der Küste bis nach Gish. Meine größten Hoffnungen setzte ich auf diese Mädchen und Jungen, denn von ihnen erhielt ich die meiste Anerkennung. Eine Gruppe islamischer Kinder hatte mir am Ende eines Camps eine Schale überreicht, in die folgende Worte eingraviert waren: »Danke, Abuna. Sie haben uns gelehrt, Christus zu lieben.«

Aber bis zum Sommer waren es noch Monate, und ich hatte einen anderen aufregenden Plan.

Immer wenn ich mit unseren jungen Leuten arbeitete, spornten sie mich an, von Biram und Ikrit zu erzählen, was sie endlos faszinierte und inzwischen eine fast legendäre Geschichte geworden war. Wenn ich unsere Vergangenheit, Vaters Gebete, Mutters Erzählungen, den Rhythmus einer einfacheren Zeit beschrieb, sehnte ich mich zutiefst nach einem Ort der Stille und Ruhe. Zu meiner Freude hörten meine jungen Freunde zu, und ihre Gesichter drückten ebenfalls die wehmütige Sehnsucht nach solch einem Ort aus. Ich sah in diesem Verlangen eine Möglichkeit, sie mit mir über die Brücke der Versöhnung zu führen.

Einen Monat später marschierte ich an einem klaren Morgen die steile Straße nach Biram hinauf. Es war der 23. Februar, ein besonderer Tag, um in Israel Bäume zu pflanzen. Hinter mir schritten fast vierhundert palästinensische Mädchen und Jungen, jeder trug aufgeregt einen Olivensetzling. Wir wollten unsere Bäume mitten zwischen die Ruinen als Zeichen des Friedens einpflanzen. Es sollte für die Regierung ein sichtbares Zeichen sein. Ich hatte spezielle Einladungen an Abgeordnete der Knesset geschickt und hoffte, daß wenigstens ein paar kommen würden.

Wir gingen die gewundene Straße zwischen Olivenhainen hinauf, weiße und graue Wolken jagten am blauen Himmel, und meine Gedanken eilten mir voraus. Ich würde diesen jungen Freunden mein Biram zeigen. Die Kirche, die jetzt vollständig wiederaufgebaut worden war, war im vorigen Sommer von einigen deutschen Jungen angestrichen worden, und ich hatte eine neue Glocke für den Turm beigesteuert. Ich würde diese Glocke nachher gleich läuten ... und dann blieb mir das Herz stehen.

Als wir um eine scharfe Biegung kamen, sah ich vor uns auf der Straße eine Barrikade aus Stacheldraht und ein Dutzend Jeeps. Hinter dem Drahtverhau, die Gewehre vor der Brust, standen Soldaten.

Hinter mir hielten die Schritte unsicher an, aber ich schaute nicht zurück. Ich ging weiter, meinen kleinen Olivenbaum hoch erhoben, direkt auf die Barrikade zu.

»Laßt uns durch. Wir sind mit Olivenzweigen, nicht mit Gewehren gekommen.«

Hinter der Barrikade antwortete der befehlshabende Offizier steif: »Verschwindet. Wir haben Befehl, euch nicht durchzulassen.«

»Warum?« fragte ich.

»Das ist ein Befehl. Ihr braucht keinen anderen Grund.«

Weiter oben auf dem Hügel, wo sich die Straße hinter Biram weiter zum Libanon hin wand, konnte ich das Brummen von Lastwagen hören. Was taten sie bloß?

»Wir sind für den Frieden gekommen«, sagte ich, so ruhig ich konnte. »Wozu seid ihr hierher gekommen?«

Seine Augen blieben regungslos. »Ich fürchte, das geht euch nichts an. Geht jetzt!«

Als ich mich umwandte, trafen mich Hunderte von Augen. Noch vor einem Augenblick hatten sie vor Hoffnung geleuchtet. Nun war das Licht erloschen.

In dieser Nacht saß ich allein in meiner Wohnung. Vor mir lag eine Kopie des Briefes, den ich an den Sprecher der Knesset, Jitzhak Shamir, geschickt hatte, zusammen mit dem Überraschungsgeschenk von fast vierhundert Olivenbäumen. Die unvergeßlichen Gesichter der Jugendlichen, die mitmarschiert waren, gingen mir nicht aus dem Kopf. Ich hatte sie an eine Brücke geführt, und wir konnten sie nicht überqueren. Würde es uns jemals gelingen?

Was machte es überhaupt aus? Dieser Gedanke überraschte mich. Ich wußte, daß er in meinem Unterbewußtsein schon monatelang herumgegeistert war. Ich versuchte, ihn zu bekämpfen, und zählte das Erreichte auf – Schulen, Büchereien, Gemeindezentren, die hilfsbereiten Freunde in der ganzen Welt. Irgendwie war das nicht genug.

Ich war vierzig Jahre alt und fühlte gerade jetzt jedes einzelne dieser Jahre. Ich hatte seit mehr als dreißig Jahren für eine Sache gebetet und gearbeitet. Ich war erschöpft – und plötzlich gewillt, mit allem aufzuhören. Das Gefühl, daß jede meiner Bewegungen überwacht wurde, war mir zuviel geworden.

Müde erhob ich mich von meinem Stuhl, löschte das Licht und ging zu Bett. Es würde vielleicht geraume Zeit brauchen, aber ich könnte ein neues Leben für mich selbst beginnen.

EIN GLIED IN DER KETTE

Die Morgensonne brannte schon hernieder, und ich hatte Kopfschmerzen. Es war Juli 1981. Ich ging wieder einen Hügel bei Biram entlang. Dieses Mal trug ich keinen Olivenbaum, sondern einen Sarg.

Mutter war tot. Sie war im Schlaf friedlich von uns gegangen.

Das Alter hatte Mutter und Vater gezwungen, von Gish nach Haifa in die Nähe meiner Schwester und Brüder zu ziehen. Mutters letzter Wunsch war es gewesen, in Biram begraben zu werden. Es betrübte mich, daß sie so weit weg von zu Hause, nach dem sie sich bis zuletzt so gesehnt hatte, gestorben war. Atallah, Musah, Rudah und ich setzten den Sarg neben dem Grab ab und stellten uns neben Vater, Wardi und hundert trauernde Verwandte und Freunde.

Unbeabsichtigt glitt meine Hand in die Tasche und fand die kostbare Erinnerung, die Mutter mir kürzlich noch gegeben hatte. Hatte sie gewußt, daß ihr der Tod so nahe war, als sie sich von diesem kleinen Schatz getrennt hatte? Ich befühlte die vertrauten Formen – die Tauben und Fische ihrer geliebten Halskette. Eines Tages hatte sie mich überrascht, indem sie sie abgenommen und mir in die Hand gelegt hatte. »Sei stark, Elias«, hatte sie gesagt. »Was du tust, hat Bedeutung – besonders für die jungen Leute.«

»Gib ihr die ewige Ruhe, o Herr ...«

Ruhe. Als der Priester sprach, starrte ich über die Köpfe der Trauernden hinweg, starrte zu den aufragenden Bergen, hinter denen der Libanon lag. Als ich vor mehr als einem Jahr zum letzten Mal hierher gekommen war, hatte ich den Schluß gezogen, daß es für uns in diesem Leben keine Ruhe geben würde. Es war nicht nur der fehlgeschlagene Marsch mit den Olivenbäumen, der mich davon überzeugt hatte. Ich erinnerte mich an einen kürzlichen Zwischenfall, der noch viel erschreckender war.

Ich war wegen kirchlicher Angelegenheiten zum Patriarchen vorgeladen worden und reiste durch den Libanon. Als ich meine Papiere an der Grenze vorzeigte, begann, ohne daß ich es wußte, ein heimlicher Beobachter zu telefonieren.

In großer Eile nahm ich ein Taxi und ließ mich nach Norden in Richtung Beirut fahren. Der Fahrer hielt einen weitschweifigen Monolog über die neuesten Scharmützel und die Mühsal seiner Familie in den politischen Wirren des Libanon. Ich hörte höflich zu, und nach einer Weile erblickten wir in der Ferne die zackige Silhouette von Beirut.

Genau am Stadtrand hielten wir an einer roten Ampel. Ich lehnte mich nach vorne, um dem Fahrer weitere Anweisungen zu geben – als plötzlich die Türe neben mir aufgerissen wurde.

»Aussteigen!« schrie ein Mann in dunkler Kleidung und hielt mir ein automatisches Gewehr unter die Nase. »Schnell, oder ich schieße!«

Ein anderer bewaffneter Mann stand am Fenster des Fahrers, die Waffe auf den armen Mann gerichtet. »Sie halten den Mund«, brummte er. »Wenn Sie von dieser Sache irgend etwas erzählen, werden wir Sie ausfindig machen. Wir haben Ihre Autonummer.«

Instinktiv ergriff ich meinen Koffer, und die zwei Männer stießen mich auf den Rücksitz eines alten Autos, das neben uns an der Ampel gehalten hatte. Die Männer stiegen ein, auf jeder Seite von mir einer, der Fahrer trat das Gaspedal durch, und die Reifen quietschten auf der Fahrbahn.

»Wer sind Sie?« fragte ich. Ich versuchte verzweifelt, unerschrocken zu klingen, aber meine Stimme zitterte. »Wohin bringen Sie mich?«

»Mund halten«, brummte der Mann, der mich aus dem Taxi gezerrt hatte.

»Sagen Sie mir doch, was Sie mit mir vorhaben. Ich bin kein Krimineller. Ich bin in kirchlichen Angelegenheiten hier ...«

»Halt's Maul!« brüllte er, sein unrasiertes Gesicht rot vor Wut. Er verfluchte mich wie rasend, und ich wagte nicht mehr zu sprechen.

Fast eine Stunde lang fuhren wir durch die Außenbezirke der Stadt. Wenn es ein Versuch sein sollte, mir die Orientierung zu nehmen, so war er überflüssig. Ich war zu durcheinander, um etwas anderes außer den Gewehren wahrzunehmen, die noch immer entsichert und schußbereit waren.

Irgendwo nahe West-Beirut bogen sie abrupt in eine geschotterte Straße zwischen verfallenen Gebäuden ein. Männer und Frauen saßen untätig auf den Treppenstufen, als wir vorbeirasten. Und plötzlich wurde mir klar, daß dieser Ort – viel heruntergekommener als jedes Großstadt-Getto, das ich jemals gesehen hatte – eines der Flüchtlingslager war. Warum brachten sie mich hierher?

Wir hielten vor einem zweistöckigen Haus in einer menschenleeren Straße, und sie zerrten mich aus dem Auto. »Sie werden das hier nicht brauchen«, meinte einer der Männer und entriß mir meinen Koffer.

Wir gingen eine Treppe hoch, eine Gewehrmündung bohrte sich unangenehm in meinen Rücken. Ich geriet in Panik, als ich dachte: Sie werden mich umbringen, und niemand wird es jemals erfahren.

Statt dessen stießen sie mich in einen Raum, der nicht mehr als eine zementierte Zelle war, und kamen nicht mit herein, sondern schlugen die Türe hinter mir zu. In der Mitte des Raumes stand ein Tisch mit einem Stuhl auf jeder Seite. Zitternd setzte ich mich und legte meine Stirn auf den Tisch.

Nach einem kurzen Moment versuchte ich zu beten, und die einzigen Worte, die ich fand, waren aus dem Psalm 33: *Das Auge des Herrn ruht auf denen, die ihn fürchten und ehren, die nach seiner Güte ausschauen, denn er will ihre Seelen dem Tod entreißen…* Ich wiederholte diese tröstenden Worte, während die Minuten vergingen. Ich hatte keine Gewißheit, daß meine Entführer mich nicht umbringen und meine Leiche in ein unbewohntes Gebäude werfen würden. Aber eine innere Ruhe überkam mich.

Nach ungefähr einer halben Stunde wurde die Türe aufgerissen. Ich schaute auf und sah einen kleinen, schönen jungen Mann hereinstolzieren, gefolgt von den zwei Bewaffneten. An der Hüfte des Mannes entdeckte ich eine Pistole. Er schlenderte heran, setzte sich auf den Stuhl mir gegenüber und starrte mich mit einem unergründlichen Blick an.

Er starrte noch eine Weile und fragte mich dann endlich mit kühler Direktheit: »Was haben Sie im Libanon zu tun?«

»Ich bin Melkite«, antwortete ich, »ich war auf dem Weg, den Patriarchen zu treffen, als Ihre Männer ...«

»Die Wahrheit!« schrie er und schreckte mich auf. »Ich will die Wahrheit wissen. Sie nennen sich Chacour, aber wer sind Sie wirklich?«

Daß er meinen Namen wußte, überraschte und erschreckte mich. Mir wurde klar, daß dieser kleine Mann kein gewöhnlicher Verbrecher, sondern Mitglied einer Organisation war.

Er hatte Macht. Die nächsten 45 Minuten redete er mir abwechselnd gut zu oder schikanierte mich, manchmal mit einer Ungeduld, die fast zur Raserei führte. Ich konnte nicht verstehen, warum er mir Fragen über militärische Angelegenheiten stellte, und sagte ihm das auch. Die bewaffneten Männer an der Türe wurden unruhig. Merkwürdigerweise verließ mich die Ruhe nicht. Ich wurde sogar bald so kühn, ihn herauszufordern.

»Schauen Sie«, ich sah ihm offen ins Gesicht, »ich bin Elias Chacour. Ich habe in einem Lager hier in der Nähe Cousins. Wir wurden aus dem nördlichen Galiläa vertrieben. Meine Familie hat in Biram gelebt, wo ...«

»Aus Biram?« fragte er mißtrauisch. »Wenn das stimmt, dann erzählen Sie mir davon. Wen haben Sie dort gekannt?«

Mit Freude nannte ich die Dorf-Mukhtars und ein Dutzend Familien. Ich beschrieb die Ankunft der Soldaten. Als ich von meiner gegenwärtigen Arbeit in den Dörfern, Schulen und Gemeindezentren zu erzählen begann, ließ er mich innehalten.

»Das ist genug«, sagte er ruhig. »Ich glaube Ihnen.« Er gab den Männern einen Wink, ihre Gewehre niederzulegen. »Bitte nehmen Sie unsere Entschuldigung an, Abuna, daß wir Sie erschreckt haben. Wenn Sie mitkommen und sich in meinen Sessel setzen wollen, werde ich Ihnen jede Ihrer Fragen beantworten.«

Ohne zu zögern, legte ich los: »Wer sind Sie?«

Nun ebenso respektvoll wie vorher kämpferisch und aggressiv, antwortete er: »Ich bin ein Befehlshaber der PLO, und Sie müssen verstehen, daß wir große Angst um unsere Frauen und Kinder haben.«

»Und deshalb machen Sie Entführungen?«

»Bitte, Abuna, lassen Sie mich ausreden«, fuhr er fort, »unser Geheimdienst hat herausgefunden, daß etwa 300 Untergrundkämpfer in den Libanon eingedrungen sind. Sie haben Befehle, Kirchen und Moscheen niederzubrennen, damit Christen und Moslems aufeinander losgehen. Aber wir wissen, daß noch eine andere Absicht dahintersteckt. Wenn im Libanon erst einmal Aufruhr entstanden ist, werden sie dazwischenfahren und uns umbringen – nicht nur uns, sondern auch unsere Frauen und Babys.«

Ich hörte zu, war aber noch viel zu durcheinander, um diesen mutmaßlichen Geheimplan, den er mir da enthüllte, zu begreifen.

»Und deshalb sind wir Ihnen von dem Augenblick an gefolgt, in dem Sie das Land betreten haben. Ich habe meine Männer auf Sie angesetzt, um Sie zu befragen.«

»Und wenn ich nicht Biram erwähnt hätte, was dann? Wer hätte gewußt, daß Sie mich hierher gebracht haben – oder was Sie mit mir gemacht hätten?« »Niemand«, entgegnete er gleichgültig. »Überhaupt kein Mensch.«

Mit einem Mal war mein Wunsch, aus diesem trostlosen Raum befreit zu sein, fort von diesen verzweifelt klingenden Männern, zu übermächtig, um noch weitere Fragen zu stellen. Ich fragte, ob ich gehen könne, und sie führten mich höflich zum Auto hinaus. Der Befehlshaber fragte mich: »Wohin sollen wir Sie bringen, Abuna?«

»Nur aus dem Lager hinaus«, sagte ich und versuchte, nicht allzu ungeduldig zu klingen. »Ich werde dann meinen Weg irgendwie finden.«

Auf der Fahrt aus dem Lager hinaus bemerkte ich eine Gruppe schmaler Jungen, die inmitten des herumliegenden Abfalls Ball spielten. Sie lachten und schrien in jugendlicher Ausgelassenheit. Abgesehen von ihrer schäbigen Kleidung hätten sie Kinder eines jeden anderen Landes in der Welt sein können.

Als schließlich der Wagen am Ende der Straße am Bordstein anhielt, hievte ich meinen Koffer heraus. Auch wenn ich ein Stück laufen müßte, erwartete ich doch, bald ein anderes Taxi anhalten zu können.

»Übrigens«, wandte ich mich an den Fahrer, »wie wird der Ort hier genannt?«

»Er heißt Sabra«, entgegnete er.

Mutters Beerdigung war zu Ende. Wardi half Vater in ein wartendes Auto, um ihn aus der Hitze der prallen Sonne zu bringen, und ich stieg neben ihm ein. Wir schlängelten uns die Hügel hinunter, während ich die Schönheit der Zedern und der Wasserlaufe, die selbst in der Dürre des Sommers herabsprangen, in mich aufnahm. Vater neben mir sah prächtig aus, trotz seines Verlustes. Ich hatte bisher weder ihm noch sonst jemandem etwas von meinem Entschluß gesagt.

Viele Male waren die Gesichter meiner Entführer vor mir aufgetaucht. Jedesmal, so wie auch jetzt, hatte ich den Schluß gezogen, daß dieser »Geheimplan«, sie zu töten, an den Haaren herbeigezogen schien, wie ein Verfolgungswahn gewalttätiger Menschen. Trotzdem war die Entführung ein entscheidender Faktor gewesen, meinen Entschluß zu festigen. Es hatte einige Zeit gedauert, bis ich mich in ausreichendem Maß von meiner Arbeit in den Dörfern und in der Gemeinde von Ibillin gelöst hatte, aber nun war ich bereit. Ich blickte kurz zu Vater. Wardi und meine Brüder würden gut für ihn sorgen. Und ich würde ihn hin und wieder besuchen. Besuchen, aber nicht bleiben.

Auf früheren Reisen nach Europa war mir ein Lehrstuhl an einer anerkannten christlichen Universität angeboten worden. Meine Vorgesetzten hätten solch einen Schritt sicherlich gebilligt, aber damals hatte ich abgelehnt. Nun war ich inzwischen selber davon überzeugt, daß ich Ruhe verdient hatte. Darüber hinaus könnte ich höchstwahrscheinlich noch mehr Gutes für das palästinensische Volk tun, indem ich andere über unsere Situation unterrichten würde. Hatten schließlich nicht auch meine Reisen all die Jahre so viel an Unterstützung durch Gebete und finanzielle Mittel eingebracht? Und was konnte ich hier noch mehr tun?

Ich würde also Israel verlassen.

Es war ein freundlicher Morgen im September 1982, ich war in Deutschland unterwegs und sprach wieder in verschiedenen Kirchen. An diesem Tag sollte ich vor einer Gruppe in Böblingen reden, einer schönen Stadt in der Nähe von Stuttgart. Ich rannte im Zimmer umher, durchwühlte meinen Koffer und ärgerte mich über all die Dinge, die ich vergessen hatte. Nazarena und Ghislaine hatten nur traurig genickt, als ich ihnen gesagt hatte, daß ich meine restlichen Dinge nachschikken lassen würde, sobald ich mich hier niedergelassen hätte. Dann wollte ich auch dem Bischof schreiben.

Aber irgendwie fiel es mir schwer, mich in das neue Leben einzufinden, das ich mir so sehr wünschte. Einige Angebote waren mir schon gemacht worden. Ich war sogar schon nahe daran gewesen, in einem Fall zuzusagen – aber irgend etwas in meinem Inneren hatte mich zurückgehalten.

Nicht, daß sich meine Ansichten geändert hätten. Vor zwei Monaten, im Juli, war Israel im Libanon einmarschiert in einer »friedenserhaltenden Mission«, obwohl viele israelische Soldaten lieber Gefängnisstrafen auf sich nahmen, als in einem Krieg zu kämpfen, den sie nicht für notwendig hielten.

So »machte ich mein Gesicht hart wie Kiesel« (wie der Prophet Ezechiel sagt), um mein neues Leben in Europa zu finden. Vielleicht, dachte ich, als ich eilig zu der Kirche in Böblingen fuhr, würde ich hier das finden, was ich auf dieser Reise suchte.

In der Kirche begann ich meinen üblichen Vortrag über die Bergpredigt. Als ich von den Erfahrungen erzählte, die mich gelehrt hatten, was es heißt, ein Friedensstifter zu sein, fühlte ich eine gewisse Plattheit in meinen Worten. Unter den Zuhörern gähnten einige, und ein Mann in der vordersten Bank schaute andauernd auf seine Uhr. Weiter hinten bemerkte ich, daß eine Freundin, die ich von früheren Besuchen in Deutschland kannte, eben erst gekommen war. Da ich versuchte, meine stockende Botschaft weiter an die Leute zu bringen, bemerkte ich ihren schmerzlichen Gesichtsausdruck nicht.

»Und«, behauptete ich, indem ich meine Thesen über die Versöhnung zu Ende bringen wollte, »es ist nicht gut, wenn Sie mit mir als Palästinenser sympathisieren und das zugleich für Sie bedeutet, das jüdische Volk zu hassen. Dafür stehe ich nicht hier. Wir, jeder von uns, müssen das bewahrende Salz der Erde werden. Stimmen Sie mir zu?« fragte ich laut ins Mikrophon.

Viele nickten, aber die Freundin im hinteren Teil der Kirche sprang überraschend auf, und erst da sah ich ihre Tränen.

»Abuna«, sagte sie mit gebrochener Stimme, »haben Sie nicht die Nachrichten gehört?«

»Nein, was für Nachrichten?«

»Im Libanon, in der Nähe von Beirut, haben sie Hunderte von palästinensischen Flüchtlingen niedergemetzelt. Männer, Frauen, Babys. In zwei Lagern – namens Sabra und Shatila.«

Alle Augen waren auf mich gerichtet. Wie betäubt, fühlte ich in meinem Inneren nur verschwommene Emotionen. Ich konnte nicht weitersprechen, sondern schloß mit einem kurzen, gestammelten Gebet. Als ich aus der Kirche eilte, hörte ich kaum die Beileidsworte.

»Es tut uns so leid um Ihr Volk.«

»Eine Tragödie.«

Ein junger Mann schüttelte den Kopf mit einem Ausdruck ausgesprochener Trostlosigkeit: »Sinnlos. Es ist alles sinnlos.«

In meinem Zimmer saß ich gebannt vor dem Fernseher, als Nachrichtensprecher diese schreckliche Tragödie in deutlicheren Einzelheiten den ganzen Tag über bestätigten. Bilder von Gebäuden, die in die Luft geflogen waren, und verrenkten Leichen erschienen auf dem Bildschirm. Die Korrespondenten berichteten, daß die Zahl der Todesopfer immer noch stiege. Libanons eigene christliche Miliz war in die Lager eingedrungen, um angeblich die PLO hinauszuwerfen. Die Erlaubnis, in die Siedlungen einzudringen, war ihr von den israelischen Verteidigungskräften erteilt worden, die die multinationale Friedenstruppe verdrängt und versprochen hatten, die unbewaffneten Flüchtlinge zu schützen. Statt dessen hatten die Männer der Miliz jeden unter ihr Maschinengewehrfeuer genommen, der ihnen vor die Mündung kam – Mütter mit Babys auf den Armen, Jugendliche, alte Männer und Frauen, die zu schwach waren zu fliehen. Viele der Leichen schoben sie mit Bulldozern in Massengräber.

Und, so führten die Berichte weiter aus, aus europäischen Quellen im Nahen Osten wurde bestätigt, daß israelische Truppen die beiden Lager kurz vor dem Massaker abgeriegelt und Reporter abgewehrt hätten, mit der Versicherung, daß sie die Lager nur »beschützen« würden – trotz des Gewehrfeuers, das man von innen hörte.

Die israelische Regierung wies den weltweiten Aufschrei nach einer vollständigen Untersuchung des Geschehens zurück. Erst nachdem israelische Bürger, die über das Massaker schockiert waren, ebenfalls darauf bestanden, gab Premierminister Begin nach. Und die Welt sollte die Wahrheit erfahren. Obwohl israelische Soldaten die Leute von Sabra und Shatila nicht eigenhändig umgebracht hatten, hatten sie doch gewußt, daß dies geplant war, und vor den Lagern Wache gestanden, während drinnen Unschuldige niedergemetzelt worden waren.

In der ganzen Welt wurden Bürger, die schockiert und zutiefst über diese Tragödie erschüttert waren, von Reportern interviewt. Am bewegendsten waren die Bilder aus Jerusalem, wo Tausende von Trauernden – Juden und Palästinenser gemeinsam – sich in den Straßen versammelt hatten, weinten und Kerzen entzündeten.

Eine Frau drückte den Schmerz der Menschenmenge, die sich vor der Knesset versammelt hatte, sehr ergreifend aus: »Ich war die ganze Nacht wach und weinte und war verzweifelt«, sagte sie, ihr Gesicht wie erstarrt vor Schmerz. »Was soll aus uns werden? Was geschieht mit uns?«

Als ich es nicht mehr mitansehen konnte, schaltete ich das Gerät ab und ließ mich aufs Bett fallen. Vor mir sah ich das Gesicht des jungen PLO-Befehlshabers, der mir von seiner Verzweiflung erzählt hatte. War er jetzt unter den Toten? Ich erinnerte mich an die Gruppe von Jungen, die in der Straße Ball gespielt hatten. Lagen sie jetzt unter den Trümmern begraben?

Sinnlos ... sinnlos ... Die Worte des jungen Mannes in der Kirche von Böblingen quälten mich. Natürlich war das Morden sinnlos, aber nicht die Leben, die verloren waren.

Dann erinnerte ich mich an eine andere Gruppe kleiner Jungen, die Fußball gespielt hatten, auf einem Sandplatz vor vielen Jahren. Ich war unter ihnen gewesen. Ich hatte den im Sand vergrabenen Arm gefunden. Aber ich war am Leben geblieben. War das auch sinnlos? Ein Unfall? Zufall? Oder gab es einen Grund, weshalb ich verschont geblieben war?

Dann entdeckte ich sie, in dem Koffer, den ich an diesem Morgen zufällig offen gelassen hatte: Mutters Halskette. Es war die einzige Erinnerung an zu Hause, die ich eingepackt hatte. Ich strich darüber, und die Tauben und Fische klirrten hell, als ich sie in die Hand nahm. Bei diesem Klang hörte ich wieder Mutters Stimme: Sei stark, Elias. Was du tust, hat Bedeutung – besonders für die jungen Leute.

Jetzt brannten ihre Worte plötzlich in meinem Inneren – brannten mit einer verzehrenden Kraft. Wenn ich der Zeit einfach erlauben würde, ihren Staub über diese jüngsten Todesopfer rieseln zu lassen, wäre ich wie jene, die die Leiden der Juden jahrhundertelang ignoriert hatten, oder jene, die meinem eigenen Volk den Rücken zugekehrt hatten. So wie diese hatte ich versucht, jenes leichte Leben zu finden, das dem Schmerz gegenüber blind ist.

Diese Gedanken riefen noch eine andere Erinnerung wach, aus dem Brief des Apostels Paulus an seine Freunde in Kolossä: *Nun freue ich mich an den Leiden, die ich für euch erdulde, und was den Leiden Christi noch fehlt, will ich an meinem Fleisch ergänzen …*

Darin lag ein Geheimnis, ein tiefer Schatz des Glaubens, den ich bis jetzt nicht verstanden hatte. Jetzt begriff ich, daß Paulus seine Hände und seine Füße und seine Zunge gegeben hatte, seinen ganzen Leib, um die Nachfolge Jesu anzutreten, das Werk Christi fortzusetzen, auch wenn diese Aufgabe Leiden bedeutete.

War ich bereit zurückzukehren, auch wenn dies noch mehr Mühsal, ein Leben inmitten von Gewalt – möglicherweise Tod bedeuten würde? Konnte ich den jungen Leuten den wahren Weg des Friedens zeigen, indem ich ihnen weiter in langer, mühseliger Arbeit die Schätze der Bergpredigt darlegte?

Ich war mir dessen nicht sicher, aber ich mußte immer wieder an die Gesichter denken, die ich eben im Fernsehen gesehen hatte – junge und alte Menschen rund um den Erdball, die weinten und vereint waren in ihrer Sehnsucht nach Frieden.

Jene innere Ruhe durchströmte mich wieder, wie ich es lange, lange nicht mehr verspürt hatte – eine Ruhe, die von einer vertrauten, zähmenden Hand zu kommen schien.

Ich schaute wieder Mutters Halskette an, die sich hübsch in meiner Hand kringelte. Jedes Glied war getrieben und handgearbeitet von einem geschickten Handwerker. Ich hatte über den Frieden bis jetzt noch nicht genug gewußt. Er war gar nicht wie ein dünnes Band, wie ich es mir vorgestellt hatte. Der Friede war wie eine Kette. Und jedes Glied war an seinem rechten Platz wichtig.

Vor mir standen meine zwei Verpflichtungen – eine gegenüber Gott und eine gegenüber meinem Volk. Sie waren unauflösbar miteinander verbunden. Und plötzlich wußte ich, daß ich lieber auf Gottes Seite stehen wollte, die stärker ist als menschliche Kraft.

Und damit wußte ich, wo mein Platz war – nicht in einem Leben in Komfort, sondern wieder an dem Platz, wo Dörfer und Gemeinden vereint werden mußten, wo Schulen und Gemeindezentren und Bewußtsein aufzubauen waren, wo ich inmitten des schrecklichen Lärms der Gewalt das Flüstern des Mannes aus Galiläa hören konnte, der gesagt hat: *Siehe, ich mache alles neu.*

Ich stand auf und ging neu belebt aus dem Zimmer, die alte Halskette warm in meine Hand geschlossen. Ich mußte das nächste Telefon ausfindig machen und für morgen einen Flug buchen.

Nazarena und Ghislaine würden überrascht sein, mich zu sehen.

Elias Chacour setzt seine Arbeit der Versöhnung in der gespannten Atmosphäre Israels fort, in der Hoffnung, die »Herzen und nicht nur die Verhältnisse zu ändern«. Seine Wagnisse sind kühn, oft riskant: palästinensische Studenten besuchen jüdische Kibbuzim; jüdische Studenten leben für kurze Zeit in palästinensischen Dörfern; jüdische und palästinensische Lehrer stehen sich in direkten Gesprächen gegenüber. Elias Chacour behält auch seinen aufreibenden Terminplan weltweiter Vorträge bei und stützt sich dabei immer auf die einfache und eindringliche Botschaft der Seligpreisungen. Obwohl er bei seinen Freunden in allen Kontinenten willkommen ist, lautet seine Heimatanschrift unverändert:

Abuna Elias Chacour
P.O. Box 102
30012 Ibillin
near Haifa
Galilee
ISRAEL